社会福祉法人の事務処理体制の向上支援業務

岩波一泰［著］

税務経理協会

はじめに

　平成28年3月に改正社会福祉法が成立し、平成29年4月より本格施行されました。

　今回の社会福祉法の改正は、非営利性の高い法人として税制優遇や施設整備時の補助金の交付等、様々な恩典を受けている社会福祉法人において、多額の内部留保が生じている、収支差額率が民間企業に比べ高い等の点が指摘されたこと等に基づいています。

　また、昨今の規制緩和によって、社会福祉法人が行ってきた一部事業については、株式会社等でも事業を行ことが可能となりました。これにより同一のサービスを提供している主体間で課税の方法が異なることに対してイコールフッティングの問題が指摘され、社会福祉法人が行っている事業に対しての法人税課税の検討が行われました。

　さらに、社会福祉法人に対する会計制度としては、平成12年の介護保険制度の創設時に制定された社会福祉法人会計基準において初めて損益計算の考えが導入されました。社会福祉法人が開設する特別養護老人ホームに関する事業は、平成11年度までは措置費事業として事業を行ってきました。その際の会計制度は、公費である措置費の収支状況を明瞭に表示することを目的として収支計算の考え方に基づいていました。平成12年の介護保険制度の創設に伴い特別養護老人ホームは介護保険制度における介護老人福祉施設となり、施設と利用者との直接契約となりました。これによりサービス事業者間での競合関係が生じ、施設経営の効率性を明らかにする会計制度として損益計算の考え方が導入されました。その後、社会福祉法人会計基準は幾度かの改正を経て、平成28年3月には厚生労働省令とされました。さらに、平成29年からは、一部の社会福祉法人に対して公認会計士又は監査法人の監査が義務化されました。

このように社会福祉法人を取り巻く環境は大きく変化している状況において、公認会計士又は監査法人の監査が義務化されない法人においては、税理士、公認会計士等の専門家を活用することが望ましいとされています。この具体的な活用の方法としては、「財務会計に関する内部統制の向上に対する支援」「財務会計に関する事務処理体制の向上に対する支援」として税理士、公認会計士等がその業務を行うことになります。

　そこで、本書では税理士がその業務を行うことができる「財務会計に関する事務処理体制の向上に対する支援」における「財務会計に関する事務処理体制に係る支援項目リスト」の内容を中心に解説を行いました（第4章）。
　また、第4章の内容を理解するための予備知識として、第1章から第3章では以下の解説を行いました。

　　第1章　平成28年の改正社会福祉法を前提とした「社会福祉法人制度」の概要
　　第2章　社会福祉法人が適用する会計の基準の変遷を中心とした「社会福祉法人の会計」の概要
　　第3章　法人税、消費税、寄附金税制、源泉所得税等の「社会福祉法人の税務」の概要

　なお、第2章に関して他の章に比べ分量が少なくなっています。これは、具体的な社会福祉法人の会計の内容や特徴的な点については第4章で詳説したためです。

　税理士、公認会計士等においては、今後社会福祉法人に積極的に関わっていくことが期待されています。このような状況下において、本書が税理士や公認会計士等の支援を受ける社会福祉法人の方々、社会福祉法人に対して支援業務等を行う税理士、公認会計士等の実務の参考になれば幸いです。

最後に、本書の刊行に際して、企画段階からご迷惑をお掛けした税務経理協会、校正等にご協力頂いた公認会計士の菊池博俊先生、井上泰之先生、休日返上での執筆であったにもかかわらず様々な協力をしてくれた妻、2人の娘に感謝の意を表したいと思います。

平成30年4月

公認会計士・税理士　　岩波一泰

目　次

第1章　社会福祉法人制度

1. 社会福祉法人とは　　2
2. 社会福祉法人が行う事業　　2
3. 設立手続　　15
4. 定款　　17
5. 「地域における公益的な取組」の実施　　20
6. 社会福祉法人の資産　　22
7. 社会福祉法人の機関　　28
8. 役員等への報酬等　　60
9. 内部管理体制　　62
10. 情報公開等　　64
11. 社会福祉充実残額・社会福祉充実計画　　69

第2章　社会福祉法人が適用する会計の基準

1. 社会福祉法人が適用する会計の基準の変遷　　96

第3章　社会福祉法人の税務

1. 法人税　　106
2. 消費税　　122
3. 寄附金税制　　135
4. 源泉所得税　　147
5. 事業税　　157

6．道府県民税・市町村民税　158

7．固定資産税　158

第4章　社会福祉法人に対する専門家による支援等

1．専門家による支援等の概要　162
2．専門家による支援と指導監査　166
3．「財務会計に関する事務処理体制に係る支援項目リスト」　169
　(1) 予算　170
　(2) 経理体制　174
　(3) 会計帳簿　184
　(4) 計算書類等　189
　(5) 資産、負債の基本的な会計処理　223
　(6) 収益費用の基本的な会計処理　224
　(7) 内部取引　226
　(8) 預貯金・積立資産　231
　(9) 徴収不能額　232
　(10) 有価証券　233
　(11) 棚卸資産　235
　(12) 経過勘定　240
　(13) 固定資産　241
　(14) 借入金・債権債務の状況　246
　(15) リース取引　248
　(16) 引当金　256
　(17) 基本金　264
　(18) 国庫補助金等特別積立金　268
　(19) その他の積立金　276
　(20) 補助金　281

（21） 寄附金　　282
（22） 共通支出（費用）の配分　　286
（23） 整合性　　288
（24） 注記　　288
（25） 一般に公正妥当と認められる社会福祉法人会計の慣行　　296
（26） 利用者預り金に係る内部統制　　297
（27） 現金出納　　299
（28） 固定資産管理　　305
（29） 契約　　307

【凡例】

法	社会福祉法（昭和26年法律第45号、平成28年6月3日法律第63号最終改正、平成29年4月1日施行）
令	社会福祉法施行令（昭和33年政令第185号、平成28年11月11日政令第349号最終改正）
規則	社会福祉法施行規則（昭和26年厚生省令第28号、平成28年11月11日省令第168号最終改正）
一般法	一般社団法人及び一般財団法人に関する法律（平成18年6月2日法律第48号、平成26年6月27日法律第91号最終改正）
会計基準省令	社会福祉法人会計基準（平成28年3月31日厚生労働省令第79号、平成30年3月20日厚生労働省令第25号最終改正）
運用上の取扱い	社会福祉法人会計基準の制定に伴う会計処理等に関する運用上の取扱いについて（平成28年3月31日雇児発0331第15号・社援発0331第39号・老発0331第45号厚生労働省雇用均等・児童家庭局長・社会・援護局長・老健局長通知、平成30年3月20日子発0320第4号・社援発0320第6号・老発0320第5号最終改正）
運用上の留意事項	社会福祉法人会計基準の制定に伴う会計処理等に関する運用上の留意事項について（平成28年3月31日雇児総発0331第7号・社援基発0331第2号・障障発0331第2号・老総発0331第4号厚生労働省雇用均等・児童家庭局総務課長・社会・援護局福祉基盤課長・社会・援護局障害保健福祉部障害福祉課長・老健局総務課長通知、平成30年3月20日子総発0320第3号・社援基発0320第2号・障障発0320第1号・老総発0320第1号最終改正）
審査基準	社会福祉法人の認可について（平成12年12月1日障第890号・社援第2618号・老発第794号・児発第908号厚生省社会・援護局長他通知、平成28年11月11日雇児発1111第1号・社援発1111第4号・老発1111第2号最終改正）別紙1　社会福祉法人審査基準
定款例	社会福祉法人の認可について（平成12年12月1日障第890号・社援第2618号・老発第794号・児発第908号厚生省社会・援護局長他通知、平成28年11月11日雇児発1111第1号・社援発1111第4号・老発1111第2号最終改正）別紙2　社会福祉法人定款例
審査要領	社会福祉法人の認可について（平成12年12月1日障企第59号・社援企第35号・老計第52号・児企第33号、平成28年11月11日雇児総発1111第1号・社援基発1111第1号・障企発1111第1号・老高発1111第1号最終改正）社会福祉法人審査要領

公布通知	社会福祉法等の一部を改正する法律の施行に伴う関係政令の整備等及び経過措置に関する政令等の公布について（平成28年11月11日社援発1111第2号厚生労働省社会・援護局局長通知）
制度改革留意事項	社会福祉法人制度改革の施行に向けた留意事項について（経営組織の見直しについて）（平成28年6月20日厚生労働省社会・援護局福祉基盤課、平成28年11月11日改訂）
制度改革Q&A	「社会福祉法人制度改革の施行に向けた留意事項について」等に関するQ&A（平成28年6月20日社会・援護局福祉基盤課、平成28年11月11日改訂）
モデル経理規程・同細則	平成29年版社会福祉法人モデル経理規程（平成29年3月15日全国社会福祉法人経営者協議会）
事務処理基準	社会福祉法第55条の2の規定に基づく社会福祉充実計画の承認等について（平成29年1月24日雇児発0124第1号・社援発0124第1号・老発0124第1号厚生労働省雇用均等・児童家庭局長他通知）社会福祉充実計画の承認等に係る事務処理基準
充実計画Q&A	社会福祉充実計画の承認等に関するQ&A（vol.3）（平成30年1月23日厚生労働省社会・援護局福祉基盤課事務連絡）
指導監査実施要綱	社会福祉法人指導監査実施要綱の制定について（平成29年4月27日雇児発0427第7号・社援発0427第1号・老発0427第1号社会・援護局長他連名通知）別添　社会福祉法人指導監査実施要綱
指導監査ガイドライン	社会福祉法人指導監査実施要綱の制定について（平成29年4月27日雇児発0427第7号・社援発0427第1号・老発0427第1号社会・援護局長他連名通知、平成30年4月16日子発0416第1号、社援発0416第2号、老発0416第1号最終改正）別紙　指導監査ガイドライン
12年基準	社会福祉法人会計基準の制定について（平成12年2月17日社援第310号厚生省大臣官房障害保健福祉部長、社会・援護局長、老人保健福祉局長、児童家庭局長）に基づく「社会福祉法人会計基準」
指導指針	指定介護老人福祉施設等に係る会計処理等の取扱いについて（平成12年3月10日老計第8号厚生省老人保健福祉局長）に基づく「指定介護老人福祉施設等会計処理等取扱指導指針」
授産基準	授産施設会計基準の制定について（平成13年3月29日社援発第555号厚生労働省社会・援護局長）に基づく「授産施設会計基準」
就労基準	就労支援等の事業に関する会計処理の取扱いについて（平成18年10月2日社援発第1002001号厚生労働省社会・援護局長通知）に基づく「就労支援の事業の会計処理の基準」

老健準則	介護老人保健施設会計・経理準則の制定について（平成12年3月31日老発第378号厚生省老人保健福祉局長）に基づく「介護老人保健施設会計・経理準則」
病院準則	病院会計準則の改正について（平成16年8月19日医政発第0819001号厚生労働省医政局長）に基づく「病院会計準則」
訪看準則	指定老人訪問看護の事業及び指定訪問看護の事業の会計・経理準則の制定について（平成7年6月1日老健第122号・保発第57号厚生省老人保健福祉局・保険局長）に基づく「指定老人訪問看護の事業及び指定訪問看護の事業の会計・経理準則」
23年基準	社会福祉法人会計基準の制定について（平成23年7月27日雇児発0727第1号・社援発0727第1号・老発0727第1号厚生労働省雇用均等・児童家庭局長、社会・援護局長、老健局長）に基づく「社会福祉法人会計基準」
23年基準パブコメ回答	社会福祉法人新会計基準（案）に関する意見募集手続き（パブリックコメント）の結果について（平成23年7月27日厚生労働省社会・援護局福祉基盤課）
法法	法人税法
法令	法人税法施行令
法規	法人税法施行規則
法基通	法人税法基本通達
所法	所得税法
所令	所得税法施行令
所規	所得税法施行規則
所基通	所得税法基本通達
措法	租税特別措置法
措令	租税特別措置法施行令
措規	租税特別措置法施行規則
措置法40条通達	租税特別措置法第40条第1項後段の規定による譲渡所得等の非課税の取扱いについて（法令解釈通達）（昭和55年4月23日付直資2-181、平成29年6月19日課資5-140他最終改正）
消法	消費税法
消令	消費税法施行令
消規	消費税法施行規則
消基通	消費税法基本通達
地法	地方税法
地令	地方税法施行令

地規	地方税法施行規則
総勘定元帳上の仕訳	貸借対照表、事業活動計算書を作成するための仕訳
資金収支元帳上の仕訳	貸借対照表、資金収支計算書を作成するための仕訳
支払資金（仕訳処理上）	資金収支元帳上の仕訳において、資金収支計算書上の支払資金が増減する場合に資金収支計算書上の勘定科目に対する相手勘定科目
C／F	資金収支計算書
P／L	事業活動計算書
B／S	貸借対照表

第1章　社会福祉法人制度

　第1章では、社会福祉法人制度の概要について解説します。第1章の概要は、以下のとおりです。

1. 社会福祉法人とは、社会福祉事業を行うことを目的として、社会福祉法の規定に基づき設立された法人です。
2. 社会福祉法人が行う事業には、社会福祉事業、公益事業、収益事業があります。
3. 社会福祉法人に関する基本的な規則として、定款を作成しなければなりません。
4. 平成28年の社会福祉法の改正により、全ての社会福祉法人は「地域における公益的な取組」を実施しなければなりません。
5. 社会福祉法人は、公益性の高いサービスを継続的に提供していかなければならないため、サービスの提供に際して必要な資産を保有していなければなりません。
6. 社会福祉法人の必置の機関には、評議員会、理事会、監事があります。また、定款の規定に基づき会計監査人を設置することができます（一部の社会福祉法人においては平成29年度以降会計監査人を設置しなければなりません）。
7. 平成29年度以降、一定の条件を満たす場合に役員等に対して報酬を支給することが明示されました。
8. 平成28年の社会福祉法の改正において各種の情報公開等のための規定が整備されました。
9. 平成29年度以降、全ての社会福祉法人は毎年社会福祉充実残額を計算し、社会福祉充実残額が発生する場合には社会福祉充実計画を策定し、所轄庁へ承認申請しなければなりません。

1. 社会福祉法人とは

社会福祉法第 22 条

> この法律において「社会福祉法人」とは、社会福祉事業を行うことを目的として、この法律の定めるところにより設立された法人をいう。

- 社会福祉事業を行う法人
- 社会福祉法の規定に基づき、所轄庁の認可により設立される法人

　社会福祉法人制度は、民法上の公益法人に対する特別法人として、昭和26年に社会福祉事業法が制定され、社会福祉事業を行うことを目的とした法人として創設されました。なお、社会福祉事業法については、平成12年に社会福祉法に改正されました。

2. 社会福祉法人が行う事業

(1) 社会福祉事業

第1種社会福祉事業 ＋ 第2種社会福祉事業

第1種社会福祉事業
- 利用者への影響が大きいため、経営安定を通じた利用者の保護の必要性が高い事業（主として入所施設サービス）
- 経営主体は、原則として行政及び社会福祉法人

【社会福祉法第2条第2項】
i 生活保護法（昭和25年法律第144号）に規定する救護施設、更生施設その他生計困難者を無料又は低額な料金で入所させて生活の扶助を行うことを目的とする施設を経営する事業及び生計困難者に対して助葬を行う事業
ii 児童福祉法（昭和22年法律第164号）に規定する乳児院、母子生活支援施設、児童養護施設、障害児入所施設、児童心理治療施設又は児童自立支援施設を経営する事業
iii 老人福祉法（昭和38年法律第133号）に規定する養護老人ホーム、特別養護老人ホーム又は軽費老人ホームを経営する事業
iv 障害者の日常生活及び社会生活を総合的に支援するための法律（平成17年法律第123号）に規定する障害者支援施設を経営する事業
v 売春防止法（昭和31年法律第118号）に規定する婦人保護施設を経営する事業
vi 授産施設を経営する事業及び生計困難者に対して無利子又は低利で資金を融通する事業

第2種社会福祉事業

比較的利用者への影響が小さいため、公的規制の必要性が低い事業（主として在宅サービス）

経営主体には特に制限はなく、全ての主体が届出により事業経営が可能

【社会福祉法第2条第3項】
i 生計困難者に対して、その住居で衣食その他日常の生活必需品若しくはこれに要する金銭を与え、又は生活に関する相談に応ずる事業
ii 生活困窮者自立支援法（平成25年法律第105号）に規定する認定生活困窮者就労訓練事業

iii 児童福祉法に規定する障害児通所支援事業、障害児相談支援事業、児童自立生活援助事業、放課後児童健全育成事業、子育て短期支援事業、乳児家庭全戸訪問事業、養育支援訪問事業、地域子育て支援拠点事業、一時預かり事業、小規模住居型児童養育事業、小規模保育事業、病児保育事業又は子育て援助活動支援事業、同法に規定する助産施設、保育所、児童厚生施設又は児童家庭支援センターを経営する事業及び児童の福祉の増進について相談に応ずる事業

iv 就学前の子どもに関する教育、保育等の総合的な提供の推進に関する法律（平成18年法律第77号）に規定する幼保連携型認定こども園を経営する事業

v 母子及び父子並びに寡婦福祉法（昭和39年法律第129号）に規定する母子家庭日常生活支援事業、父子家庭日常生活支援事業又は寡婦日常生活支援事業及び同法に規定する母子・父子福祉施設を経営する事業

vi 老人福祉法に規定する老人居宅介護等事業、老人デイサービス事業、老人短期入所事業、小規模多機能型居宅介護事業、認知症対応型老人共同生活援助事業又は複合型サービス福祉事業及び同法に規定する老人デイサービスセンター、老人短期入所施設、老人福祉センター又は老人介護支援センターを経営する事業

vii 障害者の日常生活及び社会生活を総合的に支援するための法律に規定する障害福祉サービス事業、一般相談支援事業、特定相談支援事業又は移動支援事業及び同法に規定する地域活動支援センター又は福祉ホームを経営する事業

viii 身体障害者福祉法（昭和24年法律第283号）に規定する身体障害者生活訓練等事業、手話通訳事業又は介助犬訓練事業若しくは聴導犬訓練事業、同法に規定する身体障害者福祉センター、補装具製作施設、盲導犬訓練施設又は視聴覚障害者情報提供施設を経営する事業及び身体障害者の更生相談に応ずる事業

ix 知的障害者福祉法（昭和35年法律第37号）に規定する知的障害者の更生相談に応ずる事業

x 生計困難者のために、無料又は低額な料金で、簡易住宅を貸し付け、又は宿泊所その他の施設を利用させる事業

> xi 生計困難者のために、無料又は低額な料金で診療を行う事業
> xii 生計困難者に対して、無料又は低額な費用で介護保険法（平成9年法律第123号）に規定する介護老人保健施設を利用させる事業
> xiii 隣保事業（隣保館等の施設を設け、無料又は低額な料金でこれを利用させることその他その近隣地域における住民の生活の改善及び向上を図るための各種の事業を行うものをいう。）
> xiv 福祉サービス利用援助事業（精神上の理由により日常生活を営むのに支障がある者に対して、無料又は低額な料金で、福祉サービス（前項各号及び前各号の事業において提供されるものに限る。以下この号において同じ。）の利用に関し相談に応じ、及び助言を行い、並びに福祉サービスの提供を受けるために必要な手続又は福祉サービスの利用に要する費用の支払に関する便宜を供与することその他の福祉サービスの適切な利用のための一連の援助を一体的に行う事業をいう。）
> xv 前項各号及び前各号の事業に関する連絡又は助成を行う事業

① 社会福祉法人は、社会福祉事業を行うことを目的として設立された法人であるため、社会福祉事業が法人の行う事業のうち主たる地位を占めていなければなりません（指導監査ガイドラインⅡ2 1〈着眼点〉）。

「主たる地位を占める」
　＝　事業規模が法人の全事業のうち50％を超えていること

「事業規模」
　＝　事業活動内訳表（会計基準省令7の2Ⅰ②ロ(2)）における事業活動費用の比率（年度ごとの特別な事情の影響を除くため、法人の経常的費用により判断します）

社会福祉事業が法人の行う事業のうち主たる地位を占めること
= 事業活動内訳表（会計基準省令7の2Ⅰ②ロ(2)）におけるサービス活動増減の部のサービス活動費用計の法人全体に占める社会福祉事業区分の割合が50％を超えていること。

* 指導監査ガイドラインでは、「ただし、所轄庁がその他の客観的指標により社会福祉事業が法人の行う事業のうちの「主たる地位を占める」と認める場合はこの限りではない。」とされています。

② 原則として、社会福祉事業の収入を公益事業又は収益事業に充てることはできません（指導監査ガイドラインⅡ2）。

公益事業及び収益事業は、その収益を社会福祉事業の経営に充てることを目的として認められています（法26）。そのため、公益事業又は収益事業から収益を社会福祉事業に繰り入れることはできますが、社会福祉事業から公益事業又は収益事業へ収益を繰り入れることは、原則としてできません。

この点に関して、以下の資金の使途制限に関する通知が参考となります。

a 介護保険施設等
・「特別養護老人ホームにおける繰越金等の取扱い等について」
（平成12年3月10日老発第188号厚生省老人保健福祉局長通知、平成26年6月30日老発第0630第1号最終改正）

b 障害福祉サービス事業所等
・「障害者自立支援法の施行に伴う移行時特別積立金等の取扱いについて」
（平成18年10月18日障発第1018003号厚生労働省社会・援護局障害保健福祉部長通知、平成19年3月30日障発第0330003号最終改正）

c 保育所
・「子ども・子育て支援法附則第6条の規定による私立保育所に対する委託費の経理等について」
（平成27年9月3日府子本第254号・雇児発0903第6号内閣府子ども・子育て本部統括官・厚生労働省雇用均等・児童家庭局長通知、平成29

年4月6日府子本第255号・雇児発0406第2号最終改正)
- 「「子ども・子育て支援法附則第6条の規定による私立保育所に対する委託費の経理等について」の運用等について」
  (平成27年9月3日府子本第256号・雇児保発0903第2号内閣府子ども・子育て本部参事官・厚生労働省雇用均等・児童家庭局保育課長通知、平成29年4月6日府子本第228号・雇児保発0406第1号最終改正)

d 運営費・措置費事業所等
- 「社会福祉法人が経営する社会福祉施設における運営費の運用及び指導について」
  (平成16年3月12日雇児発第0312001号・社援発第0312001号・老発第0312001号厚生労働省雇用均等・児童家庭局長、社会・援護局長、老健局長通知、平成29年3月29日雇児発第0329第5号・社援発0329第47号・老発0329第31号最終改正)
- 「社会福祉法人が経営する社会福祉施設における運営費の運用及び指導について」
  (平成16年3月12日雇児福発第0312002号・社援基発第0312002号・障障発第0312002号・老計発第0312002号厚生労働省雇用均等・児童家庭福祉課長、社会・援護福祉基盤課長、社会・援護局障害保健福祉部障害福祉課長、老健局計画課長通知、平成29年3月29日雇児福発第0329第4号・社援基発0329第2号・障障発第0329号第1号・老高発第0329第2号最終改正)

(2) 公益事業・収益事業

社会福祉法第26条

「社会福祉法人は、その経営する社会福祉事業に支障がない限り、公益を目的とする事業(以下「公益事業」という。)又はその収益を社会福祉事業若しくは公益事業の経営に充てることを目的とする事業(以下「収益事業」という。)を行うことができる。」

社会福祉法人は、公益事業、収益事業を行うことができます。

<u>公益事業</u>

　公益事業とは、公益を目的とする事業であって、社会福祉事業以外の事業をいい、具体的には以下の要件を満たしていなければなりません（審査基準第1 2、審査要領第1 2）。

① 当該事業を行うことにより、当該法人の行う社会福祉事業の円滑な遂行を妨げるおそれのないものであること。

　　公益事業は、社会福祉事業の遂行に支障を来たさないことを前提に認められているため、公益事業に欠損金が生じている場合には、欠損金が生じた原因の分析や必要に応じて事業の経営の改善のための検討や具体的な措置を行わなければなりません。

　　ただし、公益事業のうち、所轄庁の承認を受けた社会福祉充実計画に基づき行うものについては、法人の社会福祉充実残額を財源として計画に基づいて事業を行うものであるため、原則として、欠損金が生じた場合の措置等は要求されません。

② 当該事業は、当該法人の行う社会福祉事業に対し従たる地位にあること。

　　社会福祉事業を行うことを目的とする法人であるため、公益事業の経営により社会福祉事業の経営に支障を来たしてはなりません。

　　公益事業は社会福祉事業に対して従たる地位になければならず、原則として、その事業規模が社会福祉事業の規模を超えてはなりません。

具体的には、事業活動内訳表（会計基準省令7の2Ⅰ②ロ(2)）におけるサービス活動増減の部のサービス活動費用計の法人全体に占める公益事業区分の割合が50％未満でなければなりません。

③　社会通念上は公益性が認められるものであっても社会福祉と全く関係のないものを行うことは認められないこと（審査基準第1 2、審査要領第1 2）。

④　公益事業において剰余金を生じたときは、当該法人が行う社会福祉事業又は公益事業に充てること。
　　→　具体的には、剰余金が発生した場合には、公益事業から社会福祉事業へ資金の繰入れを行わなければなりません。

⑤　公益事業に関する会計は、当該社会福祉法人の行う社会福祉事業に関する会計から区分し、特別の会計として経理しなければならないこと。
　　→　具体的には、公益事業区分を設け、区分することになります。

審査基準　第1
2　公益事業
(2)　公益事業には、例えば次のような事業が含まれること（社会福祉事業であるものを除く）。
　ア　必要な者に対し、相談、情報提供・助言、行政や福祉・保健・医療サービス事業者等との連絡調整を行う等の事業
　イ　必要な者に対し、入浴、排せつ、食事、外出時の移動、コミュニケーション、スポーツ・文化的活動、就労、住環境の調整等（以下「入浴等」という。）を支援する事業
　ウ　入浴等の支援が必要な者、独力では住居の確保が困難な者等に対し、

住居を提供又は確保する事業
　エ　日常生活を営むのに支障がある状態の軽減又は悪化の防止に関する事業
　オ　入所施設からの退院・退所を支援する事業
　カ　子育て支援に関する事業
　キ　福祉用具その他の用具又は機器及び住環境に関する情報の収集・整理・提供に関する事業
　ク　ボランティアの育成に関する事業
　ケ　社会福祉の増進に資する人材の育成・確保に関する事業（社会福祉士・介護福祉士・精神保健福祉士・保育士・コミュニケーション支援者等の養成事業等）
　コ　社会福祉に関する調査研究等

審査要領　第1
2　公益事業
　次のような場合は公益事業であること（社会福祉事業に該当するものを除く。）。
⑴　社会福祉法（昭和26年法律第45号）第2条第4項第4号に掲げる事業（いわゆる事業規模要件を満たさないために社会福祉事業に含まれない事業）
⑵　介護保険法（平成9年法律第123号）に規定する居宅サービス事業、地域密着型サービス事業、介護予防サービス事業、地域密着型介護予防サービス事業、居宅介護支援事業、介護予防支援事業、介護老人保健施設を経営する事業又は地域支援事業を市町村から受託して実施する事業
　　　なお、居宅介護支援事業等を、特別養護老人ホーム等社会福祉事業の用に供する施設の経営に付随して行う場合には、定款上、公益事業として記載しなくても差し支えないこと。

(3) 有料老人ホームを経営する事業
(4) 社会福祉協議会等において、社会福祉協議会活動等に参加する者の福利厚生を図ることを目的として、宿泊所、保養所、食堂等の経営する事業
(5) 公益的事業を行う団体に事務所、集会所等として無償又は実費に近い対価で使用させるために会館等を経営する事業
　なお、営利を行う者に対して、無償又は実費に近い対価で使用させるような計画は適当でないこと。また、このような者に対し収益を得る目的で貸与する場合は、収益事業となるものであること。

収益事業

　収益事業とは、その収益を社会福祉事業又は一定の公益事業に充てることを目的とする事業であって、具体的には以下の要件を満たしていなければなりません（審査基準第1　3、審査要領第1　3）。

① 収益事業を行うことにより、当該法人の行う社会福祉事業の円滑な遂行を妨げるおそれのないものであること。

② 法人が行う社会福祉事業又は公益事業の財源に充てるため、一定の計画の下に収益を得ることを目的として反復継続して行われる行為であって、社会通念上事業と認められる程度のものであること（審査要領第1　3）。

③ 事業の種類については、特別の制限はないが、法人の社会的信用を傷つけるおそれがあるもの又は投機的なものは適当でないこと。
　なお、法人税法第2条第13号にいう収益事業の範囲に含まれない事業であっても、法人の定款上は収益事業としなければならない場合もあること。

　社会福祉法上の収益事業と法人税法上の収益事業は、必ずしも一致しま

せん。

⬇

　法人税法上の収益事業に該当しない事業であるために法人税等の申告納税を行っていない事業であっても、社会福祉法上は収益事業に該当する場合があります。

④　収益事業から生じた収益は、当該法人が行う社会福祉事業又は公益事業の経営に充当すること。
　　→　具体的には、剰余金が発生した場合には、収益事業から社会福祉事業又は公益事業に資金の繰入を行わなければなりません。なお、法人税法上の収益事業に該当する事業から収益事業以外の事業に資金を繰り入れた場合、法人税法上の課税所得の計算上、みなし寄附金として取り扱われることに留意が必要です（116ページ参照）。
　　　　また、収益を充てることができる公益事業とは、令第13条各号に掲げる公益事業（特定公益事業）をいいます。
　　　　　＊　特定公益事業（令13）
　　　　　　ⅰ　法第2条第4項第4号に掲げる事業（事業規模要件を満たさないために社会福祉事業に含まれない事業）
　　　　　　ⅱ　介護保険法に規定する居宅サービス事業、地域密着型サービス事業、居宅介護支援事業、介護予防サービス事業又は介護予防支援事業（社会福祉事業であるものを除く）
　　　　　　ⅲ　介護老人保健施設を経営する事業
　　　　　　ⅳ　社会福祉士及び介護福祉士法に規定する社会福祉士養成施設又は介護福祉士養成施設等を経営する事業
　　　　　　ⅴ　精神保健福祉士法に規定する精神保健福祉士養成施設を経営する事業
　　　　　　ⅵ　児童福祉法に規定する指定保育士養成施設を経営する事業
　　　　　　ⅶ　社会福祉事業と密接な関連を有する事業であって、当該事業を実施することによって社会福祉の増進に資するものとして、所轄庁が認めるもの（平成14年厚生労働省告示第283号）

収益事業は、その収益を社会福祉事業又は特定公益事業に充てることを目的として行うものであり、収益がある場合にその収益を社会福祉事業等に充てていない場合や、収益事業の経営により社会福祉事業の経営に支障を来たす場合には、収益事業を行う目的に反することとなり、この場合、所轄庁はその収益事業の停止を命ずることができるとされています（法57②③）。

⑤ 収益事業は、当該法人の行う社会福祉事業に対し従たる地位にあること。

社会福祉事業を行うことを目的とする法人であるため、収益事業の経営により社会福祉事業の経営に支障を来たしてはなりません。

収益事業は社会福祉事業に対して従たる地位になければならず、原則として、その事業規模が社会福祉事業の規模を超えてはなりません。

具体的には、事業活動内訳表（会計基準省令7の2Ⅰ②ロ(2)）におけるサービス活動増減の部のサービス活動費用計の法人全体に占める収益事業区分の割合が50％未満でなければなりません。

⑥ 収益事業に関する会計は、当該社会福祉法人の行う社会福祉事業に関する会計から区分し、特別の会計として経理しなければならないこと。
　→　具体的には、収益事業区分を設け、区分することになります。

審査要領　第1
3　収益事業
(1) 次のような場合は、「一定の計画の下に、収益を得ることを目的として反復継続して行われる行為であって、社会通念上事業と認められる程

度のもの」に該当しないので、結果的に収益を生ずる場合であっても収益事業として定款に記載する必要はないこと。

　ア　当該法人が使用することを目的とする設備等を外部の者に依頼されて、当該法人の業務に支障のない範囲内で使用させる場合、例えば、会議室を法人が使用しない時間に外部の者に使用させる場合等

　イ　たまたま適当な興行の機会に恵まれて慈善興行を行う場合

　ウ　社会福祉施設等において、専ら施設利用者の利便に供するため売店を経営する場合

(2) 次のような事業は、「法人の社会的信用を傷つけるおそれ」があるので、法人は行うことができないこと。

　ア　風俗営業等の規制及び業務の適正化等に関する法律（昭和23年法律第122号）にいう風俗営業及び風俗関連営業

　イ　高利な融資事業

　ウ　前に掲げる事業に不動産を貸し付ける等の便宜を供与する事業

(3) 次のような場合は、「社会福祉事業の円滑な遂行を妨げるおそれ」があること。

　ア　社会福祉施設の付近において、騒音、ばい煙等を著しく発生させるようなおそれのある場合

　イ　社会福祉事業と収益事業とが、同一設備を使用して行われる場合

(4) (2)及び(3)の要件を満たす限り、収益事業の種類には特別の制限はないものであること。

　なお、事業の種類としては、当該法人の所有する不動産を活用して行う貸ビル、駐車場の経営、公共的、公共的施設内の売店の経営等安定した収益が見込める事業が適当であること。

3. 設立手続

　社会福祉法人は、社会福祉事業を行うことを前提に設立されなければなりません。そのため、社会福祉法人の設立準備（下表の「社会福祉法人設立の手続」）と同時に社会福祉事業としての施設の建設準備（施設整備補助金等の事前協議を含む下表の「特別養護老人ホームの開設手続」）を行わなければなりません。

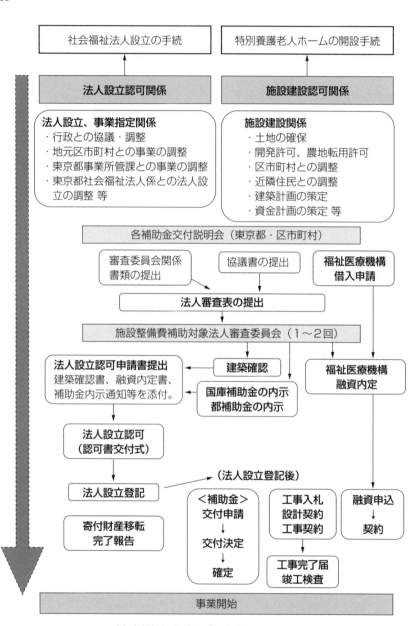

(東京都福祉保健局「社会福祉法人設立の手引(手続編)」より)

4. 定款

　定款とは、社会福祉法人の目的、組織、活動等についての基本的な規則をいいます。
　定款への記載事項は、必要的記載事項、相対的記載事項、任意的記載事項に区分されます。なお、具体的には、定款例を参照して作成することになりますが、内容については、法令に沿ったものであればよく、定款例の文言に拘束されるものではありません。

(1) 必要的記載事項

　必要的記載事項とは、定款に必ず記載しなければならない事項をいい、その1つでも記載がなければ、当該定款の効力が生じない事項で、法第31条第1項各号に規定する事項等が該当します。

　　＊　法第31条第1項各号に規定する事項
　　　① 目的
　　　② 名称
　　　③ 社会福祉事業の種類
　　　④ 事務所の所在地
　　　⑤ 評議員及び評議員会に関する事項
　　　⑥ 役員（理事及び監事をいう）の定数その他役員に関する事項
　　　⑦ 理事会に関する事項
　　　⑧ 会計監査人に関する事項（会計監査人を設置する場合に限る）
　　　⑨ 資産に関する事項
　　　⑩ 会計に関する事項
　　　⑪ 公益事業の種類（公益事業を行う場合に限る）
　　　⑫ 収益事業の種類（収益事業を行う場合に限る）
　　　⑬ 解散に関する事項
　　　⑭ 定款の変更に関する事項

⑮　公告の方法

(2) 相対的記載事項

相対的記載事項とは、必要的記載事項と異なり、記載がなくても定款の効力に影響はありませんが、法令上、定款の定めがなければその効力を生じない事項をいいます。具体的には、評議員の補欠の任期、役員の補欠の任期、理事会の招集、理事会の決議に関する条項、役員等の責任の免除等が該当します。

(3) 任意的記載事項

法令に違反しない範囲で任意に記載することができる事項をいいます。

(4) 定款の変更

定款の変更を行う場合には、評議員会の特別決議（法45の9Ⅶ③、法45の36Ⅰ）、所轄庁の認可が必要となり、所轄庁の認可を受けなければ効力を生じません（法45の36ⅡⅣ）。

なお、社会福祉法第31条第1項に規定する事項のうち、以下の事項については所轄庁の認可を必要としませんが、相対的記載事項及び任意的記載事項の変更については、軽微な変更であっても所轄庁の認可が必要となります（規則4）。

・事務所の所在地（第4号）の変更
・資産に関する事項（第9号）の変更（基本財産が増加する場合に限る。）
・公告の方法（第15号）の変更

(5) 租税特別措置法第40条の適用と定款について

所得税法では、個人が社会福祉法人に対して土地、建物等の財産を寄附（贈与若しくは遺贈又は法人を設立するための財産提供）した場合、寄附時の時価により資産の譲渡があったとみなし、時価から取得金額を差し引いた金額に対して、所得税が課税されます（所法59）。

ただし、その寄附が一定の要件を満たすものとして国税庁長官の承認を受け

た場合、所得税は課税されません（措法40）。

租税特別措置法第40条を適用する社会福祉法人の定款は、租税特別措置法施行令第25条の17第6項第1号に規定する要件を満たさなければなりません。

「社会福祉法人の認可について」（平成12年12月1日、障第890号・社援第2618号・老発第794号・児発第908号、厚生省社会・援護局長他通知、平成28年11月11日最終改正）別紙2　社会福祉法人定款例

租税特別措置法施行令第25条の17第6項第1号に規定する要件を満たしていない

「社会福祉法人制度改革に伴う租税特別措置法第40条の適用に関するQ＆Aについて」（平成29年1月24日厚生労働省社会・援護局福祉基盤課事務連絡）より抜粋

【社会福祉法人からの問合せへの対応】
　問1　過去に租税特別措置法第40条の適用を受けていた法人が、失念等により、租税特別措置法第40条の適用を前提としない定款例に沿った内容の定款に改正した場合に、直ちに国税庁長官の非課税承認が取り消されることになるのか。
　（答）直ちに国税庁長官の非課税承認が取り消されることはなく、税務署等からの指摘の際に、租税特別措置法第40条の適用要件を満たす定款へ改正すれば取り消されない。

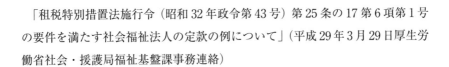

「租税特別措置法施行令（昭和32年政令第43号）第25条の17第6項第1号の要件を満たす社会福祉法人の定款の例について」（平成29年3月29日厚生労働省社会・援護局福祉基盤課事務連絡）

「……新たな社会福祉法人制度における租税特別措置法（昭和32年法律第26号）第40条第1項後段の規定の適用について、別添の社会福祉法人定款例は、同法施行令（昭和32年政令第43号）第25条の17第6項第1号の要件を満たすものであるかについて別紙2のとおり国税庁長官に照会したところ、別紙1のとおり回答がありましたので情報提供いたします。」

⬇

　過去に租税特別措置法第40条の適用申請を国税庁長官に行った社会福祉法人の定款について、平成29年3月29日発出の上記の事務連絡における定款例と重要な部分において乖離が見られる場合、速やかな定款変更の手続が必要となります。

* 租税特別措置法第40条の具体的な制度概要については、139ページ「(3)みなし譲渡所得税課税の非課税」を参照してください。

5.「地域における公益的な取組」の実施

　平成28年の社会福祉法の改正において、社会福祉法人の責務は「地域において公益的な取組」を実施することであることが、法律上、明文化されました。
　これは、社会福祉法人は、社会福祉事業の主たる担い手として様々な優遇措置を受けている法人であり、地域社会に積極的に貢献していくことが要求されることから、社会福祉法において、社会福祉法人の責務として明文化されたものです。

（経営の原則等）
第24条
2　社会福祉法人は、社会福祉事業及び第26条第1項に規定する公益事業を行うに当たっては、日常生活又は社会生活上の支援を必要とする者に対して、無料又は低額な料金で、福祉サービスを積極的に提供するよう努めなければならない。

地域における具体的な取組みとして無料又は低額な料金で福祉サービスを提供していくことが求められますが、この点に関して、「社会福祉法人の「地域における公益的な取組」について」（平成28年6月1日社援基発0601第1号厚生労働省社会・援護局福祉基盤課長通知）、「社会福祉法人による「地域における公益的な取組」の推進について」（平成30年1月23日社援基発0123第1号厚生労働省社会・援護局福祉基盤課長通知）が公表されています。

指導監査ガイドライン
Ⅱ　事業　1　事業一般　2　〈着眼点〉
○　「地域における公益的な取組」（以下「地域公益取組」という。）は、次の全ての要件を満たしている必要がある。なお、法第55条の2第4項第2号に規定する「地域公益事業」に社会福祉事業は含まれないが、地域公益取組には、社会福祉事業が含まれ得る。
①　「社会福祉事業又は公益事業を行うに当たって提供される福祉サービス」であること
　　社会福祉事業は社会福祉を目的とする事業であり、また、社会福祉法における公益事業は社会福祉事業以外の社会福祉を目的とする事業であることから、当該事業のうち社会福祉を目的とした福祉サービスとして提供される事業又は取組（注）が該当する。
（注）継続性がない（事業性がない）もの
②　「日常生活又は社会生活上の支援を必要とする者」に対する福祉サービスであること
　　「日常生活又は社会生活上の支援を必要とする者」とは、心身の状況や家族環境等の他、経済的な理由により支援を要する者が該当する。
③　「無料又は低額な料金」で提供される福祉サービスであること
　　「無料又は低額な料金」で提供されるサービスとは、法人の直接的な費用負担が発生する事業又は取組を行う場合に、その費用を下回る料金を徴収して実施するもの、又は料金を徴収せずに実施する事業等

が該当する。そのため、公的な委託費や補助金等により事業費全額の費用負担がなされる場合や無料低額診療事業のように事業自体が無料又は低額で行うことが前提とされているものは該当しない。なお、「法人の直接的な費用負担が発生する」場合には、他の業務に従事している職員が勤務時間内に従事する場合や法人本部や施設の空きスペースを利用して行う場合など、法人の新たな費用負担を伴わない場合も含むものである。

6. 社会福祉法人の資産

(1) 社会福祉法人が保有する資産（審査基準第2　1(1)）

【原則】
　社会福祉事業を行うために直接必要な全ての物件について所有権を有していなければなりません。

【容認】
　以下の場合には、貸与等が認められています。
① 国若しくは地方公共団体から貸与若しくは使用許可を受けている場合。
② 都市部等土地の取得が極めて困難な地域において、不動産の一部（＊1）に限り国若しくは地方公共団体以外の者から貸与を受けている場合（＊2）（＊3）。

（＊1）　不動産の一部とは、社会福祉施設を経営する法人の場合には土地、社会福祉施設を経営しない法人の場合にも土地をいい、事業が行われる建物部分については、当該法人が所有権を有していることが望ましいとされています（審査要領第2(6)）。

(＊2) 事業の存続に必要な期間の地上権又は賃借権を設定し、かつ、これを登記しなければなりません。

(＊3) 不動産の賃借による場合、賃借料の水準は、極力低額であることが望ましく、法人が当該賃借料を長期間にわたって安定的に支払う能力がなければなりません（法人の経営の安定性の確保や社会福祉事業の特性より）。また、当該法人の理事長又は当該法人から報酬を受けている役員等から賃借により貸与を受けることは、望ましくないともされています（審査要領第2(7)）。

(2) 資産の区分

社会福祉法人が所有する資産は、基本財産、その他の財産、公益事業用財産、収益事業用財産に区分されます。

① 基本財産

a 基本財産の定款記載

基本財産は、定款の必要的記載事項であり、基本財産に増加又は減少が生じた場合には、速やかに定款変更の手続を行わなければなりません。

> 定款例第28条

「2 基本財産は、次の各号に掲げる財産をもって構成する。
　　(1)○○県○○市○丁目○○番所在の木造瓦葺平家建
　　　　　○○保育園園舎　一棟（平方メートル）
　　(2)○○県○○市○丁目○○番所在の○○保育園　敷地
　　　　　（平方メートル）　　　　　　　　」

ｉ　社会福祉施設を経営する法人（審査基準第2　2(1)イ）

【原則】
　全ての施設についてその施設の用に供する不動産（＊1）は基本財産としなければなりません。

【例外】
　全ての社会福祉施設の用に供する不動産が国又は地方公共団体から貸与又は使用許可を受けているものである場合
→　100万円（この通知の発出の日以後に新たに設立される法人の場合には、1,000万円）以上に相当する資産（現金、預金、確実な有価証券又は不動産に限る）を基本財産として有していなければなりません。

（＊1）「その施設の用に供する不動産」とは、社会福祉施設の最低基準により定められた設備を含む建物並びにその建物の敷地及び社会福祉施設の最低基準により定められた設備の敷地をいいます（審査要領第2(4)）。

ⅱ　社会福祉協議会（社会福祉施設を経営するものを除く）及び共同募金会（審査基準第2　2(1)キ）

【原則】
　300万円以上に相当する資産を基本財産として有しなければなりません。

【例外】
　市町村社会福祉協議会及び地区社会福祉協議会
→　300万円と10円に当該市町村又は当該区の人口を乗じて得た額（100万円以下のときは100万円とする）とのいずれか少ない方の額以上に相当する資産を基本財産とすることができます。

b 基本財産の処分等

審査基準第2 2(1)ア

「基本財産は、法人存立の基礎となるものであるから、これを処分し、又は担保に供する場合には、法第30条に規定する所轄庁の承認を受けなければならない旨を定款に明記すること。」

定款例第29条

「基本財産を処分し、又は担保に供しようとするときは、理事会及び評議員会の承認を得て、〔所轄庁〕の承認を得なければならない。ただし、次の各号に掲げる場合には、〔所轄庁〕の承認は必要としない。
一 独立行政法人福祉医療機構に対して基本財産を担保に供する場合
二 独立行政法人福祉医療機構と協調融資(独立行政法人福祉医療機構の福祉貸付が行う施設整備のための資金に対する融資と併せて行う同一の財産を担保とする当該施設整備のための資金に対する融資をいう。以下同じ。)に関する契約を結んだ民間金融機関に対して基本財産を担保に供する場合(協調融資に係る担保に限る。)」

② その他の財産

基本財産、公益事業用財産及び収益事業用財産以外の財産は、全てその他財産となります。

③ 公益事業用財産、収益事業用財産

公益事業及び収益事業の用に供する財産は、他の財産と明確に区分して管理しなければなりません。

(3) 資産の管理（審査基準第2　3(1)(2)(3)、審査要領第2　(8)(9)(10)(11)）

> 資産の運用は、安全、確実な方法で行わなければなりません。
> → 法人の財産（基本財産、基本財産以外の財産双方）については、価値の変動の激しい財産、客観的評価が困難な財産等価値の不安定な財産又は過大な負担付財産が財産の相当部分を占めないようにする必要があります。

> 基本財産の管理運用（＊1）
>
> ＝ 元本が確実に回収できるほか、固定資産としての常識的な運用益が得られ、又は利用価値を生ずる方法で行わなければなりません。
> ＝ 次のような財産又は方法で管理運用することは、原則として適当ではありません。
> 　① 価格の変動が著しい財産（株式、株式投資信託、金、外貨建債券等）
> 　② 客観的評価が困難な財産（美術品、骨董品等）
> 　③ 減価する財産（建築物、建造物等減価償却資産）
> 　④ 回収が困難になるおそれのある方法（融資）

> 基本財産以外の資産の管理運用（＊1）
>
> ⅰ 株式投資又は株式を含む投資信託等による管理運用も認められています。
> 　→ 子会社の保有のための株式の保有等は認められず、株式の取得は、公開市場を通して行われるものに限られます。
> ⅱ 一定の要件（＊2）を満たした場合には、保有割合が2分の1を超えない範囲で、未公開株を保有することができます。

（＊1） 社会福祉法人が株式を保有できる場合（（＊2）の要件を満たして保有する場合を除く）
　　ア　基本財産以外の資産の管理運用の場合。
　　　（管理運用であることを明確にするため、上場株や店頭公開株のように、証券会社の通常の取引を通じて取得できるものに限られます）

イ　基本財産として寄附された場合。
　　　（設立時に限らず、設立後に寄附されたものも含みます）
　　　（注）　基本財産として株式が寄附される場合には、寄附を受けた社会福祉法人の理事と当該営利企業の関係者との関係、基本財産の構成、株式等の寄附の目的について、所轄庁は十分注意し、必要に応じ適切な指導等を行うこととされています。

（＊2）　一定の要件とは、以下のとおりです。
　　①　社会福祉に関する調査研究を行う企業の未公開株であること。
　　②　法人において、実証実験の場を提供する等、企業が行う社会福祉に関する調査研究に参画していること。
　　③　未公開株への拠出（額）が法人全体の経営に与える影響が少ないことについて公認会計士又は税理士による確認を受けていること。
　　④　当該社会福祉法人が当該営利企業を実質的に支配することのないように、その保有の割合は、2分の1を超えることはできません。
　　⑤　社会福祉法人が全株式の20％以上を保有している場合に限り、法第59条の所轄庁の届出と合わせて、当該営利企業の概要として、事業年度末現在の次の事項を記載した書類を提出しなければなりません。
　　　　ア　名称
　　　　イ　事務所の所在地
　　　　ウ　資本金等
　　　　エ　事業内容
　　　　オ　役員の数及び代表者の氏名
　　　　カ　従業員の数
　　　　キ　当該社会福祉法人が保有する株式等の数及び全株式等に占める割合
　　　　ク　保有する理由

【モデル経理規程　第40条（資金の運用等）】
　1　資産のうち小口現金を除く資金は、確実な金融機関に預け入れ、確実な信託会社に信託して、又は確実な有価証券に換えて保管するものとする。
　2　余裕資金の運用及び特定の目的のために行う資金の積立てを有価証券に

より行う場合には、資金運用規程の基本原則に従って行わなければならない。

3　会計責任者は、毎月末日に資金（有価証券及び積立資産を含む）の残高の実在を確かめ、その内容を統括会計責任者及び理事長に報告しなければならない。

資金運用規程の作成に際しては、「モデル資金運用規程」（平成20年8月11日全国社会福祉施設経営者協議会）が参考になります。

7．社会福祉法人の機関

(1) 概要

【必置の機関】 評議員会（評議員） 理事会（理事） 監事	＋	【任意】 会計監査人 （＊1）

（＊1）　社会福祉法等の規定に基づき全ての社会福祉法人において、定款の規定により会計監査人を設置することができます。ただし、一定規模以上の社会福祉法人においては、会計監査人を設置しなければなりません（詳細については、後述します）。

(2) 評議員・評議員会

① 評議員

役員の選任及び解任等、法人の運営に係る重要事項の議決を行う最高意思決定機関である評議員会の構成員をいいます。

a　選任

法第39条

「社会福祉法人の適正な運営に必要な識見を有する者のうちから、定款の定

めるところにより、選任する。」

定款例第6条

「1　この法人に評議員選任・解任委員会を置き、評議員の選任及び解任は、評議員選任・解任委員会において行う。

2　評議員選任・解任委員会は、監事○名、事務局員○名、外部委員○名の合計○名で構成する。

3　選任候補者の推薦及び解任の提案は、理事会が行う。評議員選任・解任委員会の運営についての細則は、理事会において定める。

4　選任候補者の推薦及び解任の提案を行う場合には、当該者が評議員として適任及び不適任と判断した理由を委員に説明しなければならない。

5　評議員選任・解任委員会の決議は、委員の過半数が出席し、その過半数をもって行う。ただし、外部委員の○名以上が出席し、かつ、外部委員の○名以上が賛成することを要する。」

定款例では、評議員の選任は評議員選任・解任委員会で行うこととしています。

（留意事項）

ⅰ　評議員選任・解任委員会の委員は、理事会が選任します（制度改革Q＆A問5）。

ⅱ　評議員選任・解任委員である事務局員には、法人の職員がなることができます（制度改革Q＆A問8）。

ⅲ　理事は、評議員選任・解任委員になることはできず、評議員は評議員選任・解任委員となることは適当ではないとされています（制度改革Q＆A問9）。なお、次の評議員にならない者を選任・解任委員にすることは可能です（制度改革Q＆A問12-2）。

ⅳ　評議員選任・解任委員の人数には、制限はなく、法人の任意です。ただ

し、評議員選任・解任委員会は合議体の機関であることから、3名以上とすることが適当であるとされています（制度改革Q＆A問11）。
v 評議員選任・解任委員会の委員に報酬を支払うことは可能です。ただし、社会福祉法人の経理の状況その他の事情を考慮して、不当に高額なものとならないようにすることが適当であるとされています（制度改革Q＆A問12-3）。

b 資格等

> 社会福祉法人の適正な運営に必要な識見を有する者（法39）

> 次に掲げる者は、評議員となることができません（法40Ⅰ）。

　　i 法人
　　ⅱ 成年被後見人又は被保佐人
　　ⅲ 生活保護法、児童福祉法、老人福祉法、身体障害者福祉法又はこの法律の規定に違反して刑に処せられ、その執行を終わり、又は執行を受けることがなくなるまでの者
　　ⅳ 前号に該当する者を除くほか、禁錮以上の刑に処せられ、その執行を終わり、又は執行を受けることがなくなるまでの者
　　v 第56条第8項の規定による所轄庁の解散命令により解散を命ぜられた社会福祉法人の解散当時の役員

> 評議員は、役員（理事及び監事）又は当該社会福祉法人の職員を兼ねることができません（法40Ⅱ）。

評議員のうちには、各評議員について、その配偶者又は三親等以内の親族その他各評議員と厚生労働省令で定める特殊の関係がある者（規則2の7　＊1）を含めることができません（法40Ⅳ）。

　評議員のうちには、各役員について、その配偶者又は三親等以内の親族その他各役員と厚生労働省令で定める特殊の関係がある者（規則2の8　＊1）を含めることができません（法40Ⅴ）。

（＊1）「特殊の関係がある者」を整理すると下表のとおりです。

規則2の7	規則2の8
①　当該評議員と事実上婚姻関係と同様の事情にある者	①　当該役員と事実上婚姻関係と同様の事情にある者
②　当該評議員に雇用されている者	②　当該役員に雇用されている者
③　当該評議員から受ける金銭その他の財産によって生計を維持しているもの	③　当該役員から受ける金銭その他の財産によって生計を維持しているもの
④　②、③に掲げる者の配偶者	
⑤　①から③に掲げる者の三親等以内の親族であってこれらの者と生計を一にするもの	
⑥　当該評議員が役員（業務を執行する社員を含む。）となっている他の同一の団体（社会福祉法人を除く。）の役員（業務を執行する社員を含む。）又は職員（これらの役員（当該評議員を含む。）又は職員が当該社会福祉法人の評議員総数の3分の1を超えて含まれる場合に限る。）	⑥　当該役員が役員（業務を執行する社員を含む。）となっている他の同一の団体（社会福祉法人を除く。）の役員（業務を執行する社員を含む。）又は職員（これらの役員又は職員が当該社会福祉法人の評議員総数の3分の1を超えて含まれる場合に限る。）
⑦　他の社会福祉法人（当該社会福祉法人の役員又は評議員で、評議員の総数の過半数を占めている他の社会福祉法人）の役員又は職員	⑦　他の社会福祉法人（当該社会福祉法人の役員又は評議員で、評議員の総数の過半数を占めている他の社会福祉法人）の役員又は職員

⑧ 国の機関、地方公共団体、独立行政法人、国立大学法人又は大学共同利用機関法人、地方独立行政法人、特殊法人又は認可法人においてその職員（国会議員及び地方公共団体の議会の議員を除く。）である、評議員又は役員（これらの評議員又は役員が当該社会福祉法人の評議員総数の3分の1を超えて含まれる場合に限る。）	―

審査基準　第3　法人の組織運営

1　役員等

(1)　関係行政庁の職員が法人の評議員又は役員となることは法第61条に規定する公私分離の原則に照らし適当でないので、差し控えること。ただし、社会福祉協議会にあっては、評議員又は役員の総数の5分の1の範囲内で関係行政庁の職員が、その評議員又は役員となっても差し支えないこと。

(2)　所轄庁退職者が評議員又は役員に就任する場合においては、法人における評議員又は役員の選任の自主性が尊重され、不当に関与することがないよう、所轄庁においては、法人との関係において適正な退職管理を確保すること。

(3)　実際に法人運営に参画できない者を、評議員又は役員として名目的に選任することは適当でないこと。

(4)　地方公共団体の長等特定の公職にある者が慣例的に、理事長に就任したり、評議員又は役員として参加したりすることは適当でないこと。

(5)　　　　（省略、法40Ⅰの規定と同様のため）

(6)　暴力団員等の反社会的勢力の者は、評議員又は役員となることはできないこと。

（留意事項）

- i 別の社会福祉法人の評議員が、当該社会福祉法人の評議員に就任することは、人数に制限なく兼務可能です（制度改革Ｑ＆Ａ問14）。
- ii 別の社会福祉法人の役員や職員が、当該社会福祉法人の評議員に就任することは、人数に制限なく兼務可能です。ただし、牽制関係を適正に働かせる観点から、当該社会福祉法人の評議員の過半数を別の１つの社会福祉法人の役員が占める場合においては、当該社会福祉法人の役員又は職員が別の１つの社会福祉法人の評議員となることはできないとされています（制度改革Ｑ＆Ａ問15）。
- iii 社会福祉法人でない法人の役員又は職員が、当該社会福祉法人の評議員に就任することは可能です。ただし、当該社会福祉法人の評議員と社会福祉法人でない法人の役員又は職員を兼務している者が、当該社会福祉法人の評議員総数の３分の１を超えて含まれてはならないとされています（制度改革Ｑ＆Ａ問16）。
- iv 過去に当該法人の職員であった者は、当該社会福祉法人の評議員になることができます。ただし、牽制関係を適正に働かせるため、退職後、少なくとも１年程度経過した者とすることが適当であるとされています（制度改革Ｑ＆Ａ問17）。
- v 当該社会福祉法人から委託を受けて記帳代行業務や税理士業務を行う顧問弁護士、顧問税理士又は顧問会計士が当該社会福祉法人の評議員になることは適当でないとされています（制度改革Ｑ＆Ａ問21）。
- vi 会計監査人は、当該社会福祉法人の評議員になることはできません（制度改革Ｑ＆Ａ問23）。
- vii 嘱託医は、雇用関係がなく、法人経営に関与しているものではないため、評議員になることは可能です（制度改革Ｑ＆Ａ問23-2）。

c 員数

定款で定めた理事の員数を超える数

社会福祉法上は、理事は6人以上（法44Ⅲ）

評議員は7人以上（ただし、必ず理事の員数を超える数）

ただし、以下の要件を満たす法人は、平成29年4月1日から3年間は、評議員の数を4人以上とすることができます（小規模法人の経過措置、改正附則第10条）。

　i　平成29年4月1日より前に設立された法人
　ii　平成27年度における法人全体の事業活動計算書におけるサービス活動収益の額が4億円を超えない法人

d 任期

選任後4年以内に終了する会計年度のうち最終のものに関する定時評議員会の終結の時まで（法41Ⅰ）

ただし、定款の規定により、6年以内とすることが可能です。

② **評議員会**

a 権限等
　i　法人運営に関する基本的な事項を決議する必置の議決機関で、社会福祉法人における最高意思決定機関です。
　ii　社会福祉法に規定する事項及び定款で定めた事項に限り、決議します（法45の8Ⅱ）。具体的な評議員会の議決事項は以下のとおりです。

- 役員（理事・監事）と会計監査人の選任及び解任（法43Ⅰ、45の4Ⅰ）
- 定款の変更（法45の36Ⅰ）
- 決算の承認（法45の30Ⅱ）
- 評議員、理事、監事の報酬の基準の承認（法45の35Ⅱ）
- 法人の解散、合併（法46、52）
- 定款で定めた事項（法45の8）

b　運営

> 定時評議員会は、毎会計年度終了後一定の時期に招集しなければなりません（法45の9Ⅰ）。

> 毎会計年度終了後3月以内に各会計年度の計算書類を作成し（法45の27Ⅱ）、定時評議員会の承認を受けなければならない（法45の30Ⅱ）。

> 定時評議員会は毎会計年度終了後3月以内（6月末まで）に開催しなければなりません。

（参考）法人税等及び消費税等の確定申告期限
1. 法人税等：確定申告期限の延長が可能です。
2. 消費税　：確定申告期限の延長はできません。

　法人税の確定申告期限の延長を行おうとする場合には、「申告期限の延長の特例の申請書」を最初に適用を受けようとする事業年度終了の日までに納税地の所轄税務署長へ提出しなければなりません。
　また、消費税の確定申告納期限の延長はできないため、毎会計年度終了後3ヶ月以内に開催される定時評議員会の決議前に申告納期限が到来する場合があります。この場合の消費税の申告に関して、以下の事務連絡が発出されています。

> 「社会福祉法人制度改革に伴う消費税の申告に関するＱ＆Ａについて」
> (平成29年3月29日　厚生労働省社会・援護局福祉基盤課事務連絡)
>
> 問　平成29年4月1日以降の社会福祉法人における消費税の申告時期如何。
> (答)
> 1. 社会福祉法の改正により、平成29年4月1日以降、社会福祉法人は、毎会計年度終了後3月以内に計算書類等を作成しなければならない。
> 2. 一方で、社会福祉法の改正後においても、消費税の申告については、会計年度終了の日の翌日から2月以内に申告書を税務署長に提出しなければならない（消費税法第45条第1項）。
> 3. なお、当該申告に当たっては、必ずしも計算書類等について定時評議員会の承認を受けておく必要はない。
> 4. 仮に、当該申告後に計算書類等に誤りが見つかり、納付すべき税額等を訂正する必要が生じた場合には、修正申告又は更正の請求の手続きを行うこととなる（国税通則法第19条、23条）。

　また、国税庁HP質疑応答事例「国、地方公共団体等の申告期限の特例の適用」が公表されています。

(3) 理事・理事会

① 理事

　社会福祉法人の業務執行機関である理事会の構成員をいいます。

a　選任

　評議員会の決議により選任します（法43Ⅰ、法45の4Ⅰ）。

b 資格等

次に掲げる者は、理事となることができません（法44 Ⅰ、法40 Ⅰ）。

ⅰ 法人
ⅱ 成年被後見人又は被保佐人
ⅲ 生活保護法、児童福祉法、老人福祉法、身体障害者福祉法又はこの法律の規定に違反して刑に処せられ、その執行を終わり、又は執行を受けることがなくなるまでの者
ⅳ 前号に該当する者を除くほか、禁錮以上の刑に処せられ、その執行を終わり、又は執行を受けることがなくなるまでの者
ⅴ 第56条第8項の規定による所轄庁の解散命令により解散を命ぜられた社会福祉法人の解散当時の役員

理事は、監事を兼ねることができません（法44 Ⅱ）。

理事のうちには、次に掲げる者が含まれなければなりません（第44 Ⅳ）

ⅰ 社会福祉事業の経営に関する識見を有する者
ⅱ 当該社会福祉法人が行う事業の区域における福祉に関する実情に通じている者
ⅲ 当該社会福祉法人が施設を設置している場合にあっては、当該施設の管理者

（注）上記ⅲに関して、法人が開設する全ての施設の管理者を理事とする必要はなく、施設経営の実態を法人運営に反映させるため、1人以上の施設の管理者が理事として参加することを求めています（制度改革Q＆A問35）。

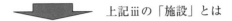 上記ⅲの「施設」とは

（原則）法第62条第1項の第1種社会福祉事業の経営のために設置した施設
（容認）第2種社会福祉事業であっても、保育所、就労移行支援事業所、就労継続支援事業所等が当該社会福祉法人が経営する事業の中核である場合には、当該事業所等

(指導監査ガイドラインⅠ　4(2)2)

理事の構成に関しては、次の要件を満たしていなければなりません（法44Ⅵ）。

ⅰ　各理事について、その配偶者若しくは三親等以内の親族その他各理事と厚生労働省令で定める特殊の関係がある者（＊1）が3人を超えて含まれないこと。

ⅱ　当該理事並びにその配偶者及び三親等以内の親族その他各理事と厚生労働省令で定める特殊の関係がある者（＊1）が理事の総数の3分の1を超えて含まれないこと。

（＊1）　規則第2条の10（理事のうちの各理事と特殊の関係がある者）
「法第44条第6項に規定する各理事と厚生労働省令で定める特殊の関係がある者は、次に掲げる者とする。
　一　当該理事と婚姻の届出をしていないが事実上婚姻関係と同様の事情にある者
　二　当該理事の使用人
　三　当該理事から受ける金銭その他の財産によつて生計を維持している者
　四　前2号に掲げる者の配偶者
　五　第1号から第3号までに掲げる者の三親等以内の親族であつて、これらの者と生計を一にするもの
　六　当該理事が役員（法人でない団体で代表者又は管理人の定めのあるもの

にあつては、その代表者又は管理人。以下この号において同じ。）若しくは業務を執行する社員である他の同一の団体（社会福祉法人を除く。）の役員、業務を執行する社員又は職員（当該他の同一の団体の役員、業務を執行する社員又は職員である当該社会福祉法人の理事の総数の当該社会福祉法人の理事の総数のうちに占める割合が、3分の1を超える場合に限る。）

七　第2条の7第8号に掲げる団体の職員のうち国会議員又は地方公共団体の議会の議員でない者（当該団体の職員（国会議員又は地方公共団体の議会の議員である者を除く。）である当該社会福祉法人の理事の総数の当該社会福祉法人の理事の総数のうちに占める割合が、3分の1を超える場合に限る。）」

＊　租税特別措置法第40条第1項の適用を受けるための要件とされる特殊の関係がある者の範囲と上記（＊1）の内容が同一ではないことに留意が必要です。

（留意事項）

ⅰ　関係行政庁の職員が社会福祉法人の役員となることは、法第61条第1項の公私分離の原則に照らし適当ではないとされています（制度改革Q＆A問30）。

ⅱ　社会福祉協議会にあっては、その目的である地域福祉の推進を図るための行政との連携が必要であることから、関係行政庁の職員が、その役員となることが可能ですが、当該社会福祉協議会の役員総数の5分の1を超えてはならないとされています（法109Ⅴ110Ⅱ、制度改革Q＆A問30）。

ⅲ　理事である職員の中に社会福祉法第44条第4項第1号、第2号及び第3号に掲げる者が、それぞれ最低1名ずつ含まれていれば、理事全員が法人の職員であることも可能です（制度改革Q＆A問39-4）。

c　員数

理事定数は、6人以上（法44Ⅲ）。

d　任期

> 選任後2年以内に終了する会計年度のうち最終のものに関する定時評議員会の終結の時まで（法45）

ただし、定款の規定により、任期を短縮することが可能です。

② 理事長

a　職務及び権限

> 理事長
> ＝　法人の代表権を有する者（法45の17Ⅰ）
> ＝　社会福祉法人の業務に関する一切の裁判上又は裁判外の行為をする権限を有する者

> 法人の内部的・対外的な業務執行権限を有する（法45の16Ⅱ①）
> →　法45の13Ⅳに掲げる事項以外の理事会から委譲された範囲内で自ら意思決定し、業務を執行する。

> 3ヶ月に1回以上自己の職務の状況を理事会に報告（法45の16Ⅲ）

ただし、定款で、毎会計年度に4ヶ月を超える間隔で2回以上とすることができます。

> 理事会は、理事の中から理事長1人を選定（法45の13Ⅲ）

第 1 章 社会福祉法人制度　41

> 制度改革Ｑ＆Ａ
>
> 問 39-5 「理事長の職務代理者」についての規定が定款例ではないが、従来と同様の取り扱いをすることは可能か（理事長に事故あるとき、又は欠けたときは、理事長があらかじめ指名する他の理事が、順次に理事長の職務を代理する　等）。
>
> （答）1. 改正社会福祉法においては理事長以外の理事に対する代表権の行使は認められておらず、また、理事長は理事会において選定されることとなっているので、理事長以外の理事が職務を代理し、及び理事長が代理者を選定する旨の定款の定めは無効である。
>
> 2. なお、理事長が任期の満了又は辞任により退任した場合、新たに選定された理事長が就任するまで、なお理事長としての権利義務を有することとなる。
>
> 　また、事故等により理事長が欠けた場合については、理事会を開催して新たな理事長を選定することとなる。

　上記Ｑ＆Ａは、平成 28 年の社会福祉法改正で、理事長に関する規定の見直しが行われたことによります。

⬇

（改正前）「理事は、すべて社会福祉法人の業務について、社会福祉法人を代表する。」（平成 28 年改正前　法 38）と規定し、社会福祉法上、全ての理事が法人を代表することができました。そのため、理事長に不測の事態が生じ法人の業務執行が困難な状況になった時に備え、理事長の職務権限代理者を明確にしておかなければなりませんでした。

（改正後）「理事長は、社会福祉法人の業務に関する一切の裁判上又は裁判外の行為をする権限を有する。」（平成 28 年改正後　法 45 の 17）と規定し、社会福祉法上、理事長のみに代表権があります。そのため、職務権限代理者を選定する必要はなく、理事長に不測の事態が生じ

法人の業務執行が困難な状況になった場合、速やかに新たな理事長を選定しなければなりません。

③ 業務執行理事
a　職務及び権限

> 業務執行理事
> ＝　理事長以外の理事であって、理事会の決議により社会福祉法人の業務を執行する理事として選定された者（法45の16Ⅱ②）

> 代表権を有していないため対外的な業務執行権限を有しません（法45の17Ⅱ）。

> 3ヶ月に1回以上自己の職務の状況を理事会に報告します（法45の16Ⅲ）。

　ただし、定款で、毎会計年度に4ヶ月を超える間隔で2回以上とすることができます。

④ その他の理事
a　職務及び権限

> 理事長及び業務執行理事以外の理事は、理事会における議決権の行使を通じ、法人の業務執行の意思決定に参画します（法45の13Ⅱ①）。

> 理事長や他の理事の職務の執行を監督します（法45の13Ⅱ②③）。

⑤ 理事会

a 権限（法45の13Ⅱ）

| 社会福祉法人の業務執行の決定（＊1） |

| 理事の職務の執行の監督 |

| 理事長の選定及び解職 |

（＊1） 理事長専決で業務執行することができず、理事会で決議を要する事項について、法第45条の13第4項では以下のように規定しています。
「理事会は、次に掲げる事項その他の重要な業務執行の決定を理事に委任することができない。
　一　重要な財産の処分及び譲受け
　二　多額の借財
　三　重要な役割を担う職員の選任及び解任
　四　従たる事務所その他の重要な組織の設置、変更及び廃止
　五　理事の職務の執行が法令及び定款に適合することを確保するための体制その他社会福祉法人の業務の適正を確保するために必要なものとして厚生労働省令で定める体制の整備
　六　第45条の20第4項において準用する一般社団法人及び一般財団法人に関する法律第114条第1項の規定による定款の定めに基づく第45条の20第1項の責任の免除」

　また、定款例第24条では、理事会の権限に関して以下のように規定しています。
「理事会は、次の職務を行う。ただし、日常の業務として理事会が定めるものについては理事長が専決し、これを理事会に報告する。
　　(1)この法人の業務執行の決定
　　(2)理事の職務の執行の監督
　　(3)理事長及び業務執行理事の選定及び解職
　（備考）
　　(1)「日常の業務として理事会が定めるもの」の例としては、次のような業務

がある。なお、これらは例示であって、法人運営に重大な影響があるものを除き、これら以外の業務であっても理事会において定めることは差し支えないこと。
① 「施設長等の任免その他重要な人事」を除く職員の任免
　（注）理事長が専決できる人事の範囲については、法人としての判断により決定することが必要であるので、理事会があらかじめ法人の定款細則等に規定しておくこと。
② 職員の日常の労務管理・福利厚生に関すること
③ 債権の免除・効力の変更のうち、当該処分が法人に有利であると認められるもの、その他やむを得ない特別の理由があると認められるもの
　ただし、法人運営に重大な影響があるものを除く。
④ 設備資金の借入に係る契約であって予算の範囲内のもの
⑤ 建設工事請負や物品納入等の契約のうち次のような軽微なもの
　　ア　日常的に消費する給食材料、消耗品等の日々の購入
　　イ　施設設備の保守管理、物品の修理等
　　ウ　緊急を要する物品の購入等
　（注）理事長が専決できる契約の金額及び範囲については、随意契約によることができる場合の基準も参酌しながら、法人の判断により決定することが必要であるので、理事会があらかじめ法人の定款細則等に規定しておくこと。
⑥ 基本財産以外の固定資産の取得及び改良等のための支出並びにこれらの処分
　ただし、法人運営に重大な影響があるものを除く。
　（注）理事長が専決できる取得等の範囲については、法人の判断により決定することが必要であるので、理事会があらかじめ法人の定款細則等に規定しておくこと。
⑦ 損傷その他の理由により不要となった物品又は修理を加えても使用に耐えないと認められる物品の売却又は廃棄
　ただし、法人運営に重大な影響がある固定資産を除く。
　　（注）理事長が専決で処分できる固定資産等の範囲については、法人の判断により決定することが必要であるので、理事会があらかじめ

法人の定款細則等に規定しておくこと。
⑧　予算上の予備費の支出
⑨　入所者・利用者の日常の処遇に関すること
⑩　入所者の預り金の日常の管理に関すること
⑪　寄付金の受入れに関する決定
　　ただし、法人運営に重大な影響があるものを除く。
　（注）寄付金の募集に関する事項は専決できないこと。
　　　　　なお、これらの中には諸規程において定める契約担当者に委任されるものも含まれる。」

(4) 監事
① 選任
評議員会の決議により選任します（法43Ⅰ、法45の4Ⅰ）。

監事の選任に関する議案を評議員会に提出する場合、在任する監事の過半数の同意が必要となります（法43Ⅲ、一般法72Ⅰ）。これは、監事は理事の職務の執行を監査する立場にあるため、その独立性を確保するために要求されている手続です。

② 資格等

次に掲げる者は、監事となることができません（法44Ⅰ、法40Ⅰ）。

ⅰ　法人
ⅱ　成年被後見人又は被保佐人
ⅲ　生活保護法、児童福祉法、老人福祉法、身体障害者福祉法又はこの法律の規定に違反して刑に処せられ、その執行を終わり、又は執行を受けることがなくなるまでの者
ⅳ　前号に該当する者を除くほか、禁錮以上の刑に処せられ、その執行を終わり、又は執行を受けることがなくなるまでの者

v 第56条第8項の規定による所轄庁の解散命令により解散を命ぜられた社会福祉法人の解散当時の役員

> 監事は、理事又は当該社会福祉法人の職員を兼ねることができません（法44Ⅱ）。

> 監事のうちには、次に掲げる者が含まれていなければなりません（法44Ⅴ）。

i 社会福祉事業について識見を有する者
ii 財務管理について識見を有する者
＊ 「財務管理に識見を有する者」
　監事は計算書類等の監査を行うため、財務管理について識見を有する者がいることが必須です。

⬇

　公認会計士や税理士の資格を有する者が望ましいですが、社会福祉法人、公益法人や民間企業等において財務・経理を担当した経験を有する者など法人経営に専門的知見を有する者等も考えられるとされています（制度改革Q＆A問37）。

> 監事のうちには、各役員について、その配偶者又は三親等以内の親族その他各役員と厚生労働省令で定める特殊の関係がある者（規則2の11）が含まれていてはいけません（法44Ⅶ）。

（留意事項）
i 審査基準　第3　法人の組織運営では、「(5)監事には、公認会計士又は税理士を登用することが望ましいこと。」とされています。
ii 関係行政庁の職員が社会福祉法人の役員となることは、法第61条第1項

の公私分離の原則に照らし適当でないとされています（制度改革 Q & A 問 30）。

iii 法人から委託を受けて記帳代行業務や税理士業務を行う顧問税理士、顧問会計士が監事になることについては、計算書類等を作成する立場にある者が当該計算書類等を監査するという自己点検に当たるため、これらの者が監事になることは適当ではありません。ただし、法律面や経営面のアドバイスのみを行う契約となっている場合については、監事になることは可能であるとされています（制度改革 Q & A 問 38）。

iv 平成 28 年改正前の社会福祉法においては、監事の理事会への出席は義務付けられていませんでした。これに対し、平成 28 年改正後の社会福祉法においては、理事の職務の執行を監査する観点から、監事の理事会への出席が義務付けられました。また、適正な招集通知を行った結果、監事が欠席したとしても、理事会の成立要件を満たしていれば、当該理事会は有効なものとして成立するとされています。なお、正当な理由がなく監事が理事会を欠席し、そのことにより理事への監督や監査が不十分となり、法人やその関係者が損害を受けた場合には、監事は職務上の義務違反として損害賠償責任を負うことがあります（制度改革 Q & A 問 44-2）。

③ 員数

監事定数は、2 人以上（法 44 Ⅱ）。

④ 任期

選任後 2 年以内に終了する会計年度のうち最終のものに関する定時評議員会の終結の時まで（法 45）

ただし、定款の規定により、任期を短縮することが可能です。

⑤ 義務

理事会への報告義務	（法 45 の 18 Ⅲ、一般法人法 100）
理事会への出席義務	（法 45 の 18 Ⅲ、一般法人法 101）
評議員会への報告義務	（法 45 の 18 Ⅲ、一般法人法 102）

⑥ 権限

理事の職務の執行を監査します（法 45 の 18 Ⅰ）。
　→　監事は、厚生労働省令で定めるところにより、監査報告を作成しなければなりません。

貸借対照表、収支計算書及び事業報告並びにこれらの附属明細書を監査します（法 45 の 28 Ⅰ）。

いつでも、理事及び当該社会福祉法人の職員に対して事業の報告を求め、又は当該社会福祉法人の業務及び財産の状況の調査をすることができます（法 45 の 18 Ⅱ）。

目的の範囲外の行為その他法令若しくは定款に違反する行為をし、又はこれらの行為をするおそれがある場合において、当該行為によって法人に著しい損害が生ずるおそれがあるときは、当該理事に対し、監事は当該行為をやめることを請求することができます（法 45 の 18 Ⅲ、一般社団法 103）。

⑦ 監査項目

		会計監査人非設置法人	会計監査人設置法人
計算書類		○	―
事業報告		○	○
附属明細書	計算書類	○	―
	事業報告	○	○
		規則2の27 （監査報告の内容） 規則2の28 （監査報告の通知期限等）	規則2の31 （会計監査人設置社会福祉法人の監事の監査報告の内容） 規則2の34 （会計監査人設置社会福祉法人の監事の監査報告の通知期限） 規則2の36 （監査報告の内容） 規則2の37 （監査報告の通知期限等）

⑧ 監査報告の内容

　監査報告の内容は、会計監査人非設置法人、会計監査人設置法人で区分した上で、計算関係書類の監査と事業報告及び附属明細書の監査ごとに以下のように規定されています。

　なお、監事の監査報告書の具体的な様式については、「監事の監査報告書の様式例について」（平成30年4月27日厚生労働省社会・援護局事務連絡）が参考となります。

【監事監査報告の内容（会計監査人非設置法人）】
　a　計算関係書類の監査（規則2の27）
　　ⅰ　監事の監査の方法及びその内容
　　ⅱ　計算関係書類が当該社会福祉法人の財産、収支及び純資産の増減の状況を全ての重要な点において適正に表示しているかどうかについての意見
　　ⅲ　監査のため必要な調査ができなかったときは、その旨及びその理由

    iv 追記情報（会計方針の変更、重要な偶発事象、重要な後発事象その他の事項のうち、監事の判断に関して説明を付す必要がある事項又は計算関係書類の内容のうち強調する必要がある事項）
    v 監査報告を作成した日
 b 事業報告及びその附属明細書の監査（規則2の36）
    i 監事の監査の方法及びその内容
    ii 事業報告及びその附属明細書が法令又は定款に従い当該社会福祉法人の状況を正しく示しているかどうかについての意見
    iii 当該社会福祉法人の理事の職務の遂行に関し、不正の行為又は法令若しくは定款に違反する重大な事実があったときは、その事実
    iv 監査のため必要な調査ができなかったときは、その旨及びその理由
    v 第2条の25第2項第2号に掲げる事項（監査の範囲に属さないものを除く）がある場合において、当該事項の内容が相当でないと認めるときは、その旨及びその理由
    vi 監査報告を作成した日

【監事監査報告の内容（会計監査人設置法人）】
 a 計算関係書類の監査（規則2の31）
    i 監事の監査の方法及びその内容
    ii 会計監査人の監査の方法又は結果を相当でないと認めたときは、その旨及びその理由（次条第3項に規定する場合にあっては、会計監査報告を受領していない旨）
    iii 重要な後発事象（会計監査報告の内容となっているものを除く。）
    iv 会計監査人の職務の遂行が適正に実施されることを確保するための体制に関する事項
    v 監査のため必要な調査ができなかったときは、その旨及びその理由
    vi 監査報告を作成した日
 b 事業報告及びその附属明細書の監査（規則2の36）

ⅰ　監事の監査の方法及びその内容
　　ⅱ　事業報告及びその附属明細書が法令又は定款に従い当該社会福祉法人の状況を正しく示しているかどうかについての意見
　　ⅲ　当該社会福祉法人の理事の職務の遂行に関し、不正の行為又は法令若しくは定款に違反する重大な事実があったときは、その事実
　　ⅳ　監査のため必要な調査ができなかったときは、その旨及びその理由
　　ⅴ　第2条の25第2項第2号に掲げる事項（監査の範囲に属さないものを除く。）がある場合において、当該事項の内容が相当でないと認めるときは、その旨及びその理由
　　ⅵ　監査報告を作成した日

(5) 会計監査人

① 会計監査人の設置

全ての社会福祉法人において、定款の定めによって会計監査人を置くことができます（法36Ⅱ）。

特定社会福祉法人は、会計監査人を置かなければなりません（法37）。

特定社会福祉法人　＝　事業の規模が政令で定める基準を超える社会福祉法人

　　　　　　　　　＝　いずれかに該当する法人（令13の3、規則2の6）
　　　　　　　　　　　①　法人全体事業活動計算書の「サービス活動収益計(1)」欄の額が30億円を超える法人
　　　　　　　　　　　②　法人全体貸借対照表の「負債の部」の合計金額が60億円を超える法人

なお、特定社会福祉法人に関しては、今後、以下のように段階的に対象範囲

を拡大していくことが予定されています。ただし、段階施行の具体的な時期及び基準については、平成29年度以降の会計監査の実施状況等必要に応じて見直しを検討することとされています（公布通知　第一　改正政令関係　一　1）。

ⅰ　平成29年度、平成30年度
　　収益30億円を超える法人又は負債60億円を超える法人
ⅱ　平成31年度、平成32年度
　　収益20億円を超える法人又は負債40億円を超える法人
ⅲ　平成33年度以降
　　収益10億円を超える法人又は負債20億円を超える法人

---

② 選任（法43Ⅰ・Ⅲ、法45の4Ⅰ）

評議員会の決議により選任します（監事の過半数の同意が必要）。

ただし、評議員会に提出する会計監査人の選任及び解任並びに会計監査人を再任しないことに関する議案の内容は、監事の過半数をもって決定します（法43、一般法人法73）。

なお、監事や税務顧問に就任している公認会計士が会計監査人に就任する場合には、日本公認会計士協会平成28年審理通達第1号に基づき、監事等の退任時期に留意しなければなりません。

「社会福祉法人の会計監査人就任に当たっての独立性に関する留意事項」
（自主規制・業務本部　平成28年審理通達第1号　平成28年4月1日　日本公認会計士協会）

1. 監事の場合
　　会計監査人への就任を検討している会員又はその配偶者が、当該社会福祉法人の役員、これに準ずるもの若しくは財務に関する事務の責任あ

る担当者であり、又は過去1年以内にこれらの者であった場合には、当該法人に対して監査業務を行ってはならない（公認会計士法第24条第1項第1号）。

- → 「過去1年」 ＝ 契約日基準（監査業務契約の締結日）で判断
- → 例えば、監査対象年度は平成31年度、平成31年6月25日に会計監査人に就任する場合、監事退任期限は平成30年6月24日

2. 税務顧問の場合

税務顧問としての業務内容が税理士法第2条に定める税理士業務等（公認会計士法第2条第1項及び第2項以外の業務）に該当する場合、税務顧問に就任している会員又はその配偶者が、被監査会社等から当該業務により継続的な報酬を受けているときには、監査業務を行ってはならない（公認会計士法第24条第1項第3号及び第2項、同施行令第7条第1項第6号）。

- → 契約日基準（監査業務契約の締結日）で判断
- → 監査業務契約の締結前に、税務顧問としての契約及び業務の実施を終了（解消）

③ **資格等（法45の2Ⅰ）**

公認会計士又は監査法人。

④ **任期（法45の3Ⅰ）**

選任後1年以内に終了する会計年度のうち最終のものに関する定時評議員会の終結の時まで（法45の3Ⅰ）。

定時評議員会において別段の決議がされなかったときは、当該定時評議員会にて再任されたものとみなされます（法45の3Ⅱ）。

会計監査人設置社会福祉法人が会計監査人を置く旨の定款の定めを廃止する定款の変更をした場合には、会計監査人の任期は、当該定款の変更の効力が生じた時に満了します（法45の3Ⅲ）。

⑤ 会計監査人が作成する報告書等

a　独立監査人の監査報告書
　ⅰ　計算関係書類に対する監査意見
　ⅱ　財産目録に対する監査意見

b　監査実施概要及び監査結果の説明書

a　独立監査人の監査報告書
ⅰ　計算関係書類に対する監査意見

| 計算関係書類 | = | 計算書類 | + | 附属明細書 | （規則2の25） |

⬇

計算関係書類については、会計監査人の監査を受けなければなりません（法45の28Ⅱ）。

⬇

会計監査人による会計監査の対象となる計算関係書類（規則2の30Ⅰ②）

計算書類 → 法人単位資金収支計算書（第1号第1様式）
法人単位事業活動計算書（第2号第1様式）
法人単位貸借対照表（第3号第1様式）

附属明細書
（*1）
→ 借入金明細書（別紙3（①））
寄附金明細書（別紙3（②））
補助金事業等収益明細書（別紙3（③））
基本金明細書（別紙3（⑥））
国庫補助金等特別積立金明細書（別紙3（⑦））

（*1） 法人全体で作成しなければならない附属明細書のうち、「事業区分間及び拠点区分間繰入金明細書」（別紙3（④））、「事業区分間及び拠点区分貸付金（借入金）残高明細書」（別紙3（⑤））は、会計監査の対象には含まれていません。

なお、監査報告書の文例については、実務指針第40号を参照してください。
法人が作成する計算書類及び附属明細書と会計監査の対象を整理すると下表のとおりです。

<法人が作成する計算書類及び附属明細書>

	収支計算書		貸借対照表（第3号）	計算書類に対する注記	附属明細書
	資金収支計算書（第1号）	事業活動計算書（第2号）			
第1様式	法人単位資金収支計算書	法人単位事業活動計算書	法人単位貸借対照表	法人全体での注記	法人全体で作成
第2様式	資金収支内訳表	事業活動内訳表	貸借対照表内訳表		
第3様式	事業区分資金収支内訳表	事業区分事業活動内訳表	事業区分貸借対照表内訳表		
第4様式	拠点区分資金収支計算書	拠点区分事業活動計算書	拠点区分貸借対照表	拠点区分での注記	拠点区分で作成

			法人全体	拠点区分
一	借入金明細書	別紙3（①）	○	
二	寄附金収益明細書	別紙3（②）	○	
三	補助金事業等収益明細書	別紙3（③）	○	
四	事業区分間及び拠点区分間繰入金明細書	別紙3（④）	○	
五	事業区分間及び拠点区分間貸付金（借入金）残高明細書	別紙3（⑤）	○	
六	基本金明細書	別紙3（⑥）	○	
七	国庫補助金等特別積立金明細書	別紙3（⑦）	○	
八	基本財産及びその他の固定資産（有形・無形固定資産）の明細書	別紙3（⑧）		○
九	引当金明細書	別紙3（⑨）		○
十	拠点区分資金収支明細書	別紙3（⑩）		○
十一	拠点区分事業活動明細書	別紙3（⑪）		○
十二	積立金・積立資産明細書	別紙3（⑫）		○
十三	サービス区分間繰入金明細書	別紙3（⑬）		○
十四	サービス区分間貸付金（借入金）残高明細書	別紙3（⑭）		○
十五	就労支援事業別事業活動明細書	別紙3（⑮）		○
十六	就労支援事業製造原価明細書	別紙3（⑯）		○
十七	就労支援事業販管費明細書	別紙3（⑰）		○
十八	就労支援事業明細書	別紙3（⑱）		○
十九	授産事業費用明細書	別紙3（⑲）		○

☐ が会計監査報告の対象範囲になります。

ii 財産目録に対する監査意見

> 会計監査人は、計算関係書類のほか、財産目録を監査しなければなりません。

> 財産目録に対する監査の結果は、計算関係書類に対する会計監査報告に併せて記載し、又は記録しなければならないと規定されています（法45の19Ⅱ、規則2の22）。

| 監査意見の対象となる項目 | ＝ | 法人単位貸借対照表に対応する項目に限られます（規則 2 の 22）。 |

具体的には、財産目録の記載項目（運用上の取扱い　別紙 4）のうち、「貸借対照表科目」及び「貸借対照表価額」の科目合計金額が対象となります。

なお、監査報告書の文例については、実務指針第 40 号を参照してください（計算関係書類に対する意見とは区分した「財産目録に対する意見」区分を設け、全ての重要な点において、社会福祉法人会計の基準に準拠しており、法人単位貸借対照表に整合して作成されているかについて意見を表明することになります）。

b　監査実施概要及び監査結果の説明書

所轄庁が行う社会福祉法第 56 条第 1 項の規定等に基づく指導監査に関して、「社会福祉法人指導監査実施要綱の制定について」（平成 29 年 4 月 27 日厚生労働省社会・援護局長他連名通知平成 30 年 4 月 16 日最終改正）別添「社会福祉法人指導監査実施要綱」では、一般監査の実施の周期の延長等が認められています。

「会計監査及び専門家による支援等について」（平成 29 年 4 月 27 日社援基発第 0427 第 1 号厚生労働省社会・援護局福祉基盤課長通知）では、法人が会計監査人による監査を受けたときは、「独立監査人の監査報告書」及び監査の実施概要や監査の過程で発見された内部統制の重要な不備等を記載した報告書（「監査実施概要及び監査結果の説明書」）を会計監査人から受領することとされています。

なお、当該課長通知では、「独立監査人の監査報告書」及び「監査実施概要及び監査結果の説明書」の作成方法や留意事項については、実務指針第 40 号によることとされています。

⬇

　上記課長通知では、所轄庁による一般監査の周期の延長の判断及び指導監査事項の省略を行うかどうかの判断については、毎年度、法人から提出される計算書類、附属明細書、財産目録に加え、会計監査人設置法人の場合、独立監査人の監査報告書並びに監査実施概要及び監査結果の説明書を確認した上で行うこととされています。

⑥　計算関係書類の監査と法人単位計算書類の作成プロセス（実務指針第40号第17項～第19項）

　会計監査人による会計監査の対象となる計算書類は、法人単位の計算書類（法人単位貸借対照表、法人単位資金収支計算書、法人単位事業活動計算書、法人全体についての注記）に限られます。

⬇

　法人単位の計算書類は、拠点区分の計算書類（拠点区分ごとに作成される拠点区分貸借対照表、拠点区分資金収支計算書、拠点区分事業活動計算書及び拠点区分についての計算書類に対する注記）を基礎として作成されます。

　また、主要簿である仕訳日記帳、総勘定元帳も拠点区分単位で作成されます。

⬇

　会計監査人は、社会福祉法人における会計帳簿の構築並びに法人単位の計算書類の作成手続に応じて、拠点区分の計算書類や各事業区分における拠点区分別内訳表及び法人全体における事業区分別内訳表の集計及び内部取引消去の手続についても監査基準委員会報告書に従って監査手続を実施します。

⬇

　会計監査人は、拠点区分の計算書類、各事業区分における拠点区分別内訳表や法人全体における事業区分別内訳表等の記載内容については、監査した法人単位の計算書類と重要な相違があることによって監査した法人単位の計算書類の信頼性が損なわれることがないよう、監査基準委員会報告書720に従ってそれらの記載内容を通読します。

※　監査基準委員会報告書720「監査した財務諸表が含まれる開示書類におけるその他の記載内容に関連する監査人の責任」の「Ⅱ要求事項1．その他の記載内容の通読」参照。

拠点区分単位（日常の会計処理の単位）で仕訳日記帳、総勘定元帳を作成		
↓		総勘定元帳等に基づき
第4様式	拠点区分資金収支計算書 拠点区分事業活動計算書 拠点区分貸借対照表	拠点区分ごとに作成
↓		
第3様式	事業区分資金収支内訳表 事業区分事業活動内訳表 事業区分貸借対照表内訳表	事業区分に属する拠点区分ごとの内訳
↓		拠点区分間の内部取引を相殺消去
第2様式	資金収支内訳表 事業活動内訳表 貸借対照表内訳表	事業区分ごとの内訳
↓		事業区分間の内部取引を相殺消去
第1様式	法人単位資金収支計算書 法人単位事業活動計算書 法人単位貸借対照表	法人全体
・・・ 会計監査報告の対象		

第1様式は、拠点区分単位で作成した仕訳日記帳、総勘定元帳をもとに、集計、内部取引の相殺消去を繰り返していくことで作成されます。そのため、結果としての第1様式のみを監査するのではなく、その作成プロセスに配慮した上で監査を行うことが重要になります。

(参考) 制度改革留意事項
第5章 会計監査人 (6) ウ. 監査証明範囲の設定について
「……その際、法人単位の計算書類とその附属明細書は拠点区分別の積み上げであることから、拠点区分別の計算書類及びそれらの附属明細書についても留意し、監査手続が実施されることとなるが、社会福祉法人の特性に合わせ、効率的・効果的な監査が行われることに留意すること。」

8. 役員等への報酬等

社会福祉法上、評議員、理事、監事に対して報酬等を支給することができます。

報酬等
= 報酬、賞与その他の職務遂行の対価として受ける財産上の利益及び退職手当(法45の34 Ⅰ③)

報酬等を支給する場合
| 評議員 | = 定款の定め(法45の8 Ⅳ、一般法196)
| 理 事 | = 定款の定め又は評議員会の決議(法45の16 Ⅳ、一般法89)
| 監 事 | = 定款の定め又は評議員会の決議(法45の18 Ⅳ、一般法105 Ⅰ)

法第45条の35(報酬等)
1 社会福祉法人は、理事、監事及び評議員に対する報酬等について、厚生労働省令で定めるところにより、民間事業者の役員の報酬等及び従業員の給与、当該社会福祉法人の経理の状況その他の事情を考慮して、不

> 当に高額なものとならないような支給の基準を定めなければならない。
> 2　前項の報酬等の支給の基準は、評議員会の承認を受けなければならない。これを変更しようとするときも、同様とする。
> 3　社会福祉法人は、前項の承認を受けた報酬等の支給の基準に従って、その理事、監事及び評議員に対する報酬等を支給しなければならない。

報酬等を支給するための条件
1. 支給の基準（役員報酬規程等）を定めること（法45の35Ⅰ）
2. 支給の基準について、評議員会の承認を受けること（法45の35Ⅱ）
3. 支給の基準に従って、報酬等を支給すること（法45の35Ⅲ）
4. 支給の基準を所轄庁へ届け出ること（法59Ⅰ、法45の34Ⅱ）
5. 支給の基準の備置き、閲覧、公表すること（法45の34、59の2Ⅰ）

（留意事項）
ⅰ　役員等への報酬に関して定款例では以下のように規定しています。
　（評議員の報酬等）
　　　第9条　評議員に対して、〈例：各年度の総額が○○○○○○円を超えない範囲で、評議員会において別に定める報酬等の支給の基準に従って算定した額を、報酬として〉支給することができる。
　（役員の報酬等）
　　　第23条　理事及び監事に対して、〈例：評議員会において別に定める総額の範囲内で、評議員会において別に定める報酬等の支給の基準に従って算定した額を〉報酬等として支給することができる。
　　評議員に支給する報酬等に関しては、定款で各年度の総額を規定した上で評議員会の決議に基づく支給基準により支給しなければなりません。また、役員に支給する報酬等に関しては、評議員会で総額を決定し、評議員会の決議に基づく支給基準により支給しなければなりません。
ⅱ　交通費の実費相当分は報酬に含まれません。なお、名称（「車代」等）にかかわらず、実質的に報酬に該当するものは、支給基準の対象とする必要

があります（制度改革Q＆A問45）。

iii 個人情報の保護の観点から、職員給与を受けている理事が1名の場合であって、個人の職員給与が特定されてしまう場合には、職員給与の支給を受けている理事がいる旨明記した上で、職員給与の支給を当該理事の職員給与額を含めずに役員報酬等の総額を公表することとして差し支えないとされています（制度改革Q＆A）。

9．内部管理体制

> 一定の事業規模を超える法人は、法人のガバナンスを確保するために、理事の職務の執行が法令及び定款に適合することを確保するための体制その他社会福祉法人の業務の適正を確保するために必要な体制の整備（内部管理体制の整備）について、基本方針を理事会において決定し、当該方針に基づいて、規程の策定等を行わなければなりません（法45の13 Ⅳ⑤、Ⅴ）。

> 一定の事業規模を超える法人（令13の3）
> ＝ 会計監査人設置義務対象法人と同様です。
> ＝ 次のいずれかの法人をいいます。
>   a 前年度の決算における法人単位事業活動計算書（第2号第1様式）中の「サービス活動増減の部」の「サービス活動収益計」が30億円を超える法人
>   b 法人単位貸借対照表（第3号第1様式）中の「負債の部」の「負債の部合計」が60億円を超える法人
>
> なお、今後は会計監査人設置義務法人の対象範囲の拡大に伴い、内部管理体制を整備しなければならない法人の範囲も拡大される予定です。

【内部管理体制の内容】

理事の職務の執行が法令及び定款に適合することを確保するための体制のほか、以下の体制の整備が必要となります（規則2の16）。

① 理事の職務の執行に係る情報の保存及び管理に関する体制
② 損失の危険の管理に関する規程その他の体制
③ 理事の職務の執行が効率的に行われることを確保するための体制
④ 職員の職務の執行が法令及び定款に適合することを確保するための体制
⑤ 監事がその職務を補助すべき職員を置くことを求めた場合における当該職員に関する事項
⑥ ⑤の職員の理事からの独立性に関する事項
⑦ 監事の⑤の職員に対する指示の実効性の確保に関する事項
⑧ 理事及び職員が監事に報告をするための体制その他の監事への報告に関する体制
⑨ ⑧の報告をした者が当該報告をしたことを理由として不利な取扱いを受けないことを確保するための体制
⑩ 監事の職務の執行について生ずる費用の前払又は償還の手続その他の当該職務の執行について生ずる費用又は債務の処理に係る方針に関する事項
⑪ その他監事の監査が実効的に行われることを確保するための体制

【法人における作業】
① 内部管理体制の現状把握
・内部管理状況の確認、内部管理に係る規程等の整備状況の確認
② 内部管理体制の課題認識
・ 現状把握を通じて、業務の適正を確保するために必要な体制と現状の体制を比較し、取り組むべき内容を決定
③ 内部管理体制の基本方針の策定
・ 法人の内部管理体制の基本方針について、理事会で決定
④ 基本方針に基づく内部管理体制の整備
・ 基本方針に基づいて、内部管理に係る必要な規程の策定及び見直し等

内部管理体制の基本方針については、制度改革留意事項において参考例が示

されています。

10. 情報公開等

		届出 (法59)	備え置き (法45の32 I II) (法45の34)	閲覧等		公開等 (法59の2) (規則10 III)
				(法45の32 III) (法45の32 IV)	(法45の34 III)	
計算書類等	理事会承認済計算書類	○	○	○		○
	事業報告	○	○	○		○
	監事監査報告	○	○	○		○
財産目録		○	○		○	○
役員等名簿		○	○		○	
報酬等の支給基準		○	○		○	○
事業の概要等 (規則2の41)		○	○		○	○
定款						○

(1) 所轄庁への届出（現況報告）（法59）

第45条の32第1項に規定する「計算書類等」

　理事会承認済計算書類
　事業報告
　監事監査報告（＊1）

第45条の34第2項に規定する「財産目録等」

　財産目録
　役員等名簿（＊2）
　報酬等の支給の基準を記載した書類
　事業の概要その他の
　　厚生労働省令で定める事項を
　　　　　　　記載した書類（＊3）

→　毎会計年度終了後3月以内に所轄庁へ届け出

(＊1) 会計監査人設置社会福祉法人においては、会計監査人の会計監査報告を含む。
(＊2) 理事、監事及び評議員の氏名及び住所を記載した名簿。
(＊3) 事業の概要その他の厚生労働省令で定める事項を記載した書類
（規則 2 の 41）
一 当該社会福祉法人の主たる事務所の所在地及び電話番号その他当該社会福祉法人に関する基本情報
二 当該終了した会計年度の翌会計年度（以下、「当会計年度」という。）の初日における評議員の状況
三 当会計年度の初日における理事の状況
四 当会計年度の初日における監事の状況
五 当該終了した会計年度（以下この条において「前会計年度」という。）及び当会計年度における会計監査人の状況
六 当会計年度の初日における職員の状況
七 前会計年度における評議員会の状況
八 前会計年度における理事会の状況
九 前会計年度における監事の監査の状況
十 前会計年度における会計監査の状況
十一 前会計年度における事業等の概要
十二 前会計年度末における社会福祉充実残額並びに社会福祉充実計画の策定の状況及びその進捗の状況
十三 当該社会福祉法人に関する情報の公表等の状況
十四 第十二号に規定する社会福祉充実残額の算定の根拠
十五 事業計画を作成する旨を定款で定めている場合にあつては、事業計画
十六 その他必要な事項

なお、具体的な届出の方法は、以下のとおりです（規則 9）。
① 書面の提供（次のイ又はロに掲げる場合の区分に応じ、当該イ又はロに定める方法による場合に限る。）
　　イ 届出計算書類等が書面で作成されている場合
　　　　当該書面に記載された事項を記載した書面 2 通の提供
　　ロ 届出計算書類等が電磁的記録で作成されている場合

　　　　　　　当該電磁的記録に記録された事項を記載した書面2通の提供
② 電磁的方法による提供（次のイ又はロに掲げる場合の区分に応じ、当該イ又はロに定める方法による場合に限る。）
　　　イ　届出計算書類等が書面で作成されている場合
　　　　　当該書面に記載された事項の電磁的方法による提供
　　　ロ　届出計算書類等が電磁的記録で作成されている場合
　　　　　当該電磁的記録に記録された事項の電磁的方法による提供
③ 届出計算書類等の内容を当該届出に係る行政機関及び独立行政法人福祉医療機構の使用に係る電子計算機と接続された届出計算書類等の管理等に関する統一的な支援のための情報処理システムに記録する方法

実務上は、上記③の独立行政法人　福祉医療機構の「財務諸表等電子開示システム」により行うことになります。

(2) 備置き、閲覧供与
① 計算書類等の備置き（法45の32 ⅠⅡ）

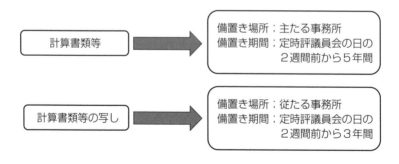

② 財産目録等の備置き(法45の34 Ⅰ)

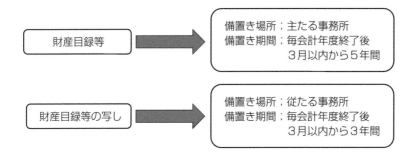

③ 計算書類等の閲覧等(45の32 ⅢⅣ、45の34 Ⅲ)

	計算書類等の閲覧		財産目録等の閲覧 (法45の34 Ⅲ)
	(法45の32 Ⅲ)	(法45の32 Ⅳ)	
閲覧等の請求者	評議員及び債権者	何人(評議員及び債権者を除く。)	
閲覧等の請求時間	社会福祉法人の業務時間内は、いつでも		
閲覧等を請求できる書類	i 計算書類等を書面で作成 ・計算書類等の書面又は当該書面の写しの閲覧の請求 ・計算書類等の書面の謄本又は抄本の交付の請求(*1) ii 計算書類等の電磁的記録で作成 ・電磁的記録に記録された事項を厚生労働省令で定める方法により表示したものの閲覧の請求 ・電磁的記録に記録された事項を電磁的方法であって社会福祉法人の定めたものにより提供することの請求又はその事項を記載した書面の交付の請求(*1)	i 計算書類等を書面で作成 ・計算書類等の書面又は当該書面の写しの閲覧の請求 ii 計算書類等の電磁的記録で作成 ・電磁的記録に記録された事項を厚生労働省令で定める方法により表示したものの閲覧の請求	i 財産目録等が書面をもって作成 ・財産目録等の書面又は財産目録等の書面の写しの閲覧の請求 ii 財産目録等が電磁的記録をもって作成 ・電磁的記録に記録された事項を厚生労働省令で定める方法により表示したものの閲覧の請求

(*1) 債権者が請求する場合、当該社会福祉法人の定めた費用を支払わなければなりません。

(3) 情報の公開等（法59の2）

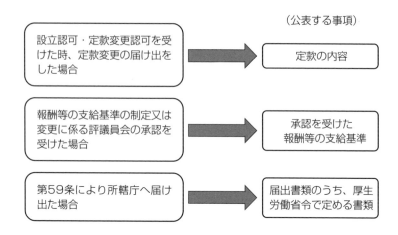

具体的な公開の方法は、以下のとおりです（規則10）。

① インターネットの利用。

② 社会福祉法人が独立行政法人　福祉医療機構の「財務諸表等電子開示システム」による所轄庁への届出を行い、行政機関等が当該届出により記録された届出計算書類等の内容の公表を行うときは、当該社会福祉法人が前項に規定する方法による公表を行ったものとみなされます。

11. 社会福祉充実残額・社会福祉充実計画

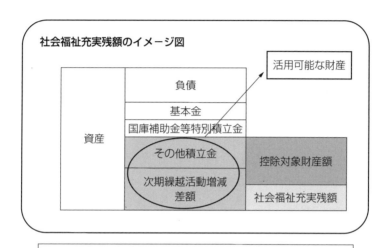

（1）社会福祉充実残額の計算の趣旨

　社会福祉充実計画（法55の2）の作成の要否を判断するために、平成29年4月1日以降、社会福祉法人では毎年再投下可能な財産（社会福祉充実残額）を計算しなければなりません。

　社会福祉充実残額がプラスの場合には、社会福祉充実計画を作成し、所轄庁の承認を受けなければなりません。

　地域の福祉ニーズ等を踏まえて作成した社会福祉充実計画に基づき、社会福祉充実残額を計画的かつ有効に再投下しなければなりません。

　社会福祉充実残額の計算、社会福祉充実計画の策定は、平成28年の社会福祉

制度改革において財務規律の強化を目的として新たに設けられた制度です。すなわち、税制優遇措置等を受ける公益性の高い社会福祉法人に対して、地域における取組みを一層促すとともに、説明責任を図ることを目的として、社会福祉法人が有している内部留保を地域社会へ再還元するため、社会充実残額が発生する法人に対して、社会福祉充実計画の策定を義務付けたものです。

(2) 社会福祉充実残額の算定等に関する通知等

① 社会福祉法第7節（法55条の2～法55条の4）
② 社会福祉法第55条の2の規定に基づく社会福祉充実計画の承認等について（平成29年1月24日雇児発0124第1号・社援発0124第1号・老発0124第1号厚生労働省雇用均等・児童家庭局長・社会・援護局長・老健局長通知）「社会福祉充実計画の承認等に係る事務処理基準」
③ 「社会福祉充実計画の承認等に係る事務処理基準」に基づく別に定める単価等について（平成29年1月24日社援基発0124第1号厚生労働省社会・援護局福祉基盤課長通知、平成30年1月23日社援基発第0123第2号最終改正）
④ 「社会福祉充実計画の承認等に関するQ＆A（vol.3）」について（平成30年1月23日厚生労働省社会・援護局福祉基盤課事務連絡）
⑤ 社会福祉充実残額算定シート（Excel版）
⑥ 社会福祉充実計画の承認等に係る各種様式（Word版）

(3) 社会福祉充実残額の算定に際しての全般的な留意事項

① 算定頻度
　毎会計年度（事務処理基準3(2)）

② 算定単位
　法人全体（法人単位貸借対照表（第3号第1様式）に基づき算定（事務処理基準3(3)）
　　＊ 個々の施設種別単位ではありません。

③ 算定結果の提出方法

　毎会計年度、6月30日までに、「計算書類」及び「現況報告書」とともに、「社会福祉充実残額算定シート」に必要事項を記入の上、「社会福祉法人の財務諸表等電子開示システム」を利用して入力を行う、又は当該シートを郵送又は電子メール等により送付することにより行います。

　＊　「現況報告書」においても、社会福祉充実残額の有無や規模等の項目が設けられています。

（4）具体的な計算方法（事務処理基準3⑵）

　　社会福祉充実残額 ＝ 活用可能な財産 － 控除対象財産

　　活用可能な財産
　　　　　　　＝ 資産 － 負債 － 基本金 － 国庫補助金等特別積立金

　　控除対象財産
　　　　　　　＝ 社会福祉法に基づく事業に活用している不動産等
　　　　　　　＋ 再取得に必要な財産
　　　　　　　＋ 必要な運転資金

（留意事項）
1. 社会福祉充実残額は、1万円未満の端数切捨てになります。
2. 当該計画の策定に係る費用が社会福祉充実残額を上回ることが明らかな場合（＊）には、当該費用により社会福祉充実残額を費消し、事実上、社会福祉充実事業の実施が不可能であることから、当該計画を策定しないことができます。

　＊　「計画の策定に係る費用が社会福祉充実残額を上回ることが明らかな場合」
　　　公認会計士・税理士等への意見聴取費用や社会福祉充実事業の実施に向けたマー

ケティング費用等に係る見積もりの結果、当該費用が社会福祉充実残額を上回っているような場合などが想定されます。なお、当該見積もりに係る書類は、「社会福祉充実残額の計算過程に関する書類」として、社会福祉充実残額算定シート及びその別添「財産目録様式」とともに、10年間保存しておくことが必要であるとされています（事務処理基準3の(2)、充実計画Q＆A問6）。

また、社会福祉充実残額が正の数字となったものの、「計画の策定に係る費用が社会福祉充実残額を上回ることが明らかな場合」に該当するような場合、評議員会の承認、公認会計士・税理士等への意見聴取に係る義務は生じません（事務処理基準3の(2)、充実計画Q＆A問7）。

(5) 活用可能な財産（法55の2Ⅰ①、事務処理基準3(3)）

```
＝ 資産 － 負債 － 基本金 － 国庫補助金等特別積立金
＝ その他の積立金 ＋ 次期繰越活動増減差額
```

法人単位貸借対照表（第3号第1様式）から算定します。

第3号第1様式

法人単位貸借対照表
（平成　　年　3月31日現在）

資産の部	当年度末	前年度末	増減	負債の部	当年度末	前年度末	増減
流動資産				流動負債			
固定資産				固定負債			
基本財産							
その他の固定資産							
				負債の部合計	B		
				純資産の部			
				基本金	C		
				国庫補助金等特別積立金	D		
資産の部合計	A			負債及び純資産の部合計			

$$\text{活用可能な財産} = A - B - C - D$$

(6) 控除対象財産

控除財産額のイメージ図

以下の金額の合計額をいいます。

社会福祉法に基づく事業に活用している不動産等		
再生産に必要な財産	将来の建替に必要な費用	
	建替までの間の大規模修繕に必要な費用	
	設備・車両等の更新に必要な費用	
必要な運転資金		

```
   控除対象財産①  社会福祉法に基づく事業に活用している不動産等
 + 控除対象財産②  再生産に必要な財産
 + 控除対象財産③  必要な運転資金
```

① 控除対象財産①　社会福祉法に基づく事業に活用している不動産等

(1) 財産目録における貸借対照表価額

合計(a)	

(2) 対応負債

項目	金額
1年以内返済予定設備資金借入金	
1年以内返済予定リース債務	
設備資金借入金	
リース債務	
合計(b)	

(3) 合計

項目	金額
財産目録合計(a)	
対応負債合計(b)	
対応基本金(c)	
国庫補助金等特別積立金(d)	
合計（a－b－c－d）	

a 財産目録における貸借対照表価額

　財産目録から区分された金額で、法人が現に実施する社会福祉事業等に、直接又は間接的に供与されている財産であって、当該財産がなければ事業の実施に直ちに影響を及ぼし得るものの貸借対照表価額の合計額となります。

　社会福祉事業等とは、法人が現在実施している事業に使用されている財産をいい、社会福祉事業に使用されている財産のみならず、公益事業、収益事業に使用されている財産が含まれます。

ⅰ　控除対象となるもの
　未収補助金、棚卸資産、前払費用、外部への貸付金、基本財産である土地・建物、建設仮勘定、差入保証金、長期前払費用　等

ⅱ　控除対象とならないもの
　現金預金、有価証券、事業未収金、立替金、投資有価証券、積立資産（就労支援事業における工賃変動積立資産は控除対象）　等

ⅲ　ⅰ及びⅱ以外のもの
　社会福祉事業等の用に供されているものに限り、控除対象となりますが、具体的な内容については、事務処理基準で勘定科目ごとに取扱いが示されています。

　社会福祉充実残額の計算は、前述したとおり、「社会福祉充実残額算定シート」に必要事項を記入の上、「社会福祉法人の財務諸表等電子開示システム」を利用して入力を行う、又は当該シートを郵送又は電子メール等により送付することにより行うことになりますが、その際は、入力した財産目録の内容（使用目的）に基づき、控除対象か否かを判断していくことになります。

　　＊　財産目録の記載方法
　　　「社会福祉充実残額算定シート」に記入に際して作成する財産目録については、運用上の取扱いの「別紙4「財産目録」の様式」に従って記載します。その際の記載上の留意事項は、以下のとおりです。
　　　　・　土地、建物が複数ある場合には、科目を拠点区分ごとに分けて記載します。

- 同一の科目について控除対象財産に該当するものと、該当しないものが含まれる場合には、分けて記載します。
- 科目を分けて記載した場合は、小計欄を設けて、「貸借対照表価額」欄と一致させます。
- 「使用目的等」欄には、社会福祉法第55条の2の規定に基づく社会福祉充実残額の算定に必要な控除対象財産の判定を行うため、各資産の使用目的を簡潔に記載します。なお、負債については、「使用目的等」欄の記載を行う必要がありません。
- 「貸借対照表価額」欄は、「取得価額」欄と「減価償却累計額」欄の差額と同額になることに留意します。
- 建物についてのみ「取得年度」欄を記載します。
- 減価償却資産(有形固定資産に限る)については、「減価償却累計額」欄を記載します。なお、減価償却累計額には、減損損失累計額を含みます。
  また、ソフトウェアについては、取得価額から貸借対照表価額を控除して得た額を「減価償却累計額」欄に記載します。
- 車輌運搬具の○○には会社名と車種を記載しますが、車輌番号は任意記載になっています。
- 預金に関する口座番号は任意記載となっています。

iv 資産の区分に際しての留意事項

基本財産のうち、土地・建物を除く定期預金及び投資有価証券

審査基準等で法人設立時の要件となっている基本財産の範囲内で控除対象となります。

現に社会福祉事業等に活用していない土地・建物

(原則) 控除対象とはなりません。
(例外) 社会福祉充実残額の算定を行う会計年度の翌会計年度に、具体的な

活用方策が明らかな場合(翌会計年度中に社会福祉事業等に活用する建物の建設に着工する場合であって、事業開始は翌々会計年度以降となるような場合を含む。)については、控除対象となります。なお、土地・建物を翌々会計年度以降に活用する場合にあっては、社会福祉充実計画において、具体的な活用方策を記載することにより、当該土地・建物を保有し、活用することが可能です。

> 国や自治体からの補助を受け、又は寄附者等の第三者から使途・目的が明確に特定されている寄附等の拠出を受け、設置された積立資産等

控除対象となります。具体的には、充実計画Q&A問18が参考となります。Q&Aの内容を要約すると以下のとおりです。

a 国や自治体からの補助を受けて設置された積立資産等

　生活福祉資金貸付事業や介護福祉士等修学資金貸付事業による貸付原資などが該当します。

b 寄附者等から使途・目的が明確に特定されている寄附金等により設置された積立資産等

　寄附金や会費等の募集に当たってあらかじめ定められた募集要綱や会則等又は寄附者による寄附申込書等において明記された使途に基づき設置された積立資産や現預金、有価証券が該当します。

広範な裁量性のあるもの	該当しない。例)「法人運営全般」
事業の種類が特定されているもの	該当します。例)「○○施設の運営」、「○○事業の実施」など

> 損害保険金又は賠償金を受け、これを原資として建物等の現状復旧を行うための財産

当該保険金又は賠償金の範囲で控除対象となります。

> 積立資産

（原則）控除対象とはなりません。

現行の制度上、就労支援事業に係る積立資産を除き積立資産は法人の任意で計上できるため、積立資産の計上には法人の恣意性が介入します。そのため、積立資産を控除対象とした場合、積立資産を多額に計上しているか否かにより社会福祉残額に差が生じてしまうため、社会福祉充実残額の計算に関する公平性を確保する観点から、積立資産は原則として控除対象とはなりません（充実計画Q＆A問8）。

（例外1）就労支援事業による工賃変動積立資産　→　控除対象となります。

就労支援事業では、就労支援事業の生産活動から生じた収入金額から必要経費を除いた金額は工賃として利用者に支払わなければなりません。

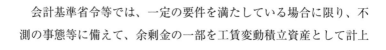

就労支援事業の生産活動からは余剰金は発生しません。

将来、自然災害等による特別な事情により工賃の支払が困難になったときにおいても安定的に工賃の支払を行っていくために、現在生じている余剰金の一部を将来の工賃支払のために積み立てておくことが必要な場合があります。

会計基準省令等では、一定の要件を満たしている場合に限り、不測の事態等に備えて、余剰金の一部を工賃変動積立資産として計上することを認めています。

工賃変動積立資産は、一定の規制の下、例外的に将来にわたっての安定的に工賃を支払っていくために、会計基準省令等で計上が容認されているという趣旨から、控除対象となります。

＊　会計基準省令等が一定の規制の下、計上を容認している就労支援事業に係る積立資産には、工賃変動積立資産と設備等整備積立資産がありますが、設備等整備積立資産は「再取得に必要な財産」で考慮されているため、「社会福祉法に基づく事業に活用している不動産等」において控除対象となるのは、工賃変動積立資産のみとなります。

(例外 2)　助成事業の原資となる積立資産　→　控除対象となります。

　　助成事業の原資となる積立資産については、助成事業の性質上、一定の積立資産を取り崩すなどにより、民間団体等に助成を行うことが事業そのものの目的であるため、「社会福祉法に基づく事業に活用している不動産等」として控除対象財産に該当します（充実計画 Q & A 問 12)。

＊　社会福祉充実計画において、社会福祉充実残額を助成事業の原資に充てる場合については、当該計画に基づき、当該助成事業の実施経費として、法人外に支出されることが必要であることから、当該計画の実施期間において、社会福祉充実残額のうち、当該原資に充てるための積立資産等については、「社会福祉法に基づく事業に活用している不動産等」として、控除対象財産には該当しないものとして取り扱われます。

助成事業の原資となる積立資産が控除対象とするための要件
① 　法人の定款において、助成事業を行うことが規定されていること。
② 　個別の助成事業の実施に係る要綱等が作成され、現に当該積立資産が助成事業の原資として活用されていることが明確になっていること。

(事務処理基準 3 の(4)の①、充実計画 Q & A 問 13)

翌年度に新たな施設を建築する場合

社会福祉充実残額を算定する会計年度の翌年度に新たな施設を建設する場合

国庫補助等の内示を受け、又は建設会社等との契約が締結され、建設費用が相当程度確定している場合であって、翌年度における当該建物に係る着工時期が既に決定されているとき（これらの事実関係が書面により明らかである場合に限られます）。

当該建設費用のうち、自己資金（寄附金を含む。）相当額を「社会福祉法に基づく事業に活用している不動産等」として、控除できます（充実計画Q＆A問16）。

当該自己資金相当額が現預金に計上されている場合の財産目録の記載方法

現預金の欄を、控除対象とすべき資産と、控除非対象の財産の2段に分けて記載します。
（具体的な記載例）
　　【控除対象】○円○○事業貸付原資として
　　【控除非対象】○円

（充実計画Q＆A問25）

その他の留意事項
1. 都道府県等が実施する退職共済制度に加入している法人
　　会計処理上
　　　　資産の部の退職給付引当資産　＝　掛金累計額
　　　　負債の部の退職給付引当金　＝　約定の給付額

　　退職給付引当資産　＞　退職給付引当金の場合
　　　　資産の部に計上されている当該差額部分は、社会福祉充実残額として活用することが困難な資産であることから、控除対象財産

に該当します。

(充実計画Q&A問17)

2. 従業員向けの駐車場の設置に係る土地

「社会福祉法に基づく事業に活用している不動産等」として控除対象財産になります。

b 対応負債

控除対象財産の財源について、借入金（負債）により賄われている場合、既に「活用可能な財産」の算定時に負債全額が控除されていることから、二重控除を排除するため、当該控除対象財産額から負債分を差し引きます。

具体的には、以下の勘定科目残高の合計額を「財産目録における貸借対照表価額」から差し引きます。

　i　1年以内返済予定設備資金借入金（流動負債）
　ii　1年以内返済予定リース債務（流動負債）
　iii　設備資金借入金（固定負債）
　iv　リース債務（固定負債）

c 対応基本金・国庫補助金等特別積立金

控除対象財産の財源について、基本金及び国庫補助金等特別積立金により賄われている場合、既に「活用可能な財産」の算定時に基本金及び国庫補助金等特別積立金が控除されていることから、二重控除を排除するため、当該控除対象財産額から差し引きます。この場合、対象となる基本金は、第1号基本金と第2号基本金に限られ、施設創設時等の運転資金として受領した寄附金の額として組み入れられた第3号基本は含まれません。

そのため、現行の会計処理上、第3号基本金が区分計上されていない場合には、過去の資料から第3号基本金を算定することができないか再検討することにより、充実残額が減少することがあります。

② 控除対象財産②　再生産に必要な財産

```
＝　【将来の建替に必要な費用】
　＋【建替までの間の大規模修繕に必要な費用】
　＋【設備・車両等の更新に必要な費用】
```

ⅰ　将来の建替に必要な費用

```
建物に係る            　　　　　　　　　　一般的な
減価償却累計額　×　建設単価等上昇率　×　自己資金比率
```

＊　上記計算は、独立した建物単位で算定し、法人全体で合算します。

建物に係る減価償却累計額

　社会福祉充実残額を算定する各会計年度末の帳簿価額を算定するに際して取得価額から控除された減価償却累計額（会計処理上、既に計上された減価償却費の累計額）になります。

⬇

　「社会福祉充実残額算定シート」の財産目録に記載されている建物の減価償却累計額になります。

建設単価等上昇率

　国土交通省が公表する「建設工事費デフレーターによる上昇率」と「1㎡当たり単価上昇率」のいずれか高い率

【建設工事費デフレーターによる上昇率】

　「「社会福祉充実計画の承認等に係る事務処理基準」に基づく別に定める単価等について（平成29年1月24日　社援基発0124第1号厚生労働省社会・援護

局福祉基盤課長通知、平成30年1月23日社援基発0123第2号最終改正）（別表）

【1㎡当たり単価上昇率】
　別に定める1㎡当たりの建設等単価
　　÷　当該建物の建設時における1㎡当たりの建設単価
　　　　　　　　　　　　　　（小数点第4位を四捨五入すること）

（別に定める1㎡当たりの建設等単価）
　　「「社会福祉充実計画の承認等に係る事務処理基準」に基づく別に定める単価等について」（平成29年1月24日　社援基発0124第1号厚生労働省社会・援護局福祉基盤課長通知）　　250,000円

（当該建物の建設時における1㎡当たりの建設単価）
　　＝　当該建物の建設時の取得価額
　　　　÷　当該建物の建設時における延べ床面積

　一般的な自己資金比率
　「一般的な自己資金比率」と「建設時自己資金比率」のいずれか高い率

【一般的な自己資金比率】
　「「社会福祉充実計画の承認等に係る事務処理基準」に基づく別に定める単価等について」（平成29年1月24日　社援基発0124第1号厚生労働省社会・援護局福祉基盤課長通知）　　22％

【建設時自己資金比率】
　当該建物の建設に係る自己資金額
　　÷　当該建物の建設時の取得価額　（小数点第4位を四捨五入すること）

ⅱ　建替までの間の大規模修繕に必要な費用

【原則計算】

```
建物に係る減価償却累計額　×　一般的な大規模修繕費用割合
                                －　過去の修繕額
```

建物に係る減価償却累計額

　計算に使用する建物に係る減価償却累計額は、「将来の建替に必要な費用」と同様となります。

一般的な大規模修繕費用割合

　「「社会福祉充実計画の承認等に係る事務処理基準」に基づく別に定める単価等について」（平成 29 年 1 月 24 日　社援基発 0124 第 1 号厚生労働省社会・援護局福祉基盤課長通知）　30 ％

【例外計算】

　これまでの大規模修繕に係る実績額が不明な場合には、次の計算式により得た額とすることができます。

```
建物に係る減価償却累計額　×　別に定める割合（＊1）
　　×　｛建物に係る貸借対照表価額　÷　（建物に係る貸借対照表価額
　　　　　　　　　　　　　　　　　　　＋建物に係る減価償却累計額）｝
```

（＊1）「「社会福祉充実計画の承認等に係る事務処理基準」に基づく別に定める単価等について」（平成 29 年 1 月 24 日　社援基発 0124 第 1 号厚生労働省社会・援護局福祉基盤課長通知）　30 ％

ⅲ 設備・車両等の更新に必要な費用

「社会福祉法に基づく事業に活用している不動産等」の計算に際して、財産目録において特定した建物以外の固定資産の減価償却累計額の合計額となります。

③ 控除対象財産③ 必要な運転資金

$$\text{法人単位資金収支計算書「事業活動支出」} \times \frac{3}{12}$$
（年間事業活動支出の3月分）

(7) 社会福祉充実残額の特例計算～主として施設・事業所の経営を目的としない法人等の特例～

① 特例計算の適用要件

次のいずれかの要件を満たす社会福祉法人

ⅰ 主として施設・事業所の経営を目的としていない法人等であって、現に社会福祉事業等の用に供している土地・建物を所有していない場合

ⅱ 当該土地・建物の価額が著しく低い場合（＊1）

（＊1）「再取得に必要な財産」＋「必要な運転資金」が「年間事業活動支出」を下回る場合

② 特例計算による社会福祉充実残額の計算

$$\text{社会福祉充実残額} = \text{活用可能な財産} - \left(\begin{array}{c}\text{社会福祉法に基づく事業に活用している不動産等}\\ +\\ \text{年間事業活動支出}\end{array}\right)$$

③ 留意事項

　特例計算は、上記要件を満たす全ての社会福祉法人が適用できます。すなわち、主として施設・事業所の経営を目的としない法人等に対してのみ認められている特例計算ではありません。

　事務処理基準上、当該特例計算は「主として施設・事業所の経営を目的としない法人等の特例」と規定されているため、施設等の経営を前提としていない市町村社会福祉協議会や施設建物等を所有せず事業を行っている公設民営型の事業運営法人のみの特例と理解されている場合が多いです。

　上記の特例計算の適用要件は、ⅰ及びⅱを満たしている場合ではなく、ⅰ又はⅱを満たしている場合に適用できます。

　特例計算は、社会福祉事業等の用に供されている土地、建物の価額が著しく低い場合に適用できます（上記　①（＊1）参照）。

　特例計算により社会福祉充実残額を計算した場合、以下の場合には社会福祉充実残額はマイナスとなります。

　　　その他の積立金
　　　　　＋　　　　　＜　　　年間事業活動支出全額
　　次期繰越活動増減差額　　　　　　＋
　　　　　　　　　　　　　　　社会福祉法に基づく事業に
　　　　　　　　　　　　　　　　活用している不動産等

充実計画Ｑ＆Ａ
問37　「主として施設・事業所の経営を目的としていない法人等の特例」
　　　については、「再取得に必要な財産」と「必要な運転資金」の合計額
　　　が法人全体の年間事業活動支出を下回る場合は、施設・事業所の経営

の有無に関わらず、これに該当する全ての法人がその適用を受けられるものと考えて良いのか。【事務処理基準3の(7)関係】
（答）1．貴見のとおり取り扱って差し支えない。

問38 「主として施設・事業所の経営を目的としていない法人等の特例」の要件に該当する場合であっても、法人の判断として特例の適用を受けないことは可能か。【事務処理基準3の(7)関係】
（答）1．貴見のとおり取り扱って差し支えない。

問40 「活用可能な財産」の額が、「社会福祉法に基づく事業に活用している不動産等」、「再取得に必要な財産」、「必要な運転資金」、「年間事業活動支出」のいずれかを下回る場合、その他の計算を省略して良いか。
（答）1．貴見のとおり取り扱って差し支えない。
　　　2．なお、この場合、社会福祉充実残額算定シートの記入に当たっては、「活用可能な財産」の欄が記載された上で、「社会福祉法に基づく事業に活用している不動産等」、「再取得に必要な財産」、「必要な運転資金」、「年間事業活動支出」のうちの一部の計算結果が記載され、これらを比較した結果、明らかに「活用可能な財産」の額が下回っていることが判別できるようになっていることが必要である。

（8）社会福祉充実計画の策定の流れ

社会福祉充実計画の作成の流れは、以下のとおりです。

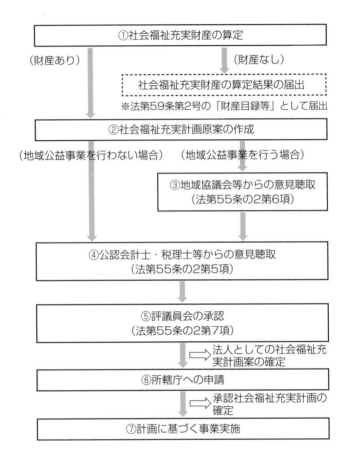

(9) 社会福祉充実計画の策定

① 社会福祉充実計画に位置付ける事業の種類（法55の2、規則6の16、事務処理基準4(2)）

　　第1順位　　社会福祉事業又は公益事業
　　第2順位　　地域公益事業（＊1）
　　第3順位　　公益事業のうち、上記以外の事業

　（＊1）地域公益事業は、「日常生活又は社会生活上の支援を必要とする事業区域の住民に対し、無料又は低額な料金で、その需要に応じた福祉サービスを提供す

るもの」（法55の2Ⅳ②）であり、法第26条第1項に規定する公益事業に該当するものです。具体的な地域公益事業の内容については、「社会福祉法人の「地域における公益的な取組」について」（平成28年6月1日付け社援基発0601　第1号）を参照してください（法55の2Ⅵ、事務処理基準4(3)）。

② 社会福祉充実計画の実施期間（事務処理基準4(4)）

（原則）社会福祉充実残額を算定した会計年度の翌会計年度から5か年度以内の範囲

（例外）次に掲げるような場合には、当該理由を計画に記載した上で、その実施期間を10か年度以内とすることができます。

　　ⅰ　社会福祉充実残額の規模からして、5か年度の計画実施期間内に費消することが合理的ではない場合

　　ⅱ　5か年度の計画実施期間経過後に事業拡大や既存建物の建替を行うなど、5か年の計画実施期間経過後に社会福祉充実残額の使途につき、明確な事業計画が定まっている場合

③ 社会福祉充実事業に活用する社会福祉充実残額の範囲（事務処理基準4(5)）

（原則）社会福祉充実計画の実施期間の範囲で、その全額を活用することになります。

（例外）社会福祉充実残額の全額を計画実施期間内に費消することが困難な場合など、合理的な理由があると認められる場合には、当該理由を計画に記載した上で、社会福祉充実残額の概ね2分の1以上を社会福祉充実事業に充てることを内容とする計画を策定することができます。

④ 社会福祉充実計画原案に係る公認会計士・税理士等への意見聴取（法55の2Ⅴ、規則6の17、事務処理基準5）

社会福祉充実計画原案の策定後、次に掲げる内容について、公認会計士又は税理士等の財務の専門家（＊1）への意見聴取が必要となります。

    i 社会福祉充実残額の算定関係
     ア 社会福祉法に基づく事業に活用している不動産等に係る控除の有無の判定
     イ 社会福祉法に基づく事業に活用している不動産等の再計算
     ウ 再取得に必要な財産の再計算
     エ 必要な運転資金の再計算
     オ 社会福祉充実残額の再計算
    ii 法人が行う社会福祉充実事業関係
     カ 事業費の再計算
 (*1) 財務の専門家 ＝ 公認会計士、税理士のほか、監査法人、税理士法人

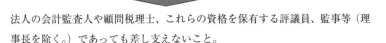

    法人の会計監査人や顧問税理士、これらの資格を保有する評議員、監事等（理事長を除く。）であっても差し支えないこと。

 意見聴取の結果については、公認会計士又は税理士等の財務の専門家から以下の確認書を受領しなければなりません。なお、当該確認書の交付日は、社会福祉充実残額を算定した会計年度に係る監事監査報告書の作成年月日以降となります。

（別紙2—様式例）
　　　　　　　　　　　手続実施結果報告書
　　　　　　　　　　　　　　　　　　　　　　平成　年　月　日

社会福祉法人　○○
理事長　○○○○　殿
　　　　　　　　　　　　　　　　　　　確認者の名称　　　印

　私は、社会福祉法人○○（以下「法人」という。）からの依頼に基づき、「平成○年度～平成○年度社会福祉法人○○　社会福祉充実計画」（以下「社会福祉充実計画」という。）の承認申請に関連して、社会福祉法第55条の2第5項により、以下の手続を実施した。

1. 手続の目的
　私は、「社会福祉充実計画」に関して、本報告書の利用者が手続実施結果を以下の目的で利用することを想定し、「実施した手続」に記載された手続を実施した。
① 「社会福祉充実計画」における社会福祉充実残額が「社会福祉充実計画の承認等に係る事務処理基準」（以下「事務処理基準」という。）に照らして算出されているかどうかについて確かめること。
② 「社会福祉充実計画」における事業費が、「社会福祉充実計画」において整合しているかどうかについて確かめること。

2. 実施した手続
① 社会福祉充実残額算定シートにおける社会福祉法に基づく事業に活用している不動産等に係る控除の有無の判定と事務処理基準を照合する。
② 社会福祉充実残額算定シートにおける社会福祉法に基づく事業に活用している不動産等について事務処理基準に従って再計算を行う。
③ 社会福祉充実残額算定シートにおける再取得に必要な財産について事務処理基準に従って再計算を行う。
④ 社会福祉充実残額算定シートにおける必要な運転資金について事務処理基準に従って再計算を行う。
⑤ 社会福祉充実残額算定シートにおける社会福祉充実残額について、再計算を行った上で、社会福祉充実計画における社会福祉充実残額と突合する。
⑥ 社会福祉充実計画における1、2、4及び5に記載される事業費について再計算を行う。

3. 手続の実施結果
① 2の①について、社会福祉法に基づく事業に活用している不動産等に係る控除対象財産判定と事務処理基準は一致した。
② 2の②について、社会福祉法に基づく事業に活用している不動産等の再計算の結果と一致した。
③ 2の③について、再取得に必要な財産の再計算の結果と一致した。
④ 2の④について、必要な運転資金の再計算の結果と一致した。
⑤ 2の⑤について、社会福祉充実残額の再計算の結果と一致した。さらに、当該計算結果と社会福祉充実計画における社会福祉充実残額は一致した。
⑥ 2の⑥について、社会福祉充実計画における1、2、4及び5に記載される事業費について再計算の結果と一致した。

4. 業務の特質
　上記手続は財務諸表に対する監査意見又はレビューの結論の報告を目的とした一般に公正妥当と認められる監査の基準又はレビューの基準に準拠するものではない。したがって、私は社会福祉充実計画の記載事項について、手続実施結果から導かれる結論の報告も、また、保証の提供もしない。

5. 配付及び利用制限

　本報告書は法人の社会福祉充実計画の承認申請に関連して作成されたものであり、他のいかなる目的にも使用してはならず、法人及びその他の実施結果の利用者以外に配付又は利用されるべきものではない。

（注）公認会計士又は監査法人が業務を実施する場合には、日本公認会計士協会監査・保証実務委員会専門業務実務指針4400「合意された手続業務に関する実務指針」を参考として、表題を「合意された手続実施結果報告書」とするほか、本様式例の実施者の肩書、表現・見出し等について、同実務指針の文例を参照して、適宜改変することができる。

以　上

⑤　社会福祉充実計画原案に係る地域協議会等への意見聴取（法55の2Ⅵ、事務処理基準6）

　地域公益事業を行う社会福祉充実計画を策定する場合には、次に掲げる内容について、地域協議会等への意見聴取を行うこととされています。

　　ⅰ　地域の福祉課題
　　ⅱ　地域に求められる福祉サービスの内容
　　ⅲ　自ら取り組もうとしている地域公益事業に対する意見
　　ⅳ　関係機関との連携

⑥　社会福祉充実計画案に係る評議員会の承認（法55の2Ⅶ、事務処理基準7）

　上記④、⑤の手続を経て必要な意見聴取を行った社会福祉充実計画原案は、評議員会に諮り、その承認を得た上で、法人としての社会福祉充実計画案を確定することになります。なお、評議員会前に、理事会の承認が必要となります。

⑦　社会福祉充実計画案に係る所轄庁への承認申請（法55の2ⅠⅡⅨ、規則6の13、事務処理基準8）

　評議員会の承認を得た社会福祉充実計画案は、社会福祉充実残額が生じた会

計年度の翌会計年度の6月30日までに、法第59条の届出と同時に所轄庁に対して申請を行います。

⑧ 社会福祉充実計画の変更（法55の3、規則6の18～20、事務処理基準10）

社会福祉充実計画の変更を行う場合については、軽微な変更を行う場合を除き、所轄庁に対して変更承認の申請が必要となります。

また、社会福祉充実計画について、軽微な変更を行う場合については、所轄庁に届出を行うことになります。

なお、社会福祉充実計画は、社会福祉充実残額の増減のみを理由に変更を行う必要はありませんが、計画上の社会福祉充実残額と、毎会計年度における社会福祉充実残額に大幅な乖離が生じた場合（＊1）には、再投下可能な事業費にも大きな影響を及ぼすことから、原則として社会福祉充実計画の変更を行う必要があります。

社会福祉充実計画の変更に当たって、承認を要する事項及び届出を要する事項については、下表のとおりです。

	変更承認事項	変更届出事項
事業内容関連	○ 新規事業を追加する場合 ○ 既存事業の内容について、以下のような大幅な変更を行う場合 　ア　対象者の追加・変更 　イ　支援内容の追加・変更 ○ 計画上の事業費について、20％を超えて増減させる場合	○ 既存事業の内容について、左記以外の軽微な変更を行う場合 ○ 計画上の事業費について、20％以内で増減させる場合
事業実施地域関連	○ 市町村域を超えて事業実施地域の変更を行う場合	○ 同一市町村内で事業実施地域の変更を行う場合
事業実施期間関連	○ 事業実施年度の変更を行う場合 ○ 年度を超えて事業実施期間の変更を行う場合	○ 同一年度内で事業実施期間の変更を行う場合
社会福祉充実残額関連	○ 事業費の変更に併せて計画上の社会福祉充実残額について20％を超えて増減させる場合	○ 事業費の変更に併せて計画上の社会福祉充実残額について20％以内の範囲で増減させる場合

その他		○ 法人名、法人代表者氏名、主たる事務所の所在地、連絡先を変更する場合

(＊1）社会福祉充実残額に大幅な乖離が生ずる場合とは、実際上の社会福祉充実残額が計画策定時の見込みの倍以上に増加した場合などをいいます。なお、社会福祉充実残額に大幅な乖離が生じていない場合には、実際上の社会福祉充実残額が変動したことのみをもって計画の変更手続を行う必要はないとされています（充実計画Q＆A問71）。

⑨ 社会福祉充実計画の終了（法55の4、規則6の21、事務処理基準11）

　社会福祉充実計画の実施期間中に、やむを得ない事由により当該計画に従って事業を行うことが困難である場合には、あらかじめ所轄庁の承認を受けて社会福祉充実計画を終了することができます。

⇩

「やむを得ない事由」
  i 社会福祉充実事業に係る事業費が見込みを上回ること等により、社会福祉充実残額が生じなくなることが明らかな場合
  ii 地域の福祉ニーズの減少など、状況の変化により、社会福祉充実事業の実施の目的を達成し、又は事業の継続が困難となった場合

⇩

　社会福祉充実計画の終了時に、会計年度途中の段階でなお社会福祉充実残額が存在している場合については、その段階で新たな社会福祉充実計画を策定する必要はなく、会計年度末の段階で改めて社会福祉充実残額を算定し、社会福祉充実残額が生じる場合には、翌会計年度以降を計画の実施期間とする新たな社会福祉充実計画を策定することになります。

第2章　社会福祉法人が適用する会計の基準

　第2章では、社会福祉法人が適用する会計の基準の概要について解説します。第2章の概要は、以下のとおりです。

1. 社会福祉法人が適用する会計の基準は、社会福祉法人が行う事業の変遷に伴い改正されてきました。
2. 平成12年に介護保険制度が創設されるまで社会福祉法人は、主として措置費事業として事業を行っていました。その当時の社会福祉法人の会計は、措置費等の公的資金の収支を明瞭にすることを目的として、収支計算により行われていました。
3. 平成12年の介護保険制度の創設により特別養護老人ホーム等の事業は、措置費から契約制度を前提とする介護保険制度に変更されました。介護保険制度下での社会福祉法人の会計は、施設運営の効率性を判定することを目的として社会福祉法人の会計に初めて損益計算の考え方が導入されました。平成12年に制定された社会福祉法人会計基準については、原則として全ての社会福祉法人が適用することとしながらも、一定の要件を満たす場合には適用が除外されていました。これは、社会福祉法人が提供する福祉の内容が多種多様であったため、それぞれの福祉の内容を反映する会計の基準が制定され、適用されていたことに基づきます。
3. しかし、一方で複数の会計の基準の適用が求められていたことにより、事務の煩雑化等の問題が指摘された結果、平成23年に制定された社会福祉法人会計基準は、全ての社会福祉法人が全ての事業について適用することと改正されました。
4. 平成28年の社会福祉法の改正に基づきこれまで通知であった社会福祉法人会計基準が厚生労働省令として制定されました。

1. 社会福祉法人が適用する会計基準の変遷

(1) 社会福祉法人が適用する会計の基準の変遷

	～平成11年度	平成12年度～	平成24年度～	平成28年度～
適用する会計の基準	「経理規程準則」	「12年基準」「指導指針」等	「23年基準」	「会計基準省令」
実施する事業	措置費事業(公費)等	介護保険事業等		
会計の目的等	措置費等公的資金の収支を明瞭にする　→　収支計算	施設運営の効率性を判定する　→　損益計算		
計算書類等	収支計算書 貸借対照表	資金収支計算書　事業活動計算書　貸借対照表		

① 平成11年度まで（介護保険制度創設前）

　社会福祉法人は、行政との間の措置支弁契約に基づきサービスを提供していました。

　＊ 措置支弁契約
　　経済的理由などによって自宅で養護を受けることが困難な高齢者や障害者を、市町村が法律に基づいて老人ホームや障害者支援施設などに入所させることを決定した場合にサービス提供主体としての施設と市町村がその利用者へのサービス提供に関して締結する契約。

　措置費支弁契約を締結した社会福祉法人は、利用者の処遇に係る費用として行政から措置費を受領し、それにより事業を行っています。

　措置費＝公費であるため、行政の関心は公費としての措置費が何に使われたかを確認することにあったため、当時の社会福祉法人の会計の目的は、措置費等の公的資金の収支を明瞭にすることにあり、収支計算の考え方に基づいていました。

収支計算を前提とした会計の枠組みの中で収支計算書、貸借対照表を作成していました。

② 平成12年度以降（介護保険制度創設以降）
　a　介護保険制度では、利用者はサービス提供をする事業者と直接契約を締結します。そのため、各事業者間での競合関係が発生します（「措置から契約へ」「措置から競合へ」）。
　b　介護保険制度は、社会保険方式であるため、公費たる措置費により行っていた事業と事業の性質が異なります。

どの事業者からサービスの提供を受けるかは、利用者の任意となります。

利用者がどの事業所からサービスの提供を受けるが決定するためには、施設運営が効率的に行われているか否かを判定するための情報が必要となります。

介護保険制度が創設された平成12年において、社会福祉法人会計基準（12年基準）が制定され、施設運営の効率性を判定できる会計制度として、社会福祉法人の会計に初めて損益計算の考え方が導入されました。

③ 平成24年度以降
平成24年度からは、社会福祉法人が適用する会計基準の一元化等を目的として制定された社会福祉法人会計基準（23年基準）を適用することになりました。

④ 平成28年度以降
社会福祉法の改正により、従来、局長通知であった社会福祉法人会計基準が厚生労働省令とされたことに伴い、新たに厚生労働省令とされた社会福祉法人

会計基準を適用することになりました。

(2) 社会福祉法人が提供する福祉と会計基準

　社会福祉法人が提供する福祉は、「老人福祉」「障害福祉」「児童福祉」に大別されます。それぞれの福祉に関して、老人福祉法、障害者総合支援法、児童福祉法等が制定されており、様々な施設の開設が認められています。これらの施設については、施設の特質が異なるため、それぞれの施設の特質を反映した会計の基準が制定されており、社会福祉法人においてはそれぞれの会計の基準の適用が認められていたのが、23年基準適用前の12年基準適用時の状況になります。

　12年基準において、複数の会計の基準が適用可能であったのは、12年基準の適用範囲について、以下のように規定されていたことによります。
「4　適用の範囲等
　(1)　適用の範囲
　　①　原則として、全ての法人について適用するものとする。
　　②　措置費（運営費）支弁対象施設のみを運営している法人については、当分の間、昭和51年1月31日社施第25号厚生省社会局長、児童家庭局長連名通知「社会福祉施設を経営する社会福祉法人の経理規程準則について」（以下「経理規程準則」という。）によることができるものとする。
　　③　これまで経理規程準則が適用されていない法人については、当分の間、従来の会計処理によることができるものとする。
　　④　病院会計準則等を適用している肢体不自由児施設、重症心身障害児施設、助産施設及び老人保健施設等については、当分の間、従来の会計処理によるものとする。
　　⑤　授産施設については、別途通知される予定の会計基準によるものとする。」

すなわち、12年基準では、①で原則として全ての社会福祉法人が適用することとされていますが、②以降で別途会計の基準が制定されている場合等における例外規定が設けられていたため、結果として12年基準以外の複数の会計の基準の適用が可能でした。

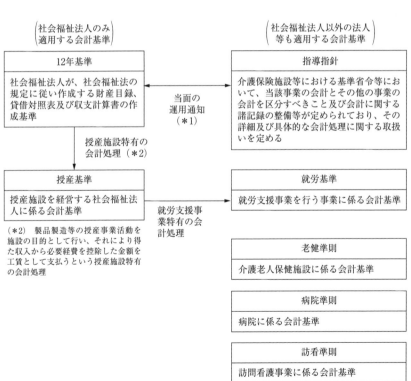

（＊1）　特別養護老人ホームを開設する社会福祉法人

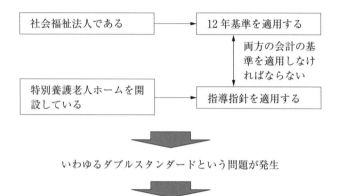

いわゆるダブルスタンダードという問題が発生

「「社会福祉法人会計基準」及び「指定介護老人福祉施設等会計処理等取扱指導指針」等の当面の運用について」（平成 12 年 12 月 19 日社援施第 49 号、老計第 55 号）により、弾力的取扱いが認められ、ダブルスタンダードの問題は解消されました。

(3) 平成 11 年まで社会福祉法人が適用していた会計の基準

「社会福祉施設を経営する社会福祉法人の経理規程準則について」（昭和 51 年 1 月 31 日社施第 25 号厚生省社会局長、児童家庭局長）

→　措置費で事業に必要な資金を賄っていた際に適用していた収支計算を前提とした会計の基準。

(4) 平成 12 年以降平成 23 年まで社会福祉法人が適用していた会計の基準

①　「社会福祉法人会計基準の制定について」（平成 12 年 2 月 17 日社援第 310 号厚生省大臣官房障害保健福祉部長・社会・援護局長・老人保健福祉局長・児童家庭局長）に基づく「社会福祉法人会計基準」

→　社会福祉法人の会計に、初めて損益計算の考えが導入されました。

②　「授産施設会計基準の制定について」（平成 13 年 3 月 29 日社援発第 555

号厚生労働省社会・援護局長）に基づく「授産施設会計基準」

③ 「指定介護老人福祉施設等に係る会計処理等の取扱いについて」（平成12年3月10日老計第8号厚生省老人保健福祉局長）に基づく「指定介護老人福祉施設等会計処理等取扱指導指針」

④ 「介護老人保健施設会計・経理準則の制定について」（平成12年3月31日老発第378号厚生省老人保健福祉局長）に基づく「介護老人保健施設会計・経理準則」

⑤ 「就労支援等の事業に関する会計処理の取扱いについて」（平成18年10月2日社援発第1002001号厚生労働省社会・援護局長通知）に基づく「就労支援の事業の会計処理の基準」

⑥ 「病院会計準則の改正について」（平成16年8月19日医政発第0819001号厚生労働省医政局長）に基づく「病院会計準則」

⑦ 「指定老人訪問看護の事業及び指定訪問看護の事業の会計・経理準則の制定について」（平成7年6月1日老健第122号・保発第57号厚生省老人保健福祉局・保険局長）に基づく「指定老人訪問看護の事業及び指定訪問看護の事業の会計・経理準則」

(5) 平成24年以降平成27年まで社会福祉法人が適用していた会計の基準

① 「社会福祉法人会計基準の制定について」（平成23年7月27日雇児発0727第1号・社援発0727第1号・老発0727第1号厚生労働省雇用均等・児童家庭局長・社会・援護局長・老健局長）に基づく「社会福祉法人会計基準」

→　社会福祉法人が適用する複数の会計ルールの併存の解消による事務の簡素化、社会経済状況の変化への対応等のため、社会福祉法人が行う全ての事業（社会福祉事業、公益事業、収益事業）を適用対象として制定したもの。

② 「社会福祉法人会計基準の運用上の取扱い等について」（平成23年7月27日雇児総発0727第3号・社援基発0727第1号・障障発0727第2号・老総発0727第1号厚生労働省雇用均等・児童家庭局総務課長・社会・援護局福祉基盤課長・社会・援護局障害保健福祉部障害福祉課長・老健総務課長通知）
　　　別紙1 「社会福祉法人会計基準適用上の留意事項（運用指針）」
　　　別紙2 「社会福祉法人会計基準への移行時の取扱い」

③ 「社会福祉法人会計基準の運用上の取扱いについて（Q&A）」（平成23年7月27日厚生労働省雇用均等・児童家庭局総務課、社会・援護局福祉基盤課、社会・援護局障害保健福祉部障害福祉課、老健総務課事務連絡）

④ 「社会福祉法人新会計基準（案）に関する意見募集手続き（パブリックコメント）の結果について」（平成23年7月27日厚生労働省社会・援護局福祉基盤課）

(6) 平成28年度以降社会福祉法人が適用する会計の基準

① 「社会福祉法人会計基準」（平成28年3月31日厚生労働省令第79号、平成30年3月20日厚生労働省令第25号最終改正）
　　→　社会福祉法第45条の23第1項では「社会福祉法人は、厚生労働省令で定める基準に従い、会計処理を行わなければならない。」と規定しています。ここでいう「厚生労働省令」が「社会福祉法人会計基準」（平成28年3月31日　厚生労働省令第79号）です。

② 「社会福祉法人会計基準の制定に伴う会計処理等に関する運用上の取扱いについて」（平成 28 年 3 月 31 日雇児発 0331 第 15 号・社援発 0331 第 39 号・老発 0331 第 45 号厚生労働省雇用均等・児童家庭局長・社会・援護局長老健局長通知、平成 30 年 3 月 20 日子発 0320 第 4 号・社援発 0320 第 6 号・老発 0320 第 5 号最終改正）

③ 「社会福祉法人会計基準の制定に伴う会計処理等に関する運用上の留意事項について」（平成 28 年 3 月 31 日雇児総発 0331 第 7 号・社援基発 0331 第 2 号・障障発 0331 第 2 号・老総発 0331 第 4 号厚生労働省雇用均等・児童家庭局総務課長・社会・援護局福祉基盤課長・障害保健福祉部障害福祉課長・老健局総務課長通知、平成 30 年 3 月 20 日子総発 0320 第 3 号・社援基発 0320 第 2 号・障障発 0320 第 1 号・老総発 0320 第 1 号最終改正）

　会計基準省令等における基本的な考え方は、23 年基準と大きく変わるところはないと考えられます。

　23 年基準は、本文、注解、運用上の取扱いで構成されていました。

　会計基準省令では、会計基準省令、運用上の取扱い、運用上の留意事項で構成されましたが、規定の内容自体については大きく変わっていないと考えられます。

　23 年基準と会計基準省令との体系の違いについて、以下の資料が参考となります。

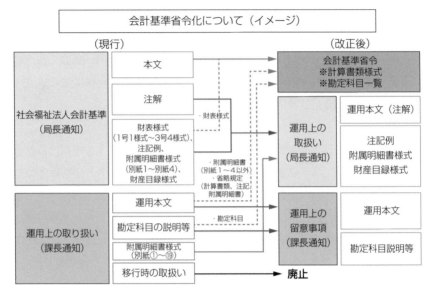

(社会保障審議会福祉部会(第16回、平成28年4月19日開催)資料2より

第3章　社会福祉法人の税務

　第3章では、社会福祉法人の税務として法人税、消費税、寄附金税制、源泉所得税、事業税等の概要について解説します。第3章の概要は、以下のとおりです。

1. 社会福祉法人に対する法人税の課税に関しては、法人税法上の収益事業から生じた所得金額に対してのみ法人税が課税されます。なお、社会福祉法人が行う介護保険事業等のうち法人税法上の医療保健業に該当する事業について、法人税は課税されません。
2. 消費税は、間接税であり、取引課税であるため、社会福祉法人という法人格に基づき非課税とされるものではありません。そのため、社会福祉法人が行う取引ごとに消費税の課税の有無を判定することになります。
3. 社会福祉法人は公益性の高い法人であるため、社会福祉法人に寄附を行った場合に関する法人税、所得税等において特例制度等が設けられています。
4. 社会福祉法人において、日常的に対応が必要な税務は源泉所得税に関する税務になります。特に、実際に給与等として支給されるもの以外で、社会福祉法人から職員に対して経済的利益の供与として源泉所得税が課税される場合があります。
5. 道府県民税及び市町村民税については、収益事業として申告納税を行う場合であっても、均等割、法人税割共に非課税となる場合があるため、実務上、留意が必要です。
6. 社会福祉法人が社会福祉事業で使用する財産に対しては固定資産税は課税されません。

1. 法人税

(1) 法人税における収益事業課税の概要

法人税法第5条

「内国法人に対しては、各事業年度（連結事業年度に該当する期間を除く。）の所得について、各事業年度の所得に対する法人税を課する。」

　公益法人等の公益性に鑑み

法人税法第7条　……　法人税法第5条の例外

「内国法人である公益法人等又は人格のない社団等の各事業年度の所得のうち収益事業から生じた所得以外の所得については、第5条（内国法人の課税所得の範囲）の規定にかかわらず、各事業年度の所得に対する法人税を課さない。」

法人税法第7条に規定する「公益法人等」

　法人税法別表第二「公益法人等の表（第2条、第3条、第37条、第66条関係）に規定する法人をいい、根拠法を社会福祉法（昭和26年法律第45号）とする社会福祉法人が規定されています。

名　　称	根　拠　法
社会福祉法人	社会福祉法 （昭和26年法律第45号）

　社会福祉法人は、法人税法上の「公益法人等」に該当するため、「法人税法上の収益事業」から生じた所得に対してのみ法人税が課税されることになります。
　なお、社会福祉法人の収益事業から生ずる所得に乗ずる法人税率は、社会福祉法人の公益性に鑑み19.0％を適用します。

公益法人等に対する課税関係が、現行のようになったのは昭和24年のシャウプ勧告に基づく昭和25年税制改正以後です。

昭和25年税制改正前においては、宗教法人や法人たる労働組合の各事業年度の所得のうち収益事業から生ずる所得に対してのみ法人税が課税され、それ以外の公益法人の各事業年度の所得に対しては法人税が課税されていませんでした。

これは、法人税の課税根拠を法人の構成員に課税する所得税の前段階課税であるという法人擬制説を前提とし、利益の分配を前提としない公益法人に対しては法人税が課税されないという考えに基づいています。

しかし

戦後の復興期において、公益法人は主たる事業を遂行するための財源確保を目的として積極的に営利事業を実施しており、公益法人と営利法人である株式会社との間で競合関係が生じていました。

このような状況に対し、株式会社と公益法人との間の事業競争における課税の公平性を確保する観点から、昭和25年税制改正において、現行のような公益法人等に対する収益事業課税の考えに変更され、その後、経済環境の変化や事業の多種多様化に対応し、収益事業の範囲の拡大等が行われてきました。

(2) 法人税が課税される収益事業

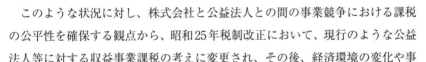

「販売業、製造業その他の政令で定める事業で、

継続して事業場を設けて営まれるものをいう。」

① 販売業、製造業その他の政令で定める事業

「販売業、製造業その他の政令で定める事業」については、法人税法施行令第5条において、以下の34業種が限定列挙されており、当該事業以外の事業は収益事業に該当しないため、法人税は課税されません。

1. 物品販売業　2. 不動産販売業　3. 金銭貸付業　4. 物品貸付業
5. 不動産貸付業　6. 製造業　7. 通信業　8. 運送業　9. 倉庫業
10. 請負業　11. 印刷業　12. 出版業　13. 写真業　14. 席貸業
15. 旅館業　16. 料理店業その他の飲食店業　17. 周旋業　18. 代理業
19. 仲立業　20. 問屋業　21. 鉱業　22. 土石採取業　23. 浴場業
24. 理容業　25. 美容業　26. 興行業　27. 遊技所業　28. 遊覧所業
29. 医療保健業　30. 技芸教授業　31. 駐車場業　32. 信用保証業
33. 無体財産権の提供等を行う事業　34. 労働者派遣業

なお、上記34業種には、その性質上その事業に附随して行われる行為が含まれます。附随して行われる行為とは、通常その収益事業に係る事業活動の一環として、又はこれに関連して行われる行為をいいます。

a　出版業を営む公益法人等が行う出版に係る業務に関係する講演会の開催又は当該業務に係る出版物に掲載する広告の引受け

b　技芸教授業を営む公益法人等がその技芸の教授に係る教科書その他これに類する教材の販売及びバザーの開催

c　旅館業又は料理店業を営む公益法人等がその旅館等において行う会議等のための席貸し

d　興行業を営む公益法人等が放送会社に対しその興行に係る催し物の放送をすることを許諾する行為

e　公益法人等が収益事業から生じた所得を預金、有価証券等に運用する行為

f　公益法人等が収益事業に属する固定資産等を処分する行為

(法基通 15-1-6)

②　事業場を設けて営まれるもの

「事業場を設けて営まれるもの」には、常時店舗、事務所等事業活動の拠点となる一定の場所を設けてその事業を営む場合のほか、必要に応じて随時その事業活動を行う場合が含まれます。したがって、移動販売、移動演劇興行等のようにその事業活動を行う場所が転々と移動する場合であっても、事業場を設けて営まれるものに該当します（法基通 15-1-4）。

③　継続して営まれるもの

「継続して営まれるもの」には、各事業年度の全期間を通じて継続して事業活動を行う場合のほか、次のような場合が含まれます（法基通 15-1-5）。

a　例えば土地の造成及び分譲、全集又は事典の出版等のように、通常一の事業計画に基づく事業の遂行に相当期間を有するもの

b　例えば海水浴場における席貸し等又は縁日における物品販売のように、通常相当期間にわたって継続して行われるもの又は定期的に、若しくは不定期に反復して行われるもの

社会福祉法人における法人税法上の収益事業に該当するか否かの判断を行う場合の留意事項

①　法人税法上の収益事業と社会福祉法上の収益事業とは必ずしも一致しません。

②　社会福祉事業であっても、法人税法上の収益事業に該当する事業には、法人税が課税される場合があります。

(3) 法人税法施行令に基づく非課税事業

以下の事業については、法人税法上の収益事業に該当する場合であっても法人税は課税されません。

a 社会福祉法人が行う社会福祉法第2条第3項第8号に掲げる事業（生計困難者のために、無料又は低額な料金で、簡易住宅を貸し付け、又は宿泊所その他の施設を利用させる事業）として行う不動産貸付業（法令5Ⅰ⑤ハ）

b 社会福祉法第2条第1項に規定する社会福祉事業として行われる席貸業（法令5Ⅰ⑭ロ(2)）

c 社会福祉法人が行う医療保健業（法令5Ⅰ㉙ロ）

d 社会福祉法人が行う事業のうち、その事業に従事する次に掲げる者がその事業に従事する者の総数の半数以上を占め、かつ、その事業がこれらの者の生活の保護に寄与しているもの（法令5Ⅱ②）

イ 身体障害者福祉法第4条（身体障害者）に規定する身体障害者

ロ 生活保護法の規定により生活扶助を受ける者

ハ 児童相談所、知的障害者福祉法第9条第6項（更生援護の実施者）に規定する知的障害者更生相談所、精神保健及び精神障害者福祉に関する法律第6条第1項（精神保健福祉センター）に規定する精神保健福祉センター又は精神保健指定医により知的障害者として判定された者

ニ 精神保健及び精神障害者福祉に関する法律第45条第2項（精神障害者保健福祉手帳）の規定により精神障害者保健福祉手帳の交付を受けている者

ホ 年齢65歳以上の者

ヘ 母子及び父子並びに寡婦福祉法第6条第1項（定義）に規定する配偶者のない女子であって民法第877条（扶養義務者）の規定により現に母子及び父子並びに寡婦福祉法第6条第3項に規定する児童を扶養しているもの又は同条第4項に規定する寡婦

(4) 社会福祉法人が行う介護サービス事業

公益法人等が行う介護サービス事業に係る法人税法上の取扱いについては、「介護サービス事業に係る法人税法上の取扱いについて（平成12年6月8日課法2-5、平成12年6月1日付老発第510号照会に対する回答）」が参考となります。

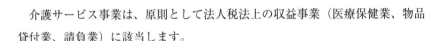

介護サービス事業は、原則として法人税法上の収益事業（医療保健業、物品貸付業、請負業）に該当します。

* 上記の取扱いにおいて示されている介護サービス事業は、平成12年介護保険制度創設当初の介護保険法の規定に基づき事業者が提供できる介護サービス事業であり、現在施行されている介護保険法の規定に基づき提供可能な介護サービス事業とは異なります。また、現在提供可能な全ての介護サービス事業を前提とした法人税法上の取扱いを示した通知等は発出されていません。

介護サービス事業	居宅サービス	訪問介護、訪問入浴介護、訪問看護、訪問リハビリテーション、居宅療養管理指導、通所介護、通所リハビリテーション、短期入浴生活介護、短期入所療養介護、痴呆対応型共同生活介護、特定施設入所者生活介護	医療保健業
	施設サービス	介護老人福祉施設 介護老人保健施設 介護療養型医療施設	
居宅介護支援			
福祉用具貸与			物品貸付業
特定福祉用具販売			物品販売業
住宅改修			請　負　業

> 医療保健業に該当する介護サービス事業

社会福祉法人が行う医療保健業については、法人税は課税されません（法令5 I ㉙ロ）。

> 福祉用具貸与、特定福祉用具販売、住宅改修

　法人税法上の取扱いとしては、それぞれ物品貸付業、物品販売業、請負業に該当するため、法人税法上の収益事業として法人税が課税されます。

　また、「地域における医療及び介護の総合的な確保を推進するための関係法律の整備等に関する法律」（平成26年法律第83号）の施行後の法人税法上の取扱いについて、「介護サービス事業に係る法人税法上の取扱いについて」（平成28年7月29日厚生労働省老健局振興課事務連絡）が公表されています。

> 予防給付から地域支援事業へ移行するサービス

　第１号事業（第１号訪問事業、第１号通所事業、第１号生活支援事業、第１号介護予防支援事業）
　　原則；医療保健業
　　例外；第１号事業者が自らの営む事業の実態に応じて、請負業等に該当するものと判断することもできます。

> 地域密着型通所介護　　……　医療保健業

　医療保健業に該当する場合、上述の「医療保健業に該当する介護サービス事業」と同様、社会福祉法人が行う医療保健業については、法人税は課税されません（法令５Ⅰ㉙イ）。

(5) 社会福祉法人が行う障害福祉サービス事業

　公益法人等が行う障害者総合支援法に規定する障害福祉サービスに係る法人税法上の取扱いに関しては、現時点で発出されている通知等はありませんが、次の回答事例等が参考となります。

> 「支援費サービス事業に係る法人税上の取扱いについて（平成15年9月

> 17日課法2-20、課審5-17、平成15年9月16日付障発0916001号による照会に対する回答)」

> 「NPO法人が障害者総合支援法に規定する障害福祉サービスを行う場合の法人税の納税義務について」(国税庁質疑応答事例)

障害者総合支援法に規定する障害福祉サービス：
　基本的には医療保健業（障害福祉サービスは、医療保健面でのケアを必要とし、医療と密接な連携がなされており、個別支援計画の策定過程等を通じて提供されるサービスのため）

以上より、社会福祉法人が行う障害福祉サービス事業に係る法人税の取扱いに関しては、上記の回答事例等を勘案して個別具体的に判断することになりますが、社会福祉法人が行っている障害福祉サービス事業が医療保健業に該当すると判断された場合には、法人税は課税されません（法令5Ⅰ㉙イロ　社会福祉法人が行う医療保健業には法人税が課税されないため）。

(6) 社会福祉法人が行う請負業
① 請負業の範囲
請負業には、事務処理の委託を受ける業が含まれます（法令5条Ⅰ⑩）。

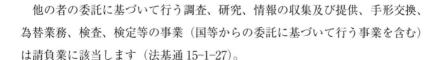

他の者の委託に基づいて行う調査、研究、情報の収集及び提供、手形交換、為替業務、検査、検定等の事業（国等からの委託に基づいて行う事業を含む）は請負業に該当します（法基通15-1-27）。

② 収益事業から除かれる請負業
請負業のうち、法令の規定に基づき国又は地方公共団体から事務処理を委託

された法人が行うもので、次の要件を満たすものについては、法人税が課税されません（法令5Ⅰ⑩、法規4の4）。

　ア　その委託の対価がその事務処理のために必要な費用を超えないことが法令の規定により明らかなこと。
　イ　その委託の対価がその事務処理のために必要な費用を超えるに至った場合には、法令の規定により、その超える金額を委託者又はそれに代わるべき者として主務大臣の指定する者に支出することとされていること。
　ウ　その委託が法令の規定に従って行われていること。

③　実費弁償による事務処理の受託等

社会福祉法人が行う事務処理の受託の性質を有する業務であっても、

> 当該業務が法令の規定、行政官庁の指導又は当該業務に関する規則、規約若しくは契約に基づき実費弁償（その委託により委託者から受ける金額が当該業務のために必要な費用の額を超えないことをいう。）により行われるものである。

＋

> そのことにつきあらかじめ一定の期間（概ね5年以内の期間とする。）を限って所轄税務署長の確認を受けたとき（＊1）

その確認を受けた期間について法人税は課税されません（法基通15-1-28）。

　実務上、地方公共団体等との間で締結した業務委託契約書において、余剰金が発生した場合の返還義務等が規定されている場合には、「実費弁償による事務処理の受託等」に該当する場合が多いです。

　（＊1）　所轄税務署長への確認は、確認を受けようとする事業年度開始の日の前日までに「実費弁償による事務処理の受託に係る事業の確認申請書」を所轄税務署長へ提出することにより行います。

(7) 申告上の留意点

① 法人税法上の収益事業と非収益事業との区分

a 区分経理の必要性

公益法人等は、法人税法上の収益事業から生ずる所得に関する経理と非収益事業から生ずる所得に関する経理とを区分しなければなりません（法令6）。

公益法人等においては、法人税法上の収益事業から生ずる所得に対してのみ法人税が課税されるために区分経理を行うことを要求したもの。

b 費用又は損失の区分経理

ⅰ 直接経費

収益事業について直接要した費用の額又は直接生じた損失の額は、収益事業に係る費用又は損失の額として経理します（法基通15-2-5（一））。

ⅱ 共通費用又は損失の按分

収益事業と非収益事業とに共通する費用又は損失の額については、建物床面積割合、職員の従事割合、延利用者数割合その他当該費用又は損失の性質に応ずる合理的な基準を継続的に適用して収益事業と非収益事業とに配賦し、これに基づいて経理します（法基通15-2-5（二））。

具体的な配賦基準としては、次のようなものが考えられます。

配賦基準	左記配賦基準を使用する勘定科目の例示
建物床面積割合	建物減価償却費、保険料、水道光熱費等
職員従事割合	人件費、福利厚生費、職員被服費等
延利用者数割合	介護用品費、日用品費、教養娯楽費等
実際食数割合	給食費、業務委託費（給食）等
車輛使用割合	車輛費、燃料費等
収益割合	適当な配賦基準が決定できない費用

② 寄附金に係る調整

　株式会社等における寄附金に係る申告調整は、外部に支出した寄附金の金額を対象として行われます。

　社会福祉法人における寄附金に係る申告調整は、収益事業の資産から非収益事業（社会福祉事業・公益事業への繰入）に支出した金額も対象として行われます（みなし寄附金、法37Ⅴ）。

　同一法人内での資金の移動を、収益事業から非収益事業に行われた金銭の寄附であるとみなして寄附金の申告調整の対象としたものです。

　なお、具体的な会計処理は、次のとおりです。

《収益事業》
　　（借方）事業区分間繰入金費用　×××　　（貸方）現金預金　　　　　×××
《社会福祉事業》
　　（借方）現金預金　　　　　　　×××　　（貸方）事業区分間繰入金収益　×××

　社会福祉法人における寄附金損金算入限度額は次のa、bのいずれか大きい金額となります。

　　a　寄附金支出前の当該事業年度の所得金額 × $\dfrac{50}{100}$

　　b　200万円 × $\left(\dfrac{当期の月数}{12}\right)$

　したがって、社会福祉法人の場合、収益事業から生じた当期活動増減差額が200万円以下で、その全額を非収益事業へ繰入金支出として支出した場合には、課税所得は発生しません（他の申告調整事項が無い場合が前提）（法令73Ⅲ）。

> **設例** 収益合計が1,000万円、事業区分間繰入金以外の費用合計が300万円の収益事業において、
> 　Case 1　200万円を社会福祉事業に繰り入れた場合
> 　Case 2　700万円を社会福祉事業に繰り入れた場合

(事業活動計算書)　　　　　　　　　　　　　　　　　　(単位；万円)

勘定科目		Case 1	Case 2
収益合計	①	1,000	1,000
その他費用合計	②	300	300
事業区分間繰入金費用	③	200	700
当期活動増減差額	④；①－②－③	500	0

(寄附金に係る調整)　　　　　　　　　　　　　　　　　(単位；万円)

項目		Case 1	Case 2
当期活動増減差額	④	500	0
事業区分間繰入金費用	③	200	700
寄附金支出前所得金額	⑤	700	700
寄附金損金算入限度額	⑥（＊1）	350	350
寄附金損金不算入額	⑦；③－⑥	0	350

(課税所得金額の計算)　　　　　　　　　　　　　　　　(単位；万円)

項目		Case 1	Case 2
当期活動増減差額	④	500	0
寄附金損金不算入額	⑦	0	350
課税所得金額	⑧；④＋⑦	500	350

　Case 1、Case 2共に「寄附金支出前所得金額　⑤」は700万円で同額ですが、「課税所得金額　⑧」はCase 1が500万円、Case 2が350万円で異なります。これは、Case 1、Case 2共に「寄附金損金算入限度額　⑥」は350万円ですが、Case 1はそれを下回る200万円しか繰り入れを行わなかったことにより、繰入

不足額150万円だけCase 2に比べ「課税所得金額　⑧」が大きくなっています。すなわち、収益事業から非収益事業への繰入金額を寄附金損金算入限度額以上としなければ、課税所得金額は繰入不足金額分だけ大きくなることに留意が必要となります。

③　銀行預金等に係る受取利息に対する課税

社会福祉法人の場合、銀行等の預金利息については、利息金額からの源泉徴収は行われません。

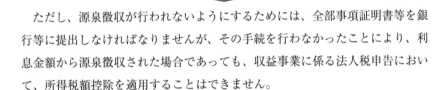

ただし、源泉徴収が行われないようにするためには、全部事項証明書等を銀行等に提出しなければなりませんが、その手続を行わなかったことにより、利息金額から源泉徴収された場合であっても、収益事業に係る法人税申告において、所得税額控除を適用することはできません。

④　収益事業開始届出書の提出

社会福祉法人が収益事業を開始した場合、その開始した日以後2ヶ月以内に次の書類を添付して「収益事業開始届出書」を納税地の所轄税務署長に提出しなければなりません。

　　a　収益事業の概要を記載した書類
　　b　収益事業開始の日等における収益事業についての貸借対照表
　　c　定款、寄附行為、規則若しくは規約又はこれらに準ずるものの写し
　　d　合併により法人が設立され、かつ、その設立の時に収益事業を開始した場合における合併契約書の写し

⑤　青色申告承認申請書の提出

収益事業を行う社会福祉法人が、収益事業に係る法人税の申告に当たり、青色申告を採用する場合には、次の期限までに納税地の所轄税務署長へ「青色申告の承認申請書」を提出しなければなりません。

a 新たに収益事業を開始した場合
　　収益事業の開始した日以後3ヶ月以内又は3月31日のいずれか早い日まで
b 既に収益事業を行っており、白色申告から青色申告に変更しようとする場合
　　青色申告を採用しようとする事業年度開始の日の前日まで

なお、青色申告を行う場合には、一定の帳簿の記帳、備付け及び保存の義務がありますが、法人税法上、次の特典が認められています。
・欠損金の翌期以降7年間の繰越控除
・欠損金の繰戻しによる前1年以内の法人税額の還付
・各種特別償却制度等

⑥ その他の届出書の提出
　上記④、⑤以外の届出書等として、「たな卸資産の評価方法の届出書」「減価償却資産の償却方法の届出書」等があります。

「たな卸資産の評価方法の届出書」
法人税法上のたな卸資産の評価基準　……　原価法、低価法
　　　　　　　　　評価方法　……　個別法、先入先出法、後入先出法、総平均法、移動平均法、単純平均法、最終仕入原価法、売価還元法

　　　法人の任意で選択可能ですが、あらかじめ選択する方法を届け出なければなりません。
　　　なお、届出書を提出しない場合には、最終仕入原価法による原価法となります。

「減価償却資産の償却方法の届出書」

法人税法上の減価償却資産の減価償却の方法　……　定額法、定率法等

法人の任意で選択可能ですが、あらかじめ選択する方法を届け出なければなりません。

なお、届出書を提出しない場合には、定率法となります。

また、建物、建物附属設備、構築物については、平成28年4月1日以降に取得する分から定額法のみしか認められていないため、特に届出書を提出する必要はありません。

なお、上記届出書の提出期限は、社会福祉法人が新たに収益事業を開始した場合には、新たに収益事業を開始した日の属する事業年度の確定申告書の提出期限までとなります。

(8) 損益計算書等の提出制度の概要

① 制度概要

各事業年度の収入金額が8,000万円を超える社会福祉法人については、各事業年度の損益計算書又は収支計算書（以下、「損益計算書」という。）を、事業年度終了の日の翌日から7月31日までに事業年度終了の日における主たる事務所の所在地の所轄税務署長へ提出しなければなりません（措法68の6、措令39の37）。

② 提出を要する損益計算書等

社会福祉法人等が提出する損益計算書等は、当該公益法人等の行う活動の内容に応じた科目（＊1）に従って作成した損益計算書等です（租規22の22）。具体的には、社会福祉法人においては、社会福祉法人会計基準（平成28年3月

31日厚生労働省令第79号）に規定する事業活動計算書（第2号第1様式）又は資金収支計算書（第1号第1様式）を提出すれば足りると考えられます。

> （＊1）　租税特別措置法施行規則別表第十　公益法人等の損益計算書等に記載する科目
> （一）損益計算書に記載する科目
> 　収益の部（対価を得て行う事業に係る収益については、事業の種類ごとにその事業内容を示す適当な名称を付した科目）
> 　　基本財産運用益、特定資産運用益、受取入会金、受取会費、事業収益、受取補助金等、受取負担金、受取寄附金、雑収益、基本財産評価益・売却益、特定資産評価益・売却益、投資有価証券評価益・売却益、固定資産売却益、固定資産受贈益、当期欠損金等
> 　費用の部
> 　　役員報酬、給料手当、退職給付費用、福利厚生費、会議費、旅費交通費、通信運搬費、減価償却費、消耗じゅう器備品費、消耗品費、修繕費、印刷製本費、光熱水料費、賃借料、保険料、諸謝金、租税公課、支払負担金、支払寄附金、支払利息、有価証券運用損、雑費、基本財産評価損・売却損、特定資産評価損・売却損、投資有価証券評価損・売却損、固定資産売却損、固定資産減損損失、災害損失、当期利益金等
> （二）収支計算書に記載する科目
> 　収入の部（対価を得て行う事業に係る収益又は収入については、事業の種類ごとにその事業内容を示す適当な名称を付した科目）
> 　　基本財産運用収入、入会金収入、会費収入、組合費収入、事業収入、補助金等収入、負担金収入、寄附金収入、雑収入、基本財産収入、固定資産売却収入、敷金・保証金戻り収入、借入金収入、前期繰越収支差額等
> 　支出の部
> 　　役員報酬、給料手当、退職金、福利厚生費、会議費、旅費交通費、通信運搬費、消耗じゅう器備品費、消耗品費、修繕費、印刷製本費、光熱水料費、賃借料、保険料、諸謝金、租税公課、負担金支出、寄附金支出、支払利息、雑費、固定資産取得支出、敷金・保証金支出、借入金返済支出、当期収支差額、次期繰越収支差額等

2. 消費税

(1) 介護保険事業に係る消費税の課税関係

消法第6条

「国内において行われる資産の譲渡等のうち、別表第一に掲げるものには、消費税を課さない。」

消法別表一第7号

「次に掲げる資産の譲渡等

　イ　介護保険法（平成9年法律第123号）の規定に基づく居宅介護サービス費の支給に係る居宅サービス（訪問介護、訪問入浴介護その他の政令で定めるものに限る。）、施設介護サービス費の支給に係る施設サービス（政令で定めるものを除く。）その他これらに類するものとして政令で定めるもの　　　　　　　　　　　　　　　　　・・・（以下、省略）」

「居宅サービス（訪問介護、訪問入浴介護その他の政令で定めるものに限る。）」

〈消令第14条の2第1項〉

「法別表第一第7号イに規定する政令で定める居宅サービスは、介護保険法（平成9年法律第123号）第8条第2項から第11項まで（定義）に規定する訪問介護、訪問入浴介護、訪問看護、訪問リハビリテーション、居宅療養管理指導、通所介護、通所リハビリテーション、短期入所生活介護、短期入所療養介護、及び特定施設入居者生活介護（第3項第1号において「訪問介護等」といい、特別の居室の提供その他の財務大臣が指定する資産の譲渡等を除く。）とする。」

　介護保険法に定める居宅サービスに係る取引については、「特別の居室の提

供その他の財務大臣が指定する資産の譲渡等」に該当する場合を除き、消費税は課税されません。

「施設サービス（政令で定めるものを除く。）」
〈消令第14条の2第2項〉
　「法別表第一第7号イに規定する政令で定める施設サービスは、特別の居室の提供その他の財務大臣が指定する資産の譲渡等とする。」

　介護保険法に定める施設サービスに係る取引については、「特別の居室の提供その他の財務大臣が指定する資産の譲渡等」に該当する場合のみ消費税が課税されます。

　居宅サービス同様、施設サービスに係る取引についても、「特別の居室の提供その他の財務大臣が指定する資産の譲渡等」に該当する場合を除き、消費税は課税されません。

「その他これらに類するものとして政令で定めるもの」
〈消令第14条の2第3項〉
　「法別表第一第7号イに規定する居宅サービス又は施設サービスに類するものとして政令で定めるものは、次に掲げる資産の譲渡等（特別の居室の提供その他の財務大臣が指定するものを除く。）とする。（以下、省略)」

　介護保険法に規定する居宅サービス、施設サービス等で消費税が課税される取引
　「特別の居室の提供その他の財務大臣が指定する資産の譲渡等」に係る取引のみ。

「特別の居室の提供その他の財務大臣が指定する資産の譲渡等」

「消費税法施行令第14条の2第1項、第2項及び第3項の規定基づく財務大臣が指定する資産の譲渡等」（平成12年2月10日大蔵省告示第27号、平成18年3月31日財務省告示第147号最終改正）」別表第一、別表第二及び別表第三で規定しています。

介護サービス	消費税課税取引
訪問介護	交通費の額（利用者の選定により通常の事業の実施地域以外の地域）
訪問入浴介護	交通費の額（利用者の選定により通常の事業の実施地域以外の地域） 利用者の選定により提供される特別な浴槽水等に係る費用
訪問看護	交通費の額（利用者の選定により通常の事業の実施地域以外の地域）
訪問リハビリテーション	交通費の額（利用者の選定により通常の事業の実施地域以外の地域）
通所介護	送迎に要する費用（利用者の選定により通常の事業の実施地域以外の地域）
通所リハビリテーション	送迎に要する費用（利用者の選定により通常の事業の実施地域以外の地域）
短期入所生活介護	特別な居室の提供費用 特別な食事の提供費用 送迎に要する費用（厚生労働大臣が別に定める場合を除く。）
短期入所療養介護	特別な居室の提供費用 特別な食事の提供費用 送迎に要する費用（厚生労働大臣が別に定める場合を除く。）
特定施設入所者生活介護	利用者の選定により提供される介護その他の日常生活上の便宜に要する費用
介護老人福祉施設	特別な居室の提供費用 特別な食事の提供費用
介護老人保健施設	特別な居室の提供費用 特別な食事の提供費用
介護療養型医療施設	特別な居室の提供費用 特別な食事の提供費用

定期巡回・随時対応型訪問介護看護	交通費の額（利用者の選定により通常の事業の実施地域以外の地域）
夜間対応型訪問介護	交通費の額（利用者の選定により通常の事業の実施地域以外の地域）
地域密着型通所介護	送迎に要する費用（利用者の選定により通常の事業の実施地域以外の地域）
認知症対応型通所介護	送迎に要する費用（利用者の選定により通常の事業の実施地域以外の地域）
小規模多機能型居宅介護	送迎に要する費用（利用者の選定により通常の事業の実施地域以外の地域） 交通費の額（利用者の選定により通常の事業の実施地域以外の地域）
看護小規模多機能型居宅介護	送迎に要する費用（利用者の選定により通常の事業の実施地域以外の地域） 交通費の額（利用者の選定により通常の事業の実施地域以外の地域）
地域密着型特定施設入居者生活介護	利用者の選定により提供される介護その他の日常生活上の便宜に要する費用
地域密着型介護老人福祉施設入居者生活介護	特別な居室の提供費用 特別な食事の提供費用
複合型サービス（看護小規模多機能型居宅介護）	送迎に要する費用（利用者の選定により通常の事業の実施地域以外の地域） 交通費の額（利用者の選定により通常の事業の実施地域以外の地域）
介護予防訪問介護	交通費の額（利用者の選定により通常の事業の実施地域以外の地域）
介護予防訪問入浴介護	交通費の額（利用者の選定により通常の事業の実施地域以外の地域） 利用者の選定により提供される特別な浴槽水等に係る費用
介護予防訪問看護	交通費の額（利用者の選定により通常の事業の実施地域以外の地域）
介護予防訪問リハビリテーション	交通費の額（利用者の選定により通常の事業の実施地域以外の地域）
介護予防居宅療養管理指導	送迎に要する費用（利用者の選定により通常の事業の実施地域以外の地域）
介護予防通所介護	送迎に要する費用（利用者の選定により通常の事業の実施地域以外の地域）

介護予防通所リハビリテーション	交通費の額（利用者の選定により通常の事業の実施地域以外の地域）
介護予防短期入所生活介護	特別な居室の提供費用 特別な食事の提供費用 送迎に要する費用（厚生労働大臣が別に定める場合を除く。）
介護予防短期入所療養介護	特別な居室の提供費用 特別な食事の提供費用 送迎に要する費用（厚生労働大臣が別に定める場合を除く。）
介護予防特定施設入居者生活介護	利用者の選定により提供される介護その他の日常生活上の便宜に要する費用
介護予防小規模多機能型居宅介護	送迎に要する費用（利用者の選定により通常の事業の実施地域以外の地域） 交通費の額（利用者の選定により通常の事業の実施地域以外の地域）

*1 特別な居室の提供費用

　特別な居室の提供費用とは、いわゆる「室料差額」又は「差額ベッド代」をいい、基準省令等における「厚生労働大臣の定める基準に基づき選定する特別な居室の提供を行ったことに伴い必要となる費用」を意味しています。具体的には「厚生労働大臣の定める利用者等が選定する特別な居室等の提供に係る基準等」（平成12年3月30日厚生省告示第123号、平成18年6月30日厚生労働省告示第423号最終改正）に規定する各要件を満たす特別な居室の提供を行った場合に、利用者から徴収される室料をいい、「居住、滞在及び食事の提供に係る利用料等に関する指針（平成17年9月7日厚生労働省告示第419号、平成18年6月30日厚生労働省告示第424号最終改正）に規定する居住及び滞在に係る利用料の追加の費用であり、徴収に当たっては利用者等への事前説明、同意、契約の締結を行うことを要するものをいいます。

*2 特別食（療養食）と特別な食事の提供費用

　特別食とは、「厚生労働大臣が定める特定診療費に係る特別食」として規定されている食事をいい、疾病治療の直接手段として、医師の発行する食事せんに基づき提供された適切な栄養量及び内容を有する腎臓病食、肝臓病食、糖尿病食、胃潰瘍食、貧血食、膵臓病食、高脂血症食、痛風食、フェニールケトン尿症食、楓糖尿症食、ホモシスチン尿症食、ガラクトース血症食、経管栄養のための濃厚流動食、無菌食及

び特別な場合の検査食（単なる流動食及び軟食を除く。）をいいます（「厚生労働大臣が定める特定診療費に係る特別食および特別な薬剤」平成12年2月10日厚生労働省告示第32号、平成17年9月7日厚生労働省告示第407号最終改正）。この特別食については、平成17年10月1日以降は、療養食加算として保険給付されることとなり、当該加算相当額に係る利用者負担額については、消費税は課税されません。

　特別な食事の提供費用とは、「厚生労働大臣の定める利用者等が選定する特別な居室等の提供に係る基準等」（平成12年3月30日厚生省告示第123号、平成18年6月30日厚生労働省告示第423号最終改正）「二　利用者等が選定する特別な食事の提供に係る基準」に規定する特別な食事をいい、入所者等の自由な選択と同意に基づき、通常の食事の提供に要する費用の額では提供が困難な高価な材料を使用し、特別な調理を行うなど、「居住、滞在及び食事の提供に係る利用料等に関する指針」（平成17年9月7日厚生労働省告示第419号、平成18年6月30日厚生労働省告示第424号最終改正）に規定する食事の提供に係る利用料の額を超えて必要な費用につき支払を受けるのにふさわしい食事をいいます。この提供に要する費用については消費税が課税されることとなります。なお、課税される金額は、通常の食事を利用した場合の費用との差額部分のみであることに留意が必要です（「介護保険法の施行に伴う消費税の取扱いについて」平成12年8月9日厚生省老人保健福祉局事務連絡）。

　また、上記以外の介護サービス事業が行う取引に係る消費税の課税関係は、下表のとおりです。

	課税・非課税等	根拠規定等
日常生活においても通常必要となるものに係る費用	非課税	「日常生活においても通常必要となるものに係る費用であって、その入所者（利用者）に負担させることが適当と認められる費用」の具体的な内容として、「通所介護等における日常生活に要する費用の取扱いについて」（平成12年3月30日老企第54号、平成12年12月28日厚生省告示第466号最終改正）（＊1）

特定施設入居者生活介護等における「利用者の選定により提供される介護その他の日常生活上の便宜に要する費用」	課税	「特定施設入居者生活介護事業者が受領する介護保険の給付対象外の介護サービス費用について」（平成12年3月30日老企第52号、平成18年3月31日老計発第0331002号・老振発第0331002号・老老発第0331015号最終改正）（＊2）
地域包括支援センター	非課税	「消費税法施行令第14条の3第5号の規定に基づき厚生労働大臣が指定する資産の譲渡等」（平成18年3月31日厚生労働省告示第311号、平成27年3月31日厚生労働省告示第232号最終改正）
福祉用具の貸与	原則；課税 身体障害者用物品に該当するものは非課税	「消費税法施行令第14条の4の規定に基づき厚生労働大臣が指定する身体障害者用物品及びその修理」（平成3年6月7日厚生省告示第130号、平成24年3月30日厚生労働省告示第276号最終改正）「厚生労働大臣が定める福祉用具貸与に係る福祉用具の種目」（平成11年3月31日厚生省告示第93号、平成24年3月13日厚生労働省告示第104号最終改正）及び「厚生労働大臣が定める居宅介護福祉用具購入費等の支給に係る特定福祉用具の種目」（平成11年3月31日厚生省告示第94号、平成24年3月30日厚生労働省告示第202号最終改正）
住宅改修費	課税	国税庁ホームページ　質疑応答事例より「住宅改修費の支給に係る消費税の取扱い」
市町村特別給付事業	配食サービス以外は課税	「消費税法施行令第14条の2第3項第11号の規定に基づき厚生労働省大臣が指定する資産の譲渡等」（平成12年3月30日厚生省告示第126号、平成12年12月28日厚生省告示第514号、平成18年3月31日厚生労働省告示第308号最終改正）
介護予防・日常生活支援総合事業	非課税	（＊3）
介護保険法に規定する支給限度額を超えるサービス（いわゆる限度超え）	非課税	消基通6-7-2(1)
介護サービスの委託	課税	「介護保険法の施行に伴う消費税の取扱いについて」平成12年8月9日老人保健福祉局事務連絡、平成17年9月8日最終改正）

厚生省告示第129号において指定するもの	非課税	厚生省告示第129号（「消費税法施行令第14条の3第5号の規定に基づき厚生労働大臣が指定する資産の譲渡等」平成3年6月7日、平成15年3月31日厚生労働省告示第148号最終改正）（＊4）

（＊1）　介護保険施設においては、利用者から「日常生活においても通常必要となるものに係る費用であって、その入所者（利用者）に負担させることが適当と認められる費用」を徴収することが認められています。この「日常生活においても通常必要となるものに係る費用であって、その入所者（利用者）に負担させることが適当と認められる費用」の具体的な内容として、「通所介護等における日常生活に要する費用の取扱いについて」（平成12年3月30日老企第54号、平成12年12月28日厚生省告示第466号最終改正）が公表されており、その内容を要約すると次のとおりです。なお、当該費用については消費税が課税されません。

　① その他の日常生活費の趣旨

　　　利用者、入所者、入院患者又はその家族等の自由な選択に基づき、事業者又は施設が通所介護等の提供の一環として提供する日常生活上の便宜に係る経費。

　　　なお、サービス提供と関係ないものについては、その他の日常生活費とは区分する。

　② その他の日常生活費の受領に係る基準

　　a　保険給付対象との重複関係がないこと

　　b　お世話料、管理協力費、共益費、施設利用補償金等あいまいな名目の費用の徴収は認められないこと

　　c　事業者等は、利用者等に事前に十分な説明を行い、その同意を得なければならないこと

　　d　実費相当額の範囲内での徴収を行うこと

　　e　運用規程における規定、重要事項としての施設内の掲示

③ 各サービス種類ごとの具体的な範囲

	通所系サービス	短期入所系サービス	特定施設入居者生活介護等	介護福祉施設サービス	介護老人保健施設サービス	介護療養型施設サービス	小規模多機能型サービス	認知症対応型共同生活介護等
身の回り品として日常生活に必要なもの	○	○	○	○	○	○	○	○
教養娯楽として日常生活に必要なもの	○	○	/	○	○	○	○	○
健康管理費用	/	/	/	○	○	○	/	/
預り金の出納管理に係る費用	/	/	/	○	○	○	/	/
私物の洗濯代	/	/	/	○	○	○	/	/

(○；その他の日常生活費として徴収できるもの)

* 身の回りの品として日常生活に必要なもの
 歯ブラシや化粧品等の個人用の日用品等の日常生活を行うために最低限必要と考えられる物品で、利用者等から画一的に徴収するものでないもの
* 教養娯楽として日常生活に必要なもの
 共用の談話室等にあるテレビやカラオケ設備の使用料等サービスの一環として実施するクラブ活動や行事における材料費等で、利用者等から画一的に徴収するものでないもの
* 健康管理費用
 インフルエンザ予防接種に係る費用等
* 預り金の出納管理に係る費用
 徴収する場合には、次の要件を満たしていなければならない。
 a 責任者及び補助者が選定され、印鑑と通帳が別々に保管されていること
 b 適切な管理が行われていることの確認が複数の者により常に行える体制で出納事務が行われていること

　　　　c　入所者等との保管依頼書（契約書）、個人別出納台帳、必要な書類
　　　　　を備えていること
　　　　d　徴収金額の積算根拠を明確にすること
　　＊　私物の洗濯代
　　　　入所者の希望に応じ、個別に外部のクリーニング業者に取り継ぐ場合の
　　クリーニング代以外については徴収することができない。

（＊2）特定施設入所生活介護において、消費税が課税される「利用者の選定により提供される介護その他の日常生活上の便宜に要する費用」とは、介護保険の給付対象外の介護サービス費用であり、具体的には、「特定施設入所生活介護者が受領する介護保険の給付対象外の介護サービス費用について」（平成3月30日老企第52号）が公表されており、保険給付対象外の介護サービス費用を受領できる場合は、次のとおりである。
　　①　人員配置が手厚い場合の介護サービス利用料
　　②　個別的な選択による介護サービス利用料
　　　　a　個別的な外出介助
　　　　b　個別的な買い物等の代行
　　　　c　標準的な回数を超えた入浴を行った場合の介助

（＊3）　介護予防・日常生活支援総合事業

第1号訪問事業　第1号通所事業　　　　　　　　　　　　　　　　　　　　　　　　　第1号生活支援事業　第1号介護予防支援事業

　→　非課税
　　＊　介護予防訪問介護において課税対象となっていた通常の実施地域以外の地域の利用者に対する交通費、介護予通所介護において課税対象となっていた通常の実施地域以外の地域の利用者に対する送迎に要する費用については、課税（消費税法施行令第14条の2第3項第12号の規定に基づき厚生労働大臣が指定する資産の譲渡等）（平成24年3月31日）（厚生労働省告示第307号）（平成27年3月31日厚生労働省告示第231号））。

（＊4）　厚生省告示第129号（「消費税法施行令第14条の3第5号の規定に基づき厚生

労働大臣が指定する資産の譲渡等」平成3年6月7日、平成15年3月31日厚生労働省告示第148号最終改正）において指定するものについては、消費税が課税されません。具体的には、次に掲げる事業のうち、その要する費用の2分の1以上を国又は地方公共団体により負担される事業については、消費税は課税されません。

a （対象者）
- 身体に障害のある18歳未満の者若しくはその者に現に介護する者
- 知的障害の18歳未満の者若しくはその者に現に介護する者
- 身体障害者福祉法第4条に規定する身体障害者若しくはその者に現に介護する者
- 知的障害者若しくはその者に現に介護する者
- 精神保健及び精神障害者福祉に関する法律第5条に規定する精神障害者若しくはその者に現に養護する者
- 母子及び寡婦福祉法第6条に規定する配偶者のない女子若しくはその者に現に扶養されている20歳未満の者
- 65歳以上の者のみにより構成される世帯に属する者
- 配偶者のない男子（配偶者の生死が明らかでない者を含む）に現に扶養されている20歳未満の者若しくはその者を扶養している当該配偶者のいない男子
- 父及び母以外の者に現に扶養されている20歳未満の者若しくはその者を現に扶養している者

（対象事業）
- 居宅において入浴、排泄、食事等の介護その他の日常生活を営むのに必要な便宜を供与する事業
- 施設に通わせ、入浴、食事の提供、機能訓練、介護方法の指導その他の便宜を供与する事業
- 居宅において介護を受けることが一時的に困難になった者を、施設に短期入所させ、養護する事業

b 身体障害者、知的障害者又は精神障害者が共同生活を営むべき住居において食事の提供、相談その他の日常生活上の援助を行う事業

c 原子爆弾被爆者に対する援護に関する法律第1条に規定する被爆者であって、

居宅において介護を受けることが困難な者を入所させ、養護する事業
  d　身体に障害がある児童、身体障害者、身体上又は精神上の障害があるために日常生活を営むのに支障のある65才以上の者又は65才以上の者のみにより構成される世帯に属する者に対してその者の居宅において入浴の便宜を供与する事業
  e　身体に障害がある児童、身体障害者、身体上又は精神上の障害があるために日常生活を営むのに支障のある65才以上の者又は65才以上の者のみにより構成される世帯に属する者に対してその者の居宅において食事を提供する事業

　上述の厚生労働省告示第129号の適用に関連して、「外出支援サービス事業に係る委託料の消費税の取扱いについて」(文書回答事例　平成17年5月25日　仙台国税局審理官回答　塩釜市社会福協議会照会)、「市が独自に実施している介護保険の対象者以外の高齢者に対するデイサービス事業の委託費等に係る消費税の取扱いについて」(文書回答事例　平成23年12月20日関東信越国税局審理課長)が公表されています。

(2) 社会福祉事業に係る消費税の課税関係

　社会福祉事業等において消費税が課税される取引は、次の施設等において生産活動としての作業に基づき行われる取引です(消法別表第一第7号ロ)。

　対象となる施設等
　障害者支援施設（法2Ⅱ③の2）
　授産施設（法2Ⅱ⑦）
　地域活動支援センター（法2Ⅲ④の2）
　障害福祉サービス事業（法2Ⅲ④の2）

　生産活動
　生産活動とは、対象となる施設等に掲げられている施設等で行われる事業において行われる身体上若しくは精神上又は世帯の事情等により、就業能力の限

られている者（以下「要援護者」という。）の「自立」、「自活」及び「社会復帰」のための訓練、職業供与等の活動において行われる物品の販売、サービスの提供等の活動いう。

なお、対象となる施設等に掲げられている施設等で行われる事業では、このような生産活動のほか、要援護者に対する養護又は援護及び要援護者に対する給食又は入浴等の便宜供与等行われているが、当該便宜供与等は生産活動には該当しない。　　　　　　　　　　　　　　　　　　　（消基通6-7-6）

(3) 保育事業に係る消費税の課税関係

保育事業収益に計上される取引のうち、以下の事業に係る収入金額については消費税は課税されません（「子ども・子育て支援新制度に係る税制上の取扱いについて」（平成26年11月18日府政共生1093号・26初幼教第19号・雇児保発1118第1号、内閣府政策統括官（共生社会政策担当）付参事官（少子化対策担当）、文部科学省初等中等教育局幼児教育課長、厚生労働省雇用均等・児童家庭局保育課長連名通知、消費税法施行令第14条の3第6号）。

① 子ども・子育て支援法の規定に基づく施設型給付費、特例施設型給付費、地域型保育給付費又は特例地域型保育給付費の支給に係る事業
② 地域型保育事業又は認定こども園における延長保育事業
③ 子ども・子育て支援法に基づく確認を受ける幼稚園における食事の提供に要する費用や当該幼稚園に通う際に提供される便宜に要する費用等の特定教育・保育施設及び特定地域型保育事業の運営に関する基準（平成26年内閣府令第39号。以下「運営基準」という。）第13条第4項に規定するもの
④ 教育・保育の質の向上を図る上で特に必要であると認められる対価として運営基準第13条第3項に規定する額として、同基準第20条に規定する運営規程において定められているもの
⑤ 認定こども園における子育て支援事業

(4) 社会福祉法人における消費税に係る留意点

> 社会福祉法人において申告納税を行っている場合の多くは、就労支援事業所で生産活動を行っている場合

- 就労支援事業所では、簡易課税を選択できない課税売上高5,000万円を超えている事業所が少なくない。
- 原則課税で申告納税を行っている場合、特定収入割合の調整計算の要否について留意が必要です。

> 介護保険事業所において申告納税を行っている場合の多くは、介護老人保健施設や介護療養型医療施設において、徴収している特別な居室の提供費用（室料差額）が多額の場合

> 上記以外で申告納税を行っている場合の多くは、事業規模が大きい社会福祉法人において、職員から徴収している給食費が多額の場合

3. 寄附金税制

(1) 寄附者が個人の場合の寄附金税制

　個人が、社会福祉法人が行う社会福祉事業等に対して寄附を行った場合、当該寄附金は、所得税法上、特定寄附金（所法78Ⅱ）に該当し、所得税における課税所得金額の計算上、所得金額から控除することができます（寄附金控除）。また、特定寄附金のうち税額控除対象法人として証明を受けた社会福祉法人に対して寄附を行った場合、寄附金控除の適用を受けるか、税額控除の適用を受けるか、いずれか有利な方を選択することができます。

① 寄附金控除

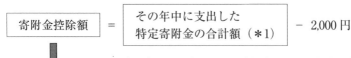

(＊1) その年分の総所得金額、退職所得金額、山林所得金額及び申告分離課税の所得（特別控除前）の合計額の40％が上限となります。

その年分の総所得金額、退職所得金額又は山林所得金額から控除します。

② 税額控除

a 税額控除額の計算

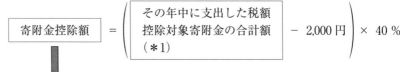

(＊1) その年分の総所得金額、退職所得金額、山林所得金額及び申告分離課税の所得金額（特別控除前）の合計金額の40％が上限となります。

所得税額から控除します。ただし、所得税額の25％が上限となります。

b 税額控除の対象となる社会福祉法人の要件

税額控除の対象となる社会福祉法人に該当するためには、所轄庁の証明を受けなければなりませんが、当該証明を受けるためには、次の要件を満たす必要があります（措令26の28の2Ⅰ②）。

　i 次のいずれかを満たしていること。
　　イ 実績判定期間における経常収入金額に占める寄附金収入金額の割合が、5分の1以上であること。
　　ロ 3,000円以上の寄附を支出した寄附者が、実績判定期間（＊1）において年平均100人以上いること。
　　（＊1） 実績判定期間

直前に終了した事業年度終了の日以前5年内に終了した各事業年度のうち最も古い事業年度開始の日から当該終了の日までの期間をいいます。

ii 次の書類を主たる事務所に据え置き、閲覧の請求があった場合には、正当な理由がある場合を除き、閲覧に供すること。
　　イ　定款
　　ロ　役員名簿
　　ハ　事業報告書
　　ニ　財産目録
　　ホ　貸借対照表
　　ヘ　収支計算書
　　ト　役員報酬規程又は従業員給与支給規程
　　チ　寄附金台帳
　　リ　支出した寄附金の額並びにその相手先及び支出年月日を記載した書類
　　ヌ　寄附金を充当する予定の具体的な事業の内容を記載した書類

iii 実績判定期間内の日を含む各事業年度の寄附者名簿を作成し、これを保存していること

c　所轄庁の証明を受けるための申請手続

　税額控除の対象となる社会福祉法人の証明を受けるためには、必要書類を添付して所轄庁に申請します。なお、詳細に関しては、以下の資料が参考となります。

・「税額控除対象となる社会福祉法人の証明事務等について」（平成23年度税制改正関係）（平成23年8月2日社援基発0802第1号厚生労働省社会・援護局福祉基盤課長通知）
・「税額控除に係る証明事務～申請に手引き」（厚生労働省社会・援護局福祉基盤課2016年4月1日）

d 所轄庁の証明

cの申請内容が①の要件を満たすものとして認められた場合、所轄庁は証明書（税額控除に係る証明書）を交付します。この証明の有効期間は、証明を受けた日から5年間となります。

e 証明書の写しの交付

社会福祉法人への寄附者が、税額控除を受けるためには、税額控除に係る証明書の写しを確定申告書に添付しなければなりません。そのため、寄附を受けた社会福祉法人は、寄附者に対し、領収書と共に税額控除に係る証明書の写しを交付しなければなりません。

(2) 寄附者が法人の場合の寄附金税制

社会福祉法人の主たる目的である業務に関連する寄附は、公益の増進に著しく寄与する法人（特定公益増進法人）に対する寄附金（法令77Ⅱ）に該当し、一般の寄附金の損金算入限度額とは別枠で損金算入限度の計算を行います。社会福祉法人に寄附した法人においては、次に掲げる金額が特定公益法人寄附金に係る損金算入限度額となります。

〈特定公益増進法人に対する寄附金の損金算入限度額〉

$$（法人税課税所得金額の6.25\% + 資本金等の0.375\%）\times \frac{1}{2} = 損金算入限度額$$

なお、寄附金を受領した社会福祉法人は、次の事項を記載した領収書を寄附者に交付しなければなりません（所規47の2）。

(1) 寄附金を受領した旨
(2) 寄附金が社会福祉法人の主たる目的である業務に関連する寄附金である旨
(3) 寄附金の額
(4) 寄附金を受領した年月日

(3) みなし譲渡所得税課税の非課税

所得税法では、個人が社会福祉法人に対して土地、建物等の財産を寄附（贈与若しくは遺贈又は法人を設立するための財産提供）した場合、寄附時の時価により資産の譲渡があったとみなされ、時価から取得時の金額を差し引いた金額に対して、所得税が課税されます（みなし譲渡所得、所法59）。

ただし、その寄附が一定の要件を満たすものとして国税庁長官の承認を受けた場合、所得税が課税されません（措法40）。

① 承認要件

国税庁長官の承認を受けるための要件は、次のとおりです（措令25の17Ⅴ Ⅵ、措置法40条通達）。

a　寄附が、教育又は科学の振興、文化の向上、社会福祉への貢献その他公益の増進に著しく寄与すること。

　この判定は、次に掲げる要件を全て満たしているかどうかにより行います（措置法40条通達12）。
　　i　公益目的事業の規模
　　　寄附に係る事業が、その事業の内容に応じ、その事業を行う地域又は分野において社会的存在として認識される程度の規模を有していること。

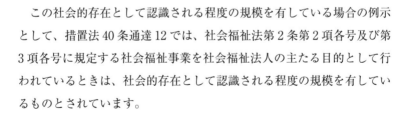

　　　この社会的存在として認識される程度の規模を有している場合の例示として、措置法40条通達12では、社会福祉法第2条第2項各号及び第3項各号に規定する社会福祉事業を社会福祉法人の主たる目的として行われているときは、社会的存在として認識される程度の規模を有しているものとされています。

ⅱ　公益の分配

　　　寄附を受けた社会福祉法人の事業の遂行により与えられる公益が、それを必要とする全ての者に与えられるなど公益の分配が適正に行われていること。

　　ⅲ　事業の営利性

　　　寄附に係る事業について、事業収入が事業に直接必要な経費と比べて過大ではないこと、その他当該寄附に係る事業が営利企業的に行われている事実がないこと。

　　ⅳ　法令の遵守等

　　　社会福祉法人の事業の運営につき、法令に違反する事実その他公益に反する事実がないこと。

b　寄附財産が、寄附があった日から2年を経過する日までの期間内に寄附に係る事業の用に直接供され、又は供される見込みであること。
　＊　2年を経過する日までの期間内に寄附財産を事業の用に直接供することが困難であるやむを得ない事情があると認められるときは、国税庁長官が認める日までの期間になります。

c　寄附をすることにより、寄附をした人の所得税の負担を不当に減少させ、又は寄附をした人の親族その他これらの人と特別な関係がある人（相続税法第64条第1項）の相続税若しくは贈与税の負担を不当に減少させる結果とならないと認められること（措令Ⅴ③、Ⅵ）。

⇩

　次に掲げる要件を全て満たすときは、所得税又は贈与税若しくは相続税の負担を不当に減少させる結果とならないと認められるものとされています。
　　ⅰ　その運営組織が適正である（＊1）とともに、その定款又は規則にお

いて、その理事、監事、評議員その他これらに準ずるもの（役員等）のうち親族関係を有する者及びこれらの者と特殊の関係がある者（親族等）（＊2）の数がそれぞれの役員等の数のうちに占める割合は、いずれも3分の1以下とする旨の定めがあること。

ⅱ 寄附をした人、法人の役員若しくは社員又はこれらの者と親族関係若しくは特殊の関係がある者に対し、施設の利用、金銭の貸付け、資産の譲渡、給与の支給、役員等の選任その他財産の運用及び事業の運営に関して特別の利益を与えないこと。

ⅲ 定款又は規則において、解散した場合にその残余財産が国若しくは地方公共団体又は他の公益法人等に帰属する定めがあること。

ⅳ 寄附を受けた法人につき公益に反する事実がないこと。

＊1 運営組織が適正であることの判定

運営組織が適正であるかどうかの判定は、次の事実が認められるかどうかにより行います。

① 定款又は規則に次に掲げる事項が定められていること。

a 理事の定数は6人以上、監事の定数は2人以上であること。

b 事業の管理運営を審議するため評議員会の制度が設けられており、評議員の定数は、理事の定数の2倍を超えていること。ただし、理事と評議員との兼任禁止規定が定められている場合には、評議員の定数は、理事の定数と同数以上であること。

c 理事、監事及び評議員の選任は、例えば、理事及び監事は評議員会の議決により、評議員は理事会の議決により選出されるなどその地位にあることが適当と認められる者が公正に選任されること。

d 理事会の議決の決定は、法令に別段の定めがある場合を除き、次によること。

Ⅰ 重要事項の決定

次の(ⅰ)から(ⅶ)までに掲げる事項の決定は、理事会における理事総数（理事現在数）の3分の2以上の多数による議決を必要とするとともに、原則として評議員会の同意を必要とすること。なお、贈与又は遺贈に係る財産が贈与又は遺贈をした者又はその者の親族が会社役員となってい

る会社の株式又は出資である場合には、その株式又は出資に係る議決権の行使に当たっては、あらかじめ理事会において理事総数（理事現在数）の３分の２以上の同意を得ることを必要とすること。
　　　(i) 収支予算（事業計画を含む。）
　　　(ii) 収支決算（事業報告を含む。）
　　　(iii) 基本財産の処分
　　　(iv) 借入金（その会計年度内の収入をもって償還する短期借入金を除く。）その他新たな義務の負担及び権利の放棄
　　　(v) 寄附行為の変更
　　　(vi) 解散及び合併
　　　(vii) 当該法人の主たる目的とする事業以外の事業に関する重要な事項
　Ⅱ　その他の事項の決定
　　　上記Ⅰに掲げる事項以外の事項の決定は、原則として、理事会において理事総数（理事現在数）の過半数の議決を必要とすること。
e　評議員会の議決の決定は、法令に別段の定めがある場合を除き、評議員会における評議員総数（評議員現在数）の過半数の議決を必要とすること。
f　上記ホ及びヘの議事の表決を行う場合には、あらかじめ通知された事項について書面をもって意思を表示した者は、出席とみなすことができるが、他の者を代理人として表決を委任することはできないこと。
g　役員等には、その地位にあることのみに基づき給与等を支給しないこと。
h　監事には、理事及び評議員（その親族その他特殊の関係がある者を含む。）並びにその法人の職員が含まれてはならないこと。また、監事は相互に親族その他特殊に関係を有しないこと。
i　贈与又は遺贈を受けた公益法人等が、学生等に対して学資の支給若しくは貸与をし、又は研究者に対して助成金を支給する事業その他これに類する事業を行うものである場合には、学資の支給若しくは貸与の対象となる者又は助成金の支給の対象となる者を選考するため、理事会又は評議員会において選出される教育関係者又は学識経験者などにより組織される選考委員会を設けること。
② 当該公益法人等の事業の運営及び役員等の選任などが法令及び定款又は規則に基づき適正に行われていること。

(注) 他の一の法人（当該他の一の法人と法人税法施行令（昭和40年政令第97号）第4条第2項（(同族会社の関係者)）に定める特殊の関係がある法人を含む。）又は団体の役員及び職員の数が当該公益法人等のそれぞれの役員等のうちに占める割合が3分の1を超えている場合には、当該公益法人等の役員等の選任は、適正に行われていないものとして取り扱われます。

③ 当該公益法人等の経理については、その公益法人等の事業の種類及び規模に応じて、その内容を適正に表示するに必要な帳簿書類を備えて、収入及び支出並びに資産及び負債の明細が適正に記帳されていると認められること。

*2 特殊な関係がある者

特殊な関係がある者とは、次に掲げる者をいう。

① 婚姻の届出をしていないが事実上婚姻関係と同様の事情にある者。
② 使用人及び使用人以外の者で役員等から受ける金銭その他の財産によって生計を維持している者。
③ ①又は②に掲げる者の親族でこれらの者と生計を一にしている者。
④ 次に掲げる法人の法人税法第2条第15号に規定する役員又は使用人である者
　イ 役員等が会社役員となっている他の法人
　ロ 役員等及び①から③までに掲げる者並びにこれらの者と法人税法第2条第10号に規定する政令で定める特殊の関係のある法人を判定の基礎にした場合に同号に規定する同族会社に該当する他の法人

具体的な、定款例について、「租税特別措置法第40条第1項後段の規定の適用を受けようとする場合における社会福祉法人定款例について（法令解釈通達）」（平成29年2月16日課資5-37）が公表されています。

② 承認申請手続き

国税庁長官の承認を受けるためには、寄附をした者が「租税特別措置法第40条の規定による承認申請書」を寄附をした日から4ヶ月以内（4ヶ月を経過する

日前に寄附があった日の属する年分の所得税の確定申告書の提出期限が到来する場合には、当該提出期限まで）に、寄附をした者の所得税の納税地を所轄する税務署に提出しなければなりません（措法25の17Ⅰ）。

③ 承認の取り消し

承認を受けた後において、①寄附財産が寄附があった日から2年を経過する日までの期間内に公益目的事業の用に直接供されなかった場合、②寄附財産を公益目的事業の用に直接供しなくなった場合、③寄附した者の所得税の負担を不当に減少させ、又は寄附した者の親族その他これらの者と特別の関係がある者の相続税若しくは贈与税の負担を不当に減少させる結果となった場合等、に該当したときは、国税庁長官は承認を取り消すことができます（措法40ⅡⅢ、措令25の17⑩〜⑮）。

(4) 社会福祉法人へ土地等を譲渡した場合における収用等の課税の特例

個人が社会福祉法人へ土地等を譲渡した場合、個人の譲渡所得の計算上、譲渡所得金額から5,000万円を控除する収用交換等の場合の譲渡所得の特別控除（措法33の4）の適用を受けることができます。

① 対象となる事業

a 事業認定を要しない事業（特掲事業）

次の施設については、特段の手続を経ることなく収用等の課税の特例の対象となります（措規14Ⅴ③イ）。

　i 社会福祉法人の設置に係る幼保連携施設を構成する幼稚園の用に供される建物及びその附属設備と一体的に設置されるもの
　ii 社会福祉法第2条第3項第4号に規定する老人デイサービスセンター
　iii 社会福祉法第2条第3項第4号に規定する老人短期入所施設
　iv 社会福祉法第2条第3項第4号の2に規定する障害福祉サービス事業の

用に供する施設
- v 社会福祉法第2条第3項第4号の2に規定する地域活動支援センター
- vi 社会福祉法第2条第3項第4号の2に規定する福祉ホーム
- vii 社会福祉法第2条第2項に規定する第1種社会福祉事業に掛かる施設
- viii 社会福祉法人の設置に係る保育所で乳児又は幼児を通じて20人以上を入所させる施設

b　事業認定を要する事業

上記a以外の施設については、土地収用法の規定による事業の認定を受けた場合に限り収用等の課税の特例の対象となります（措規14Ⅴ②）。

② 適用要件（措法33の4Ⅲ）
- a 社会福祉法人が最初に買取りの申出を行った日から6ヶ月以内に譲渡されなければなりません。
- b 1つの収用等の事業について、収用等に係る譲渡が2件以上あった場合において、これらの譲渡が2年に渡って行われたときは最初の年において行われた譲渡に限られます。
- c 収用交換等による譲渡が、その譲渡資産につき最初に買取り等の申出を受けた者から譲渡されるものでなければなりません。

③ 社会福祉法人が行う手続き（措法33の4Ⅲ、措則15ⅡⅢⅣ）

a　税務署等との事前協議

収用等の課税の特例を受けようとする場合、税務署等への事前協議の申出が必要となります。具体的な申出の手続は、必要書類を添付した「租税特別措置法施行規則第14条第5項第3号イに規定する書類の発行を予定している事業に関する説明書」を提出し行います。

b　買取りの申出を行った時
　ⅰ　買取りの申出を行った年月日及び申出に係る資産の明細を記載した買取りの申出があったことを証する書類（買取等の申出証明書）を土地の所有者に発行します。
　ⅱ　上記ⅰの写しを買取りの申出をした日の属する月の翌月10日までに事業の施行に係る施設の所在地の所轄税務署に提出します。

c　買取り時
　ⅰ　買取り年月日及び買取った資産の明細を記載した買取りがあったことを証する書類（買取等の証明書）を土地の所有者に発行します。
　ⅱ　土地が上記①aに掲げる施設に関する事業に必要なものである資産に該当する旨を証する書類（収用証明書）を土地の所有者に発行します。

d　買取りに係る対価の支払時
　1～3月、4～6月、7～9月、10～12月の各期間に支払った額を記載した支払調書を各期間に属する最終月の翌月末日までに事業の施行に係る施設の所在地の所轄税務署に提出します。

④　①aの特掲事業の施設と特掲事業以外の施設が併設される場合の収用等の課税の特例
　社会福祉法人においては、1つの建物において複数の事業を行っている場合があり、⑴①の特掲事業である老人デイサービス事業と事業認定が必要な他の社会福祉事業とを併設する施設を建築するために土地を取得する場合も考えられます。この場合には、特掲事業も含めて事業認定を受ける必要があります。なお、併設される施設の大部分が専ら特掲事業の施設の用に供されると認められる場合（概ね90％以上）には、事業認定を受けない場合であっても、この事業用地の買取りについては、収用等の課税の特例を適用して差し支えないとされています（国税庁　質疑応答事例　特掲事業の施設と特掲事業以外の施設が

第3章 社会福祉法人の税務

併設される場合)。

4. 源泉所得税

(1) 通勤手当

一定の要件を満たす通勤手当については、所得税が課税されません。

所得税が課税されない通勤手当
　＝　給与所得者がその通勤のために利用する電車・バス等の交通機関又は車・自転車等の交通用具に支出する費用に充てるものとして、通常の給与と区分して受け取る通勤手当のうち一定金額（＊1）までをいいます。

（＊1）所得税が課税されない通勤手当は、次の区分に従って、1ヶ月当たりの次の金額までとなります。（所法9Ⅰ⑤、所令20の2）

区　　分		非課税金額
① 交通機関又は有料道路を利用している人に支給する通勤手当		1ヶ月当たりの合理的な運賃等の額（最高限度150,000円）
② 自転車や自動車などの交通用具を使用している人に支給する通勤手当	通勤距離が片道55 km 以上である場合	31,600 円
	通勤距離が片道45 km 以上55 km 未満である場合	28,000 円
	通勤距離が片道35 km 以上45 km 未満である場合	24,400 円
	通勤距離が片道25 km 以上35 km 未満である場合	18,700 円
	通勤距離が片道15 km 以上25 km 未満である場合	12,900 円
	通勤距離が片道10 km 以上15 km 未満である場合	7,100 円
	通勤距離が片道2 km 以上10 km 未満である場合	4,200 円

	通勤距離が片道2km未満である場合	（全額課税）
③ 交通機関を利用している人に支給する通勤用定期乗車券		1ヶ月当たりの合理的な運賃等の額（最高限度 150,000 円）
④ 交通機関又は有料道路を利用するほか交通用具も使用している人に支給する通勤手当や通勤用定期乗車券		1ヶ月当たりの合理的な運賃等の額と②の金額との合計額（最高限度 150,000 円）

（平成28年1月1日以後に支払われるべき通勤手当について適用）

（留意事項）

i 「合理的な運賃等の額」とは、通勤のための運賃・時間・距離等の事情に照らして、最も経済的かつ合理的な経路及び方法で通勤した場合の通勤定期券などの金額をいいます。この「合理的な運賃等の額」には、新幹線を利用した場合の特急料金は含まれますが、グリーン料金は含まれません（所基通9-6の3）。

ii 通常の給与に含められて支給された通勤手当について、一定金額を非課税として取り扱うことはできません。

iii 通勤者に非課税限度までの通勤手当を支払っている法人が、通勤者の専用の駐車場・駐輪場の料金も法人が負担しているときは、その負担額は本人の給与として源泉徴収の対象となります。

iv 非課税の距離から通勤している者が本人の健康上の理由等により、徒歩で通勤している場合に通勤手当を支給したときも源泉徴収の対象となります。

(2) 宿日直料

宿日直 ＝ 一般的に休日や深夜に事業所の留守番をする業務をいいます。

本人の本来の職務に関連して行う超過勤務・休日勤務・深夜勤務とは概念を異にします。

> 宿日直料については、1回の宿日直について支給される金額のうち、4,000円までの金額については、所得税が課税されません（所基通28-1）。

　社会福祉法人の職員で、宿日直料に係る非課税の取扱いが認められる対象者は、一般に事務日直当番と称される看護師・介護職員・寮母以外の職員と考えられます。言い換えれば、交代制により看護職員等が夜間勤務を行った場合、その勤務は本来の職務であるため、仮に宿日直料という名目で支給したとしても所得税が課税されます。

（留意事項）
　i　宿直又は日直の勤務をすることにより支給される食事がある場合、4,000円からその食事の価額を控除した残額については、所得税が課税されません。
　ii　宿日直料に係る非課税の取扱いは、留守番業務について認められるものです。そのため、留守番業務以外の業務に対して宿日直料という名目で、給料等の支給を行ったとしても支給額全額に所得税が課税されます。
　iii　次のような場合に支給される宿日直料については、所得税が課税されます。
　　・　休日又は夜間の留守番だけを行うために雇用された者及びその場所に居住し、休日又は夜間の留守番をも含めた勤務を行うものとして雇用された者に当該留守番に相当する勤務について支給される宿日直料又は日直料
　　・　宿直又は日直の勤務をその者の通常の勤務時間内の勤務として行った者及びこれらの勤務をしたことにより代日休暇が与えられる者に支給される宿直料又は日直料
　　・　宿直又は日直の勤務をする者の通常の給与等の額に比例した金額又は当該給与等の額に比例した金額に近似するように当該給与等の額の階級

区分等に応じて定められた金額により支給される宿日直料（当該宿日直料が給与比例額とそれ以外の金額との合計額により支給されるものである場合には、給与比例額の部分に限る）（所基通28-1）

iv 同一人が宿直と日直を引き続いて行った場合（土曜日等通常の勤務時間が短い日の宿直で、宿直としての勤務時間が長いため、通常の日の宿直料よりも多額の宿直料が支給される場合が含む）には、通常の宿直又は日直に相当する勤務時間を経過するごとに宿直又は日直を1回のものとして、4,000円までの部分については、所得税は課税されません（所基通28-2）。

(3) 慰安旅行

法人が職員の慰安のために主催する旅行や忘年会は、その行事の目的、規模、負担額、参加人員等の内容によっては、職員の現物給与として所得税が課税される場合があります。

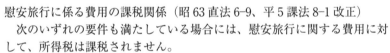

慰安旅行に係る費用の課税関係（昭63直法6-9、平5課法8-1改正）
　次のいずれの要件も満たしている場合には、慰安旅行に関する費用に対して、所得税は課税されません。
・当該旅行に要する期間が4泊5日（目的地が海外の場合には、目的地における滞在日数による）以内であること。
・当該旅行に参加する職員等の数が全職員等（施設、事業所等で行う場合には、当該施設、事業所等の職員等）の50％以上であること。

（留意事項）

i 法人が4泊5日の旅費を負担し、引き続き参加者負担で5泊日以上の旅行を行った場合や職員の50％以上の者が集まっても、法人の主催ではなく職員の主催で旅行を企画し、その旅行費用を法人が負担した場合には所得税が課税されます。

ii 旅行への不参加者に対して金銭を支給する場合には、不参加の理由によって課税対象者が異なるため注意が必要です。

- 法人の業務上の都合により不参加者にのみ支給する場合は、不参加者だけに支給した金銭に対して所得税が課税されます。
- 自己都合による不参加者に金銭を支給した場合は、不参加者だけでなく参加者も含め不参加者に支給した金銭に対して所得税が課税されます。

(4) 食事代

入所施設は給食設備の設置が義務付けられているため、職員の昼食等は施設内で用意され、提供されることが多いです。

食事代に係る課税関係（所基通36-38、38の2）
　以下のいずれの要件も満たす場合には、施設が提供した食事代に対して、所得税は課税されません。
- 職員が食事の価額の50％以上を負担し、法人の1ヶ月の負担する材料代又は食事購入の費用が1人当たり3,500円以下であれば非課税。
- 食事の価額は、施設内で調理した場合は、1食当たりの主食・副食・調味料等の材料費。外注あるいは購入した場合は、その1食当たりの委託・購入価格。

職員から食事の価額の50％以上を徴収し、法人が負担する金額が3,500円以下の場合には所得税は課税されません。

食事の価額（月額）	職員負担額	法人負担額	課税の有無	課税金額
6,000円	2,000円	4,000円	課　税	4,000円
6,000円	3,000円	3,000円	非課税	―
6,000円	4,000円	2,000円	非課税	―
7,000円	3,000円	4,000円	課　税	4,000円
7,000円	3,500円	3,500円	非課税	―
8,000円	3,000円	5,000円	課　税	5,000円
8,000円	4,000円	4,000円	課　税	4,000円
8,000円	5,000円	3,000円	非課税	―

食事の価額（月額）が、6,000円であっても職員負担額が2,000円の場合には所得税が課税されますが、食事の価額（月額）が8,000円であっても職員負担額が5,000円の場合には所得税が課税されません。

月の労働日数が22日、1食当たりの食事の価額が350円で、
a　職員から170円を徴収している場合
　　職員が食事の価額の50％以上を負担していないため、所得税が課税されます。
b　職員から180円を徴収している場合
　　職員は食事の価額の50％以上を負担していますが、法人負担額が(350－180)×22日＝3,740円で3,500円を超えているため、所得税が課税されます。
c　職員から200円を徴収している場合
　　職員は食事の価額の50％以上を負担していますが、法人負担額が(350－200)×22日＝3,300円で3,500円以下であるため、所得税は課税されません。

（留意事項）
　ⅰ　金銭で食事手当を支給した場合、その金額が1人当たり月額3,500円以内であったとしても、所得税が課税されます。
　ⅱ　深夜勤務者（午後10時から翌日午前5時までの間）に次の要件の全てを満たしているときには、金銭で食事手当を支給しても所得税は課税されません。
　　イ　深夜勤務に伴う夜食を現物で支給することが著しく困難
　　ロ　割増賃金やその他の手当と区分して、勤務1回ごとに定額で支給
　　ハ　1回の支給額が300円以下であること
　ⅲ　残業又は宿日直をした者（その者の通常の勤務時間外における勤務としてこれらの勤務を行った者に限る）に対し、これらの勤務をすることにより支給する食事については、所得税は課税されません。

(5) 看護宿舎・医師住宅・役員住宅

法人が職員に無償又は低額の賃貸料で住宅や寮等を貸与している場合、賃貸料相当額と実際に職員から徴収している賃貸料の額との差額に対して、所得税が課税されます（所令84の2、所基通36-41、36-45）。

職員への住宅や寮の貸与に係る課税関係（所基通36-47）
　次の算式で算出した金額の50％以上の金額を職員から社宅家賃等として徴収している場合には、所得税は課税されません。

$$\left(\text{その年度の家屋の固定資産税の課税標準額} \times 0.2\% + 12円 \times \frac{当該家屋の総床面積}{3.3 \text{m}^2} \right.$$

$$\left. + \text{その年度の敷地の固定資産税の課税標準額} \right) \times 0.22\%$$

（留意事項）
ⅰ　上記取扱いに関して、職員への貸与物件が法人所有か借上社宅か、社宅の規模の大小を問いません。
ⅱ　職員からの徴収額が上記算式で算出した金額の50％に満たないときは、算出した金額と実際に徴収している金額との差額に対して、所得税が課税されます。
ⅲ　職員名義で借りた物件の家賃の50％相当額を、法人が住宅手当として金銭で支給した場合には、当該支給金額全額に所得税が課税されます。
ⅳ　敷地だけを貸与した場合には、上記取扱いの適用はありません。

(6) 永年勤続表彰

永年勤続した職員等の表彰に当たり、その記念として旅行、観劇等に招待し、又は記念品（現物に代えて支給する金銭は含まない）を支給した場合には、次の要件のいずれにも該当する場合には、所得税は課税されません

(所基通36-21)。

i 支給額等が、当該職員等の勤続期間等に照らし、社会通念上相当と認められること。

ii 当該表彰が、概ね10年以上の勤続年数の者を対象とし、かつ、2回以上表彰を受ける者については、概ね5年以上の間隔をおいて行われるものであること。

(留意事項)

i 永年勤続表彰の記念品に代えて金銭で支給した場合には、例外なく、支給金額に対して所得税が課税されます。

ii 商品券のように比較的換金が容易なものについては、現金と同一視できるため、商品券の支給金額に対して所得税が課税されます。

iii 旅行等に招待した場合の法人負担の旅行費用については、所得税は課税されません。これに対し、旅行クーポン券を支給した場合には、実際に旅行の実施が確認されなければ所得税が課税されることがあります。これは、旅行クーポン券の換金が比較的容易であるため、旅行に行かずに換金してしまう場合があるためです。そのため、法人としては、旅行クーポン券支給後、一定期間内（概ね1年間）に実際に旅行が実施されたかどうか確認するため、旅行先、旅行日、旅行費用等を報告書として提出させることが望ましいと考えられます。

iv 永年勤続者表彰に当たり、表彰対象の従業員に一定金額の範囲内で自由に品物を選択させ、その希望の品物を購入の上、永年勤続者表彰記念品として支給している場合には、所得税が課税されます（国税庁HP「質疑応答事例　源泉所得税（給与所得）29　自由に選択できる永年勤続者表彰記念品」を参照してください）。

(7) 慶弔見舞金

慶弔見舞金
　＝結婚祝金、出産祝金、入学祝金、弔慰金、傷病見舞金、災害見舞金等

慶弔見舞金に関して、支払側の法人が一定の基準に従って支給する金品は、渉外費ではなく、福利厚生費に該当します。

職員又は役員が受ける慶弔見舞金は、その金額がその者の地位等から社会通念上相当と認められるものについては、所得税は課税されません。

実務上は慶弔見舞金規程を整備しておくことが望ましい。

（留意事項）

　ⅰ　職員が死亡退職した場合に、職員の遺族に支給される弔慰金に関しては、以下の金額の範囲内であれば、所得税、相続税ともに課税されません（相続税法3、相続税法基本通達3-18～20）（タックスアンサーNo. 4120）。

- 業務上の死亡であるとき
  職員の死亡当時の普通給与の3年分に相当する額
- 被相続人の死亡が業務上の死亡でないとき
  職員の死亡当時の普通給与の半年分に相当する額

（注）　普通給与とは、俸給、給料、賃金、扶養手当、勤務地手当、特殊勤務地手当などの合計額をいいます。

(8) 制服

施設では、看護師・介護士等の直接介護に係わる職員をはじめ、受付業務等に携わる職員も制服を着用していることが多いです。

> 職務の性質上、制服の着用を規程あるいは慣行等で義務付けている場合に支給される制服及び身回品の支給（無償貸与）に対しては、所得税は課税されません（所法9Ⅰ⑥、所令21②③、所基通9-8）。

* 制服とは、その制服を着用することによって特定の職業・職員・事業所名等が判別できるものであり、少なくとも、その事業所内ではその制服を着用していることによって、外部の者と区別できるものでなければなりません。

以上、制服の支給の課税・非課税の判断の基準は、一見して施設あるいは事業所の職員と判断できるか否かがポイントとなります。

(9) 学資金

> 使用人に、学資金として金銭を支給する場合があります。

> 支給した学資金が次の1及び2の要件を満たしていれば、所得税は課税されません（所法9Ⅰ⑮、所令29、所基通9-14～16）。
>
> 1 通常の給与に加算して支給する費用であること。
> 　所得税が課税されない学資金は、通常の給与に加算して支給されるものに限られます。そのため、本来支給すべき給与の額を減額した上で、それに相当する額を学資金として支給する場合は所得税が課税されます。
> 2 次の(1)から(2)のいずれにも該当しない費用であること
> 　(1) 役員の学資に充てるため支給する費用
> 　(2) 役員や使用人と特別の関係がある者（注）の学資に充てるため支給する費用

（注）「特別の関係がある者」とは、次に掲げる者をいいます。
　1　使用人（法人の役員を含みます。以下同様。）の親族
　2　使用人と婚姻の届出をしていないが事実上婚姻関係と同様の事情にある者及びその者の直系血族
　3　使用人の直系血族と婚姻の届出をしていないが事実上婚姻関係と同様の事情にある者

4 1から3に掲げる者以外の者で、使用人から受ける金銭その他の財産によって生計を維持している者及びその者の直系血族

5 1から4に掲げる者以外の者で、使用人の直系血族から受ける金銭その他の財産によって生計を維持している者

(10) その他

① 過去に遡及して残業手当を支払った場合

労働基準監督署の行政指導等により、残業手当を過去に遡って支給する場合があります。

過去に遡って支給された残業手当は、原則として、本来の残業手当が支払われるべきであった各支給日の属する年分の給与所得となります（国税庁HP「質疑応答事例　源泉所得税（給与所得）5　過去に遡及して残業手当を支払った場合」を参照してください）。

② 緊急業務のために出社する従業員に支給するタクシー代等

入所施設等においては、利用者が病気や事故等により夜間等に緊急で出勤する場合があります。

職員が緊急業務のために出勤した場合に、当該職員に出勤時のタクシー代を現金で支給した場合には、支給したタクシー代には所得税は課税されません（国税庁HP「質疑応答事例　源泉所得税（給与所得）　12　緊急業務のために出社する従業員に支給するタクシー代等」）。

5．事業税

社会福祉法人における事業税の課税関係については、法人税同様、収益事業

から生じた所得に対してのみ事業税が課税されます。なお、税率については、法人税率は軽減税率が適用されるのに対し、事業税率は一般法人と同一である点に留意が必要です。

6. 道府県民税・市町村民税

社会福祉法人における道府県民税及び市町村民税の課税関係については、以下のとおりです。

(1) 収益事業を行っていない社会福祉法人の場合
道府県民税・市町村民税のいずれも非課税となります（均等割、法人税割ともに）。
(2) 収益事業を行っている社会福祉法人の場合
（原則）均等割、法人税割ともに申告納税を行わなければなりません。
＊ 均等割；資本等の金額が1,000万円以下の法人と同額。
法人税割の税率；一般法人と同一の税率
（例外）収益事業から生じた所得金額の90％以上の金額を非収益事業に充てている場合（各事業年度の収益事業から生じた所得金額の90％以上の金額を非収益事業に繰り入れた場合（みなし寄附金））には、均等割、法人税割ともに非課税となります（地令7の4）。

7. 固定資産税

社会福祉法人が所有し、次の事業の用に供している固定資産については、固定資産税は課税されません（地法348 Ⅱ）。
なお、次の事業の用に供している固定資産を、無償で社会福祉法人が借り受けている場合には当該固定資産の所有者に対しても固定資産税が課税されません。しかし、有償で借り受けている場合には、当該固定資産が次の事業の用に

供されていたとしても、当該固定資産の所有者に固定資産税が課税されます（地法348Ⅱ）。

a　生活保護法第38条第1項に規定する保護施設
b　児童福祉法第6条の3第10項に規定する小規模保育事業
c　児童福祉法第7条第1項に規定する児童福祉施設
d　就学前の子どもに関する教育、保育等の総合的な提供の推進に関する法律第2条第6項に規定する認定こども園
e　老人福祉法第5条の3に規定する老人福祉施設
f　障害者の日常生活及び社会生活を総合的に支援するための法律第5条第11項に規定する障害者支援施設
g　aからf以外の社会福祉法第2条第1項に規定する社会福祉事業　　等

第4章　社会福祉法人に対する
　　　　　専門家による支援等

第4章では、社会福祉法人に対する専門家による支援業務の概要について解説します。

1. 専門家による支援業務には、「財務会計に関する内部統制の向上に対する支援」と「財務会計に関する事務処理体制の向上に対する支援」とがあります。
2. 本章では、「財務会計に関する事務処理体制の向上に対する支援」業務に係る「財務会計に関する事務処理体制に係る支援項目リスト」に示されている各確認事項について解説します。
(1) 専門家による支援を受けた場合に、行政監査の周期の延長、監査事項の省略又は簡素・効率化される場合があります。
(2) 社会福祉法人においては、予算管理が重要です。
(3) 社会福祉法人会計においては、事業区分、拠点区分、サービス区分に会計を区分します。
(4) 社会福祉法人が作成する計算書類は、貸借対照表、収支計算書（資金収支計算書、事業活動計算書）になります。
(5) 社会福祉法人の計算書類では、内部取引の相殺消去を行わなければなりません。
(6) 社会福祉法人特有の会計処理として、基本金、国庫補助金等特別積立金に関する会計処理があります。
(7) 社会福祉法人の会計においては、経理規程を理解することが重要です。

1．専門家による支援等の概要

「社会福祉法人の認可について」（平成12年12月1日障第890号・社援第2618号・老発第794号・児発第908号厚生省大臣官房障害保健福祉部長、社会・援護局長、老人保健福祉局長及び児童家庭運用上の取扱い、平成28年11月11日最終改正）別紙1「社会福祉法人審査基準」第3の6の(1)では、以下のように規定しています。

「会計監査を受けない法人においては、財務会計に関する内部統制の向上に対する支援又は財務会計に関する事務処理体制の向上に対する支援について、法人の事業規模や財務会計に係る事務態勢等に即して、公認会計士、監査法人、税理士又は税理士法人　……（中略）……　を活用することが望ましいこと。」

この点に関して、社会福祉法人に対して、公認会計士が行い得る業務について、日本公認会計士協会非営利法人委員会報告第32号では、以下の資料が示されています。

社会福祉法人に対して公認会計士が行い得る業務　　　参考資料

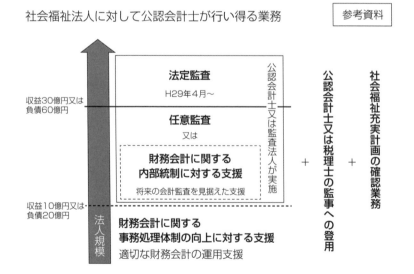

第4章 社会福祉法人に対する専門家による支援等

> 収益30億円又は負債60億円超える法人

　平成29年4月から、公認会計士又は監査法人による会計監査が義務化されました（法定監査）。

> 収益10億円又は負債20億円　～　収益30億円又は負債の法人

　将来的に公認会計士又は監査法人による会計監査の義務化が予定されているため、将来の会計監査を見据えた支援として、任意監査又は財務会計に関する内部統制に対する支援を、できるだけ早い段階に受けることが望ましい。

> 収益10億円又は負債20億円未満の法人

　適切な財務会計の運用支援として、財務会計に関する事務処理体制の向上に対する支援を受けることが望ましい。

　上述の審査基準の規定を受け、「会計監査及び専門家による支援等」（平成29年4月27日社援基発0427第1号厚生労働省社会・援護局福祉基盤課長通知）が公表されています。
　その内容は、以下のとおりです。

（1）会計監査
① 会計監査人による監査
　会計監査人による監査には、次のものがあります。
　　a 社会福祉法第37条の規定により、会計監査人設置義務を負う法人において行われる会計監査
　　b 社会福祉法第36条第2項の規定により、会計監査人設置義務を負わない法人において定款の定めにより会計監査人を設置して行われる会計監査

　会計監査人による監査を受けた場合には、以下の点に留意が必要です。

  a 会計監査人から「独立監査人の監査報告書」（法45の19第1項に規定する会計監査報告）の受領すること。
  b 会計監査人から「監査実施概要及び監査結果の説明書」（監査の実施概要や監査の過程で発見された内部統制の重要な不備等を記載した報告書）を受領すること。
  c 会計監査人の監事への不正の行為等に関する報告及び会計監査人の特定監事への通知が適切に行われること。
 ＊ 独立監査人の監査報告書並びに監査実施概要及び監査結果の説明書の作成の具体的方法及び留意事項等については、「社会福祉法人の計算書類に関する監査上の取扱い及び監査報告書の文例」（平成29年4月27日日本公認会計士協会非営利法人委員会実務指針第40号）によることになります。

②　会計監査人による監査に準ずる監査

　会計監査人による監査に準ずる監査とは、会計監査人非設置法人において、社会福祉法第45条の19の規定により法人と公認会計士若しくは監査法人との間で締結する契約に基づき行われる監査であって、会計監査人による監査と同じ計算関係書類及び財産目録を監査対象とする監査をいいます。

　会計監査人による監査に準ずる監査を受けた場合には、以下の点に留意が必要です。
  a 公認会計士又は監査法人から「独立監査人の監査報告書」並びに「監査実施概要及び監査結果の説明書」（監査の実施概要や監査の過程で発見された内部統制の重要な不備等を記載した報告書）を受領すること。
  b 公認会計士又は監査法人による監事への報告及び通知が適切に行われること。

実務指針第40号第31項 【「監査実施概要及び監査結果の説明書」の記載事項】

例えば、以下の事項を記載することが考えられる。
(1) 理事者と監査人の責任
(2) 監査の概要
　① 監査の方法の概要
　② 監査チームの体制
　③ 監査時間
　④ コミュニケーションの概要　等
(3) 監査の結果
　① 監査意見
　② 追記情報に関する事項
　③ 会計方針並びに会計処理に関する事項（監査の過程で識別した虚偽表示）
　④ 内部統制に関する事項
　　(i) 重要な不備
　　(ii) その他の改善事項
　⑤ 重要な不正及び違法行為に関する事項　等
(4) 品質管理体制
(5) その他の報告事項

(2) 専門家による支援

① 財務会計に関する内部統制の向上に対する支援

　公認会計士又は監査法人が、内部統制の整備又は運用に関して助言、指導を行うことで、適正な法人運営を実現します。

財務会計に関する内部統制の向上に対する支援を受けた場合には、公認会計士又は監査法人より、「財務会計に関する内部統制の向上に対する支援業務実施報告書」（別添1）に記載された支援項目等に関連して発見された課題及びその課題に対する改善の提案の報告受けることが必要です。

* 「会計監査人非設置の社会福祉法人における財務会計に関する内部統制の向上に対する支援業務」（平成29年4月27日日本公認会計士協会非営利法人委員会研究報告第32号）が参考となります。

② 財務会計に関する事務処理体制の向上に対する支援
専門家（公認会計士、監査法人、税理士又は税理士法人）が、会計管理のやり方、手続等に関して助言、指導を行うことで、適正な財務報告等のための事務処理体制を構築します。

財務会計に関する事務処理体制の向上に対する支援を受けた場合には、専門家（公認会計士、監査法人、税理士又は税理士法人）より、「財務会計に関する事務処理体制の向上に対する支援業務実施報告書」（別添2）に記載された支援項目の確認及びその事項についての所見を受けることが必要です。

2. 専門家による支援と指導監査

(1) 社会福祉法人に対する指導監査
① 指導監査の類型
社会福祉法人に対する指導監査の類型には、一般監査と特別監査があります。

a 一般監査
　i 一般監査は、一定の周期で実施されます。
　ii 実施に当たっては、年度当初に指導監査の方針、指導監査の対象とする

法人及び指導監査の実施の時期等を内容とした指導監査の実施に関する計画を策定した上で、「指導監査ガイドライン」に基づき実施されます。

b　特別監査
　ⅰ　特別監査は、運営等に重大な問題を有する法人を対象として、随時実施されます。
　ⅱ　実施に当たっては、「指導監査ガイドライン」に基づいて行うほか、当該問題の原因を把握するため、必要に応じて詳細な確認が行われます。

② 指導監査の周期
　以下の事項を満たす法人に対する一般監査の実施の周期については、3ヶ年に1回とされています（指導監査実施要綱3(1)）。
　ア　法人の運営について、法令及び通知等（法人に係るものに限る。）に照らし、特に大きな問題が認められないこと。
　イ　法人が経営する施設及び法人の行う事業について、施設基準、運営費並びに報酬の請求等に関する大きな問題が特に認められないこと。

　なお、所轄庁が行う社会福祉法に基づき行う一般監査は、次のように区分できます。

	法人監査	施設監査
法的根拠	社会福祉法第56条第1項	社会福祉法第70条
事務内容	地方自治法上の第1号法定受託事務	自治事務
監査目的	「社会福祉法人指導監査実施要綱の制定について　別添「社会福祉法人監査実施要綱」」（平成29年4月27日付け雇児発0427第7号・社援発0427第1号・老発0427第1号厚生労働省雇用均等・児童家庭局長、社会・援護局長、老健局長連名通知）	「介護保険施設等実地指導マニュアル」（平成22年3月31日改訂版厚生労働省老健局総務課介護保険指導室介護保険最新情報Vol. 145）

＊　法人に対する一般監査と施設又は事業（以下「施設等」という。）に対する監査（以下「施設監査」という。）との実施の周期が異なる場合において、これらの監査

を併せて実施することが所轄庁及び法人にとって効率的かつ効果的であると認められること等特別の事情のあるときは、所轄庁の判断により、監査の実施の周期を3ヶ年に1回を超えない範囲で設定することができるとされています（指導監査実施要綱3(1)）。

(2) 一般監査の周期延長、監査事項の省略又は簡素・効率化

上述1の専門家による支援等を受けた場合、指導監査実施要綱によれば、所轄庁による指導監査（上記(1)②の「法人監査」のみが対象と考えられます）について周期延長、監査事項の省略又は簡素・効率化されることが規定されています。

その概要を整理すると下表のとおりです。

法人類型	指導監査		
	周期の延長	監査事項	
		Ⅲ　管理 3　会計管理	Ⅰ　組織運営
《会計監査人設置義務法人》			
①　会計監査人設置義務法人	5年に1回	省略	簡素・効率化
《会計監査人設置義務のない法人における専門家活用のイメージ》			
②-1　会計監査人による監査（定款規定）	5年に1回	省略	簡素・効率化
②-2　公認会計士又は監査法人による社会福祉法に準じた監査（定款規定しない）	5年に1回	省略	簡素・効率化
③　財務会計に関する内部統制の向上支援	4年に1回	省略	簡素・効率化
④　財務会計に関する事務処理体制の向上支援	4年に1回	省略	―

＊　上表の「監査事項」の「Ⅲ管理　3　会計管理」及び「Ⅰ　組織運営」は、上記局長通知別添「社会福祉法人指導監査実施要綱」別紙「指導監査ガイドライン」を示しています。

所轄庁の監査に関して、周期の延長や項目の省略、簡素・効率化が行われる

のは、各所轄庁が国から法定受託事務として受けている「法人監査」に関する内容に限られ、地方公共団体の自治事務とされている「施設監査」については周期の延長等を行うか否かに関しては、各地方公共団体の判断に委ねられます。

また、法人監査の周期の延長等に関する所轄庁の判断は、以下の判断基準に基づき行われます。

法人類型	所轄庁による周期の延長等ができる場合
① 会計監査人設置義務法人	ⅰ 周期の延長及び指導監査ガイドラインⅢ「管理」3「会計管理」の省略 公認会計士又は監査法人（会計監査人含む）による監査報告に「無限定適正意見」又は「除外事項を付した限定付適正意見」（除外事項について改善されたことが確認できる場合に限る。）が記載されている場合 ⅱ 指導監査ガイドラインⅠ「組織運営」の簡素効率化 「監査実施概要及び監査結果」の説明書を活用できる場合
②-1 会計監査人による監査（定款規定）	
②-2 公認会計士又は監査法人による社会福祉法に準じた監査（定款規定しない）	
③ 財務会計に関する内部統制の向上支援	ⅰ 周期の延長及び指導監査ガイドラインⅢ「管理」3「会計管理」の省略 「財務会計に関する内部統制の向上に対する支援業務実施報告書」が提出され、会計処理に関する事務処理の適正性が確保されていると判断される場合 ⅱ 指導監査ガイドラインⅠ「組織運営」の簡素効率化 「財務会計に関する内部統制の向上に対する支援業務実施報告書」を活用できる場合
④ 財務会計に関する事務処理体制の向上支援	ⅰ 周期の延長及び指導監査ガイドラインⅢ「管理」3「会計管理」の省略 「財務会計に関する事務処理体制の向上に対する支援業務実施報告書」が提出され、会計処理に関する事務処理の適正性が確保されていると判断される場合

3.「財務会計に関する事務処理体制に係る支援項目リスト」

以下では、「会計監査及び専門家による支援等」（平成29年4月27日社援基

発0427第1号厚生労働省社会・援護局福祉基盤課長通知）別添2　財務会計に関する事務処理体制の向上に対する支援業務実施報告書の「財務会計に関する事務処理体制に係る支援項目リスト」に示されている各確認事項について詳説します。

（1）予算

> 収支予算は、毎会計年度開始前に理事長が作成し、定款の定めに従い適切な承認を受けているか。

①　社会福祉法人において予算管理が重視される理由

運用上の留意事項2(1)

「法人は、事業計画をもとに資金収支予算書を作成するものとし、資金収支予算書は各拠点区分ごとに収入支出予算を編成することとする。」

……　社会福祉法人において予算管理が必要な旨が明記されています。

以前の社会福祉法人は、事業に必要な資金を措置費（公費）により賄っていました。

措置費　＝　行政との間の措置支弁契約に基づき社会福祉法人が利用者を受け入れた場合に、その利用者の処遇等に関する費用として、行政から支払われるもの。

措置費　＝　公費であるためその目的に従って使用することが求められ、原則として措置費に余剰金が生じれば、行政に返還しなければなりません。

措置費で事業を行っている社会福祉法人においては、事業の運営に必要な資

金は行政より措置費として支給され、措置費の範囲内で事業を行うことが求められます。

社会福祉法人は、事業活動の結果として多額の収支差額を発生させる必要はなく、支給された措置費を事業活動に消費（使用）していくという消費経済体としての性質を有しています。

消費経済体に対する財務管理のポイントは、あらかじめ定められた予算の範囲内での事業活動の実施を徹底することで、事業活動をコントロールすることにあります。

措置費で事業を行っていた社会福祉法人の特徴の1つとして予算準拠主義が挙げられます。

社会福祉法人が行う事業の多くが、措置費等事業から移行された現状においても、社会福祉法人における財務管理上、予算管理は重要なことであると考えられています。

② 予算の決定権限

定款例第31条（事業計画及び収支予算）

「この法人の事業計画書及び収支予算書については、毎会計年度開始の日の前日までに、理事長が作成し、〈例1：理事会の承認、例2：理事会の決議を経て、評議員会の承認〉を受けなければならない。これを変更する場合も、同様とする。」

収支予算の決定権限を理事会とするか、評議員会とするかは法人の任意とされています。なお、租税特別措置法第40条第1項の適用を受けている法人又は受けようとする法人においては、収支予算の決定権限は評議員会でなければな

らないことに留意が必要です。

③ 予算管理の単位

予算管理の単位 ＝ 原則は、拠点区分。

ただし、法人の任意でサービス区分とすることも可能です。

（運用上の取り扱い　2）

モデル経理規程第15条第2項では「予算は拠点区分ごとに編成し、…」と規定しており、各法人が採用する予算管理の単位は、経理規程において明確にする必要があります。

予算執行中に、予算に変更事由が生じた場合、理事長は補正予算を作成し、定款の定めに従い適切な承認を受けているか。

---

① 予算の流用

予算の流用 ＝ 勘定科目ごとに設定されている予算金額を超えて支出を行おうとする場合に、他の勘定科目の予算金額から当該支出金額を充当することで支出予定の勘定科目の予算金額を増加させること。

モデル経理規程第18条

「予算管理責任者は、予算の執行上必要があると認めた場合には、理事長の承認を得て、拠点区分内における中区分の勘定科目相互間において予算を流用することができる。」

予算の流用に際しては、あらかじめ理事長の承認を得て行わなければなりませんが、理事長の承認の過程等を明確にするため、書面によって明確にしてお

くことが望ましい。

　予算の流用ができるのは中区分勘定科目相互間とされています。これは、予算の流用を無制限に認めてしまえば、予算統制の意義が損なわれてしまうことへの対処と考えられます。なお、予算管理の単位をサービス区分としている場合には、サービス区分における中区分の勘定科目相互間において予算の流用を行うことになります。

② 予算の補正

　モデル経理規程第21条

　「予算執行中に、予算に変更事由が生じた場合には、理事長は補正予算を作成して理事会に提出し、その承認を得なければならない。」

　（予算の決定権限を評議員会としている場合には評議員会に提出し承認を得なければなりません。）

　予算の流用を行っても予算金額に不足が生ずる場合には予算の補正を行わなければなりません。

　運用上の留意事項2(2)

　「なお、年度途中で予算との乖離等が見込まれる場合は、必要な収入及び支出について補正予算を編成するものとする。ただし、乖離額等が法人の運営に支障がなく、軽微な範囲にとどまる場合は、この限りではない。」

　実務上は、経理規程細則等で「軽微な範囲」を明確にしておくことが望ましい。

(2) 経理体制

> 経理規程が制定されているか。

① 経理規程の制定

運用上の留意事項1(4)

「法人は、上記事項を考慮し、会計基準省令に基づく適正な会計処理のために必要な事項について経理規程を定めるものとする。」

…… 社会福祉法人において経理規程を整備しなければならないことが明記されています。

経理担当者の責任は、経理規程に基づき実際の事務手続を行っていくことです。

経理規程に従った事務手続を行っていなければ、行政監査等の際に指導を受けることになります。

経理担当者にとっては、各法人の経理規程の内容を十分理解し、その内容に基づいた事務手続を行っていくことが責務となります。

* 実務上、具体的な経理規程の作成に関しては、全国社会福祉法人経営者協議会から公表されている「社会福祉法人モデル経理規程」が参考になります。

> 統括会計責任者や会計責任者が置かれ、それらの者とは別の現金管理責任者(出納職員)が置かれているか。

① 統括会計責任者、会計責任者、出納職員の配置

モデル経理規程では、統括会計責任者等について第8条で規定しています。その概要は以下のとおりです。

【小規模法人】

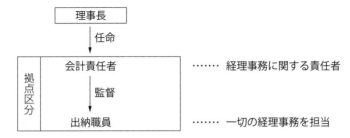

【小規模法人以外】

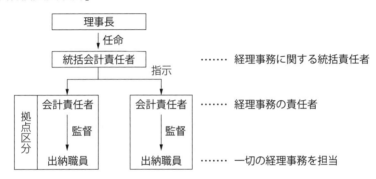

統括会計責任者、会計責任者、出納職員は、理事長が任命することとされているため、任命した事実を明確にするため、辞令等の交付を行い、控えを法人側が保管しておくことが望ましい。

> 定款、法人が行っている事業の実態、法令等の事業種別等に基づき事業区分、拠点区分、サービス区分は適切に設定されているか。

① 事業区分（会計基準省令第7条第2項、運用上の留意事項4(3)）

事業区分 ＝ 社会福祉法の規定に基づく社会福祉事業、公益事業、収益事業の事業ごとの区分

事業区分とは、社会福祉法第2条第1項に規定する社会福祉事業又は社会福祉法第26条第1項に規定する公益事業若しくは収益事業の区分をいいます。具体的には、定款の規定に基づき事業区分を決定します。
　また、各拠点区分について、その実施する事業が社会福祉事業、公益事業及び収益事業のいずれかにより、属する事業区分を決定します。

② 　拠点区分（会計基準省令第7条第2項、運用上の取扱い2、運用上の留意事項4）

拠点区分 =	一体として運営される施設、事業所又は事務所
	法令上の事業種別、事業内容及び実施する事業の会計処理の実態を勘案
	原則として、予算管理の単位
	公益事業又は収益事業を実施している場合、これらは別の拠点区分

　一体として運営される施設、事業所又は事務所
　事業拠点としての一体性があれば、同一拠点区分となります。

　法令上の事業種別、事業内容及び実施する事業の会計処理の実態を勘案
　拠点区分の設定に際して、法令上の事業種別を勘案しなければならないことは、資金の使途制限と大きく関係しています。すなわち、社会福祉法人が受け取る資金については、厳格な使途制限が行われており、法令上の事業種別が異なると使途制限に関する取扱いも異なります。会計基準省令等では、同一の拠点区分で処理できる事業は、法令上の事業種別が同一であることを規定していますが、これは同一の拠点区分で処理する事業については使途制限が行われていないことを前提にしています。
　具体的には、「特別養護老人ホームにおける繰越金等の取扱い等について」

（平成 12 年 3 月 10 日　老発第 188 号厚生省老人保健福祉局長、老発 0630 第 1 号　平成 26 年 6 月 30 日　最終改正）では、特別養護老人ホームから他の介護保険サービス等の事業への資金の繰入れは、資金収支計算書上の「当期末支払資金残高」に資金不足が生じない範囲において認められています。「当期末支払資金残高」に資金不足が生じない範囲とは、「当期末支払資金残高」がマイナスとならない限りは、介護保険サービス間での資金移動が認められている、すなわち、介護保険サービス間では資金の使途制限が行われていないことを意味しています。

原則として、予算管理の単位

　運用上の取扱いでは、原則として予算管理の単位は拠点区分であることを規定していますが、経理規程の定めによりサービス区分を予算管理の単位とすることも可能です。

公益事業又は収益事業を実施している場合、これらは別の拠点区分

　公益事業、収益事業については、原則として社会福祉事業区分に属する拠点区分で処理することができず、公益事業又は収益事業に係る事業区分に属する拠点区分として処理します。

　ただし、社会福祉事業と一体的に実施されている公益事業については、社会福祉事業区分に属する当該拠点区分に含めることができます。例えば、特別養護老人ホーム（社会福祉事業）において施設サービスと一体的に行われている居宅介護支援事業（公益事業）については、当該特別養護老人ホーム（社会福祉事業区分）の拠点区分に属するサービス区分として処理することができます。

【拠点区分の具体的な設定方法】
a　施設の取扱い

(ア)　生活保護法第 38 条第 1 項に定める保護施設

(ｲ) 身体障害者福祉法第5条第1項に定める社会参加支援施設
(ｳ) 老人福祉法第20条の4に定める養護老人ホーム
(ｴ) 老人福祉法第20条の5に定める特別養護老人ホーム
(ｵ) 老人福祉法第20条の6に定める軽費老人ホーム
(ｶ) 老人福祉法第29条第1項に定める有料老人ホーム
(ｷ) 売春防止法第36条に定める婦人保護施設
(ｸ) 児童福祉法第7条第1項に定める児童福祉施設
(ｹ) 母子及び父子並びに寡婦福祉法第39条第1項に定める母子、父子福祉施設
(ｺ) 障害者自立支援法第5条第12項に定める障害者支援施設
(ｻ) 介護保険法第8条第25項に定める介護老人保健施設
(ｼ) 医療法第1条の5に定める病院及び診療所（入所施設に附属する医務室を除く）

(ｱ)～(ｼ)までの施設については、それぞれ独立した拠点区分
同一種類の施設を複数経営する場合は、それぞれの施設ごとに独立した拠点区分

例えば、以下のように2つの事業を1つの建物内で行っていたとします。

4階	ケアハウス
3階	ケアハウス
2階	特別養護老人ホーム
1階	特別養護老人ホーム

建物が1つであれば事業拠点としての一体性があるため、全てを同一の拠点区分で処理できると考えられます。

 しかし

特別養護老人ホーム ＝ 老人福祉法第20条の5に規定する施設でその財源は介護報酬

軽費老人ホームであるケアハウス ＝ 老人福祉法第20条の6に規定する施設でその財源は運営費

特別養護老人ホームとケアハウスでは、法令上の事業種別が異なるため、同一の拠点区分で処理することができず、別の拠点区分で処理することになります。

b 事業所又は事務所の取扱い

> a ⑺〜㋛まで以外の社会福祉事業及び公益事業

事業所又は事務所を単位に独立した拠点区分とします。
なお、同一の事業所又は事務所において複数の事業を行う場合は、同一の拠点区分として会計処理することができます。

c 障害福祉サービスにおける拠点区分の設定

「障害者の日常生活及び社会生活を総合的に支援するための法律に基づく指定障害福祉サービスの事業等の人員、設備及び運営に関する基準」（平成18年9月29日厚生労働省令第171号）等に規定する
- 1つの指定障害福祉サービス事業所
- 多機能型事業所
- 指定障害者支援施設等

同一拠点区分として会計処理することができます。

上記以外の場合であっても、会計が一元的に管理されている複数の事業所又は施設においては、同一拠点区分とすることができます。

d 施設建設時の拠点区分

新たに施設を建設する場合、拠点区分を設けるか否かは法人の任意となります。

なお、施設建設時に独立した拠点区分を設けない場合、施設建設に係る取引は法人本部の拠点区分又はサービス区分で処理されることが多いです。

③ サービス区分（会計基準省令第10条、運用上の取扱い3、運用上の留意事項5）

| サービス区分 | ＝ | 拠点区分で実施している複数の事業について、法令等の要請により会計を区分して把握しなければならない場合の事業ごとの区分 |

法令等の要請

会計を区分して把握することを規定している法令等としては、以下のものがあります。

- 指定居宅サービスの事業の人員、設備及び運営に関する基準その他介護保険事業の運営に関する基準
- 障害者の日常生活及び社会生活を総合的に支援するための法律に基づく指定障害福祉サービスの事業等の人員、設備及び運営に関する基準
- 子ども・子育て支援法に基づく特定教育・保育施設及び特定地域型保育事業の運営に関する基準

また、その他の事業については、法人の定款に定める事業ごとに区分します。

(参考)
・「指定介護老人福祉施設の人員、設備及び運営に関する基準」（平成11年3月31日厚生省令第39号）
「(会計の区分)
第36条 指定介護老人福祉施設は、指定介護福祉施設サービスの事

業の会計をその他の事業の会計と区分しなければならない。」

・「障害者の日常生活及び社会生活を総合的に支援するための法律に基づく指定障害者支援施設等の人員、設備及び運営に関する基準」(平成18年9月29日厚生労働省令第172号)
「(会計の区分)
　第55条　指定障害者支援施設等は、実施する施設障害福祉サービスの種類ごとに経理を区分するとともに、指定障害者支援施設等の事業の会計をその他の事業の会計と区分しなければならない。」

・「特定教育・保育施設及び特定地域型保育事業の運営に関する基準」(平成26年4月30日内閣府令第39号)
「(会計の区分)
　第33条　特定教育・保育施設は、特定教育・保育の事業の会計をその他の事業の会計と区分しなければならない。」

【サービス区分の具体的な設定方法】
a　原則的な方法

　介護保険サービス
　障害福祉サービス
　特定教育・保育施設及び特定地域型保育事業サービス

当該事業の会計とその他の事業の会計を区分すべきことが定められている事業ごとにサービス区分を設定します。

b 簡便的な方法（介護保険関係）

| 介護サービスと一体的に行われている介護予防サービスなど（＊1） |

| 両者のコストをその発生の態様から区分することが困難である場合 |

 勘定科目として介護予防サービスなどの収入額のみを把握できれば（＊2）

| 同一のサービス区分とすることができます。 |

(＊1)
- 指定訪問介護と第1号訪問事業
- 指定通所介護と第1号通所事業
- 指定地域密着型通所介護と第1号通所事業
- 指定介護予防支援と第1号介護予防ケアマネジメント事業
- 指定認知症対応型通所介護と指定介護予防認知症対応型通所介護
- 指定短期入所生活介護と指定介護予防短期入所生活介護
- 指定小規模多機能型居宅介護と指定介護予防小規模多機能型居宅介護
- 指定認知症対応型共同生活介護と指定介護予防認知症対応型共同生活介護
- 指定訪問入浴介護と指定介護予防訪問入浴介護
- 指定特定施設入居者生活介護と指定介護予防特定施設入居者生活介護
- 福祉用具貸与と介護予防福祉用具貸与
- 福祉用具販売と介護予防福祉用具販売
- 指定介護老人福祉施設といわゆる空きベッド活用方式により当該施設で実施する指定短期入所生活介護事業
    * 指定短期入所生活介護事業であっても、単独方式、併設方式でサービスを提供している場合は、指定介護老人福祉施設と同一のサービス区分とすることはできません。

(＊2）訪問介護事業の場合のサービスごとの勘定科目例

	指定訪問介護	第1号訪問事業
大区分	介護保険事業収益	介護保険事業収益
中区分	居宅介護料収益	介護予防・日常生活支援総合事業収益
小区分	介護報酬収益	事業費収益

c　簡便的な方法（保育関係）

子ども・子育て支援法（平成24年法律第65号）
第27条第1項に規定する特定教育・保育施設
第29条第1項に規定する特定地域型保育事業
（以下「保育所等」という。）

を

経営する事業

と

保育所等で実施される地域子ども・子育て支援事業

同一のサービス区分とすることができます。

＊　保育所等で実施される地域子ども・子育て支援事業、その他特定の補助金等により行われる事業については、当該補助金等の適正な執行を確保する観点から、同一のサービス区分とした場合においても合理的な基準に基づいて各事業費の按分を行うことになります。一度適用した按分基準は、原則として継続して使用しなければなりません。
　　また、各事業費の算出に当たっての基準、内訳は、所轄庁や補助を行う自治体の求めに応じて提出できるよう書類により整理しておく必要があります。

勘定科目は、「社会福祉法人会計基準の制定に伴う会計処理等に関する運用上の留意事項について」　別添3に準拠しているか。

① 勘定科目

資金収支計算書に記載する勘定科目	=	会計基準省令　別表第一（第18条）
事業活動計算書に記載する勘定科目	=	会計基準省令　別表第二（第24条）
貸借対照表に記載する勘定科目	=	会計基準省令　別表第三（第28条）

個々の勘定科目ごとの説明　=　「社会福祉法人会計基準の制定に伴う会計処理等に関する運用上の留意事項について」別添3「勘定科目説明」

勘定科目の設定に関しては、以下の点に留意が必要です（運用上の留意事項25(1)）。

 a　大区分の勘定科目に関して、必要のないものは省略することができますが、追加、修正はすることができません。

 b　中区分についてはやむを得ない場合、小区分については適当な勘定科目を追加できます。

 c　「水道光熱費（支出）」、「燃料費（支出）」、「賃借料（支出）」、「保険料（支出）」については原則、事業費（支出）のみに計上できます。ただし、措置費、保育所運営費の弾力運用が認められないケース（*1）では、事業費（支出）、事務費（支出）双方に計上します。

（*1）　人件費、事業費、事務費間での流用ができるという弾力運用が認められないケースが前提です。

(3) 会計帳簿

> 正規の簿記の原則に従って適時に正確な会計帳簿を作成しているか。

① 正規の簿記の原則

　社会福祉法第45条の24第1項

「社会福祉法人は、厚生労働省令で定めるところにより、適時に、正確な会計帳簿を作成しなければならない。」

「厚生労働省令」　＝　会計基準省令

　社会福祉法人は、会計基準省令に基づき適時に、正確な会計帳簿を作成しなければなりません。

　会計基準省令第2条第2号

「計算書類は、正規の簿記の原則に従って正しく記帳された会計帳簿に基づいて作成すること。」

　正規の簿記の原則　＝　計算書類の作成の基礎となる正確な会計帳簿の作成を
　　　　　　　　　　　要請し、計算書類は正確な会計帳簿により誘導的に作
　　　　　　　　　　　成されることを規定した一般原則

　正確な会計帳簿　＝　歴史的な記録、組織的な記録としての性質を有しています。

　歴史的な記録……全ての会計事象に対して信頼し得る客観的な証拠の存在
　組織的な記録……計算書類作成に必要な帳簿の作成

② 会計帳簿の作成

　会計帳簿は、書面又は電磁的記録をもって作成しなければなりません（会計基準省令3Ⅱ）。

③ 会計帳簿等の保存

　会計帳簿及びその事業に関する重要な資料は、会計帳簿の閉鎖の時から10年間保存しなければなりません（法45の24Ⅱ）。

　計算書類及びその附属明細書は、計算書類を作成した時から10年間保存しなければなりません（法45の27Ⅳ）。

モデル経理規程　第14条（会計帳簿の保存期間）
「1　会計に関する書類の保存期間は次のとおりとする。 　(1)　第4条第2項に規定する計算関係書類　　　　　10年 　(2)　第4条第2項に規定する財産目録　　　　　　　5年 　(3)　第12条第1項(1)、(2)及び(3)に規定する主要簿、 　　　補助簿及びその他の帳簿　　　　　　　　　　10年 　(4)　証憑書類　　　　　　　　　　　　　　　　　10年 2　前項の保存期間は、会計帳簿を閉鎖した時から起算するものとする。」

計算書類に係る各勘定科目の金額は、主要簿（総勘定元帳等）と一致しているか。

計算書類に係る各勘定科目の金額は、補助簿（現金出納帳、棚卸資産受払台帳、有価証券台帳等）と一致しているか。

経理規程に定められた会計帳簿（仕訳日記帳、総勘定元帳、補助簿及びその他の帳簿）は拠点区分ごとに作成され、備え置かれているか。

① 主要簿

> 運用上の留意事項2(3)
>
> 「会計帳簿は、原則として、各拠点区分ごとに仕訳日記帳及び総勘定元帳を作成し、備え置くものとする。」

> モデル経理規程第12条（会計帳簿）
>
> 「会計帳簿は、次のとおりとする。
>   (1) 主要簿
>   ア　仕訳日記帳
>   イ　総勘定元帳
>   (2) 補助簿
>   ア　〇〇〇
>   イ　〇〇〇　　　　　　　　」

補助簿については、各法人が資産・負債・純資産、収入・支出及び収益・費用の管理並びに計算書類、附属明細書上の開示に留意して、法人が必要に応じて、主要簿の他に設けることとされています。

> 基本財産（有形固定資産）及びその他の固定資産（有形固定資産、無形固定資産）の金額は、固定資産管理台帳と一致しているか。

① 固定資産管理台帳

> 運用上の留意事項27
>
> 「基本財産（有形固定資産）及びその他の固定資産（有形固定資産及び無形固定資産）は個々の資産の管理を行うため、固定資産管理台帳を作成するものとする。」

現行の会計基準省令等では、固定資産管理台帳様式等は公表されていません。

そのため、各法人は任意の様式として固定資産管理台帳を作成しなければなりませんが、具体的な様式については、12年基準における次の様式が参考になります。

次の様式に基づく具体的な確認内容（固定資産の減価償却累計額の貸借対照表の表示形式として直接法を採用していることを前提とします。）

a　貸借対照表の「前年度末」の金額が固定資産管理台帳の「期首帳簿価額(A)」の金額と一致しているか。

b　貸借対照表の「当年度末」の金額が固定資産管理台帳の「期末帳簿価額(D)」の金額と一致しているか。

固定資産管理台帳

（自）平成　年　月　日　（至）平成　年　月　日

社会福祉法人名
拠点区分

(4) 計算書類等

> 法人が作成している計算書類は、経理規程と一致しているか。

> 計算書類が様式に従って作成されているか。

① 計算書類等の体系

法第45条の27第2項

「社会福祉法人は、毎会計年度終了後3月以内に、厚生労働省令で定めるところにより、各会計年度に係る計算書類（貸借対照表及び収支計算書をいう。以下この款において同じ。）及び事業報告並びにこれらの附属明細書を作成しなければならない。」

　　……　社会福祉法では社会福祉法人が作成する計算書類は、貸借対照表及び収支計算書と規定しています。

会計基準省令第1条

「社会福祉法人は、この省令で定めるところに従い、会計処理を行い、会計帳簿、計算書類（貸借対照表及び収支計算書をいう。以下同じ。）、その附属明細書及び財産目録を作成しなければならない。」

　　……　法第45条の27第2項の規定に基づき、会計基準省令第1条では、計算書類とは、貸借対照表、収支計算書であることを規定します。

会計基準省令第7条の2第1項

「法第45条の27第2項の規定により作成すべき各会計年度に係る計算書類は、当該会計年度に係る会計帳簿に基づき作成される次に掲げるものとする。
　一　各会計年度に係る次に掲げる貸借対照表
　　　イ　法人単位貸借対照表　　　ロ　貸借対照表内訳表

　　　　ハ　事業区分貸借対照表内訳表　　ニ　拠点区分貸借対照表
　　ニ　各会計年度に係る次に掲げる収支計算書
　　　　イ　次に掲げる資金収支計算書
　　　　　(1)　法人単位資金収支計算書　(2)　資金収支内訳表
　　　　　(3)　事業区分資金収支内訳表　(4)　拠点区分資金収支計算書
　　　　ロ　次に掲げる事業活動計算書
　　　　　(1)　法人単位事業活動計算書　(2)　事業活動内訳表
　　　　　(3)　事業区分事業活動内訳表　(4)　拠点区分事業活動計算書」

……　社会福祉法第45条の27第2項、会計基準省令第1条の規定において、社会福祉法人が作成する計算書類は貸借対照表及び収支計算書と定義していることに基づき、会計基準省令第7条の2第1項では、第1号で貸借対照表、第2号で収支計算書と区分した上で、第2号の収支計算書を資金収支計算書、事業活動計算書に区分しています。

　　　第1号　⇒　貸借対照表の各4類型を規定

　　　第2号　⇒　収支計算書を規定
　　　　　　　⇒　イ　資金収支計算書の各4類型
　　　　　　　　　ロ　事業活動計算書の各4類型

　会計基準省令等で作成が要求されている計算書類等の体系を整理すると下表のとおりです。

			貸借対照表（第3号）	収支計算書		備考
				資金収支計算書（第1号）	事業活動計算書（第2号）	
計算関係書類	計算書類	第1様式	法人単位貸借対照表	法人単位資金収支計算書	法人単位事業活動計算書	社会福祉法人全体の状況を示す
		第2様式	貸借対照表内訳表	資金収支内訳表	事業活動内訳表	事業区分ごとの内訳金額を示す
		第3様式	事業区分貸借対照表内訳表	事業区分資金収支内訳表	事業区分事業活動内訳表	事業区分ごとに、事業区分に属する拠点区分ごとの内訳金額を示す
		第4様式	拠点区分貸借対照表	拠点区分資金収支計算書	拠点区分事業活動計算書	拠点区分ごとの状況を示す
	附属明細書		—	拠点区分資金収支明細書	拠点区分事業活動明細書	拠点区分ごとに、拠点区分に属するサービス区分ごとの内訳金額を示す

* 社会福祉法上、計算書類（貸借対照表及び収支計算書）と附属明細書を合わせて「計算関係書類」と定義しています（規則2の25Ⅱ）。

また、計算書類の体系を資金収支計算書、事業活動計算書、貸借対照表ごとに整理すると以下のとおりです。

計算書類の体系（資金収支計算書）

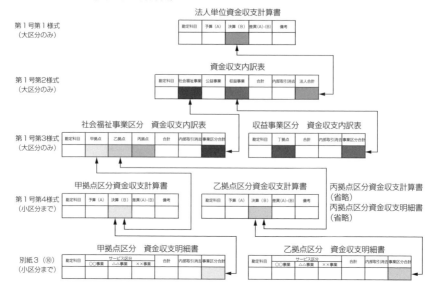

計算書類の体系（事業活動計算書）

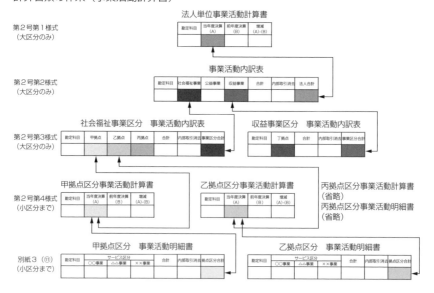

計算書類の体系（貸借対照表）

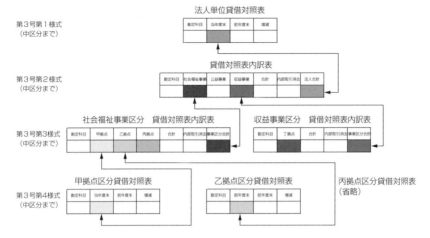

② 計算書類の作成の省略（会計基準省令7の2Ⅱ）

> 第1様式及び第4様式（計算書）は必ず作成しなければなりません。
> 第2様式又は第3様式（内訳書）については作成を省略できる場合があります。

> 計算書類の表示科目について、第1様式から第3様式までは大区分勘定科目となります。
> ＊　第4号様式、別紙3は小区分勘定科目での表示

事業区分が社会福祉事業のみの法人の場合
拠点区分が1つの法人の場合
事業区分において拠点区分が1つの法人の場合

内容が同一となる場合があります。

第2様式又は第3様式の作成を省略できます。

> 法人の状況により作成する計算書類に相違があるため、各法人が作成する計算書類については、経理規程及び計算書類の注記で明確にすることになっています。

a 事業区分が社会福祉事業のみの法人の場合（運用上の留意事項 7(1)）

	資金収支計算書	事業活動計算書	貸借対照表
1様式	法人単位 資金収支計算書	法人単位 事業活動計算書	法人単位 貸借対照表
2様式	省略可		
3様式	事業区分 資金収支内訳表	事業区分 事業活動内訳表	事業区分 貸借対照表内訳表
4様式	拠点区分 資金収支計算書	拠点区分 事業活動計算書	拠点区分 貸借対照表

2様式の作成を省略した場合には、計算書類の注記（法人全体用）「5. 法人が作成する計算書類等と拠点区分、サービス区分」にその旨を記載しなければなりません。

b 拠点区分が1つの法人の場合（運用上の留意事項 7(2)）

	資金収支計算書	事業活動計算書	貸借対照表
1様式	法人単位 資金収支計算書	法人単位 事業活動計算書	法人単位 貸借対照表
2様式	省略可		
3様式	省略可		
4様式	○○拠点区分 資金収支計算書	○○拠点区分 事業活動計算書	○○拠点区分 貸借対照表

2様式及び3様式の作成を省略した場合には、計算書類の注記（法人全体用）「5. 法人が作成する計算書類等と拠点区分、サービス区分」にその旨を記載しなければなりません。

c 拠点区分が1つの事業区分の場合（運用上の留意事項 7(3)）

	資金収支計算書	事業活動計算書	貸借対照表
1様式	法人単位 資金収支計算書	法人単位 事業活動計算書	法人単位 貸借対照表
2様式	資金収支内訳表	事業活動内訳表	貸借対照表内訳表
3様式	省略可		
4様式	拠点区分 資金収支計算書	拠点区分 事業活動計算書	拠点区分 貸借対照表

　3様式の作成を省略した場合には、計算書類の注記（法人全体用）「5. 法人が作成する計算書類等と拠点区分、サービス区分」にその旨を記載しなければなりません。

③　計算書類の様式
　計算書類の様式については、会計基準省令で規定しています。そのため、各法人は、当該様式に従って計算書類を作成しなければなりません。特に、前述したように計算書類によっては表示する勘定科目の区分が異なっているため、留意が必要です。

④　資金収支計算書
a　資金収支計算書の内容（会計基準省令第12条）

> 一会計期間に属する全ての支払資金の増加及び減少の状況を明瞭に表示します。

> 事業活動計算書と同様に、一会計期間の収支状況を表示するという共通点がありますが、事業活動収支計算書が損益計算の結果を示す計算書類であるのに対し、資金収支計算書は収支計算の結果を示す計算書類である点が異なります。

> 資金の裏付けのある収支差額が表示されます。

b 資金収支計算書の資金の範囲（会計基準省令第 13 条、運用上の取扱い 5）

　会計基準省令第 13 条

「支払資金は、流動資産及び流動負債（経常的な取引以外の取引によって生じた債権又は債務のうち貸借対照表日の翌日から起算して 1 年以内に入金又は支払の期限が到来するものとして固定資産又は固定負債から振り替えられた流動資産又は流動負債、引当金及び棚卸資産（貯蔵品を除く。）を除く。）とし、支払資金残高は、当該流動資産と流動負債との差額とする。」

| 支払資金残高 | = | 流動資産（＊1） | − | 流動負債（＊1） |

（＊1）　経常的な取引以外の取引によって生じた債権又は債務のうち貸借対照表日の翌日から起算して 1 年以内に入金又は支払の期限が到来するものとして固定資産又は固定負債から振り替えられた流動資産又は流動負債、引当金及び棚卸資産（貯蔵品を除く。）を除きます。

流動資産及び流動負債に属する勘定科目ごとに資金の範囲に含まれるか否かを整理すると下表のとおりです。

	資金の範囲
現金預金	○
有価証券	○
事業未収金	○
未収金	○
未収補助金	○
未収収益	○
受取手形	○
貯蔵品	○（＊1）
医薬品	×（＊1）
診療・療養費等材料	×（＊1）
給食用材料	×（＊1）
商品・製品	×（＊1）
仕掛品	×（＊1）
原材料	×（＊1）
立替金	○
前払金	○
前払費用（資金）	○（＊2）
前払費用（非資金）	×（＊2）
1年以内回収予定長期貸付金	×（＊3）
1年以内回収予定事業区分間長期貸付金	×（＊3）
1年以内回収予定拠点区分間長期貸付金	×（＊3）
短期貸付金	○
事業区分間貸付金	○
拠点区分間貸付金	○
仮払金	○
その他の流動資産	○
徴収不能引当金	×

	資金の範囲
短期運営資金借入金	○
事業未払金	○
その他の未払金	○
支払手形	○
役員等短期借入金	○
1年以内返済予定設備資金借入金	×（＊3）
1年以内返済予定長期運営資金借入金	×（＊3）
1年以内返済予定リース債務	×（＊3）
1年以内返済予定事業区分間借入金	×（＊3）
1年以内返済予定拠点区分間借入金	×（＊3）
1年以内支払予定長期未払金	×（＊3）
未払費用	○
預り金	○
職員預り金	○
前受金	○
前受収益	○
事業区分間借入金	○
拠点区分間借入金	○
仮受金	○
賞与引当金	×
その他の流動負債	○

（○；資金の範囲に含まれる、×；資金の範囲に含まれない）

（＊1） 棚卸資産は、資金の範囲に含まれるものと含まれないものに区分されます。

（＊2） 前払費用は、資金の範囲に含まれるものと含まれないものとに区分されます。すなわち、流動資産の「前払費用」には、資金の範囲に含まれる短期前払費用と資金の範囲に含まれない長期前払費用から1年基準の適用により振り替えられた前払費用が含まれます。
　　　　計算書類の明瞭表示の観点から両者を明確に区分する必要があります。具体的には、例えば、次の方法が考えられます。

> 第1法　資金の範囲に含まれる短期前払費用は「前払費用」に、1年基準の適用により長期前払費用から振り替えられたものは「1年以内発生前払費用」等の勘定科目で表示する方法
>
> 第2法　資金の範囲に含まれるものも含まれないものも「前払費用」で表示し、資金の範囲に含まれる金額、資金の範囲に含まれない金額を注記する方法

（＊3） 流動固定分類（運用上の取扱い6）

貸付金、借入金等の経常的な取引以外の取引によって発生した債権債務

- 貸借対照表日の翌日から起算して1年以内に入金又は支払の期限が到来するもの ⇒ 流動資産又は流動負債に属する
- 貸借対照表日の翌日から起算して入金又は支払の期限が1年を超えて到来するもの ⇒ 固定資産又は固定負債に属する

c　資金収支計算の方法（会計基準省令第14条、運用上の取扱い7、運用上の留意事項13）

> 資金収支計算 ＝ 当該会計年度における支払資金の増加及び減少に基づいて行います。

> 事業区分、拠点区分又はサービス区分ごとに、複数の区分に共通する収入及び支出を合理的な基準に基づいて当該区分に配分します。

d 資金収支計算書の区分（会計基準省令第15条）

区分	具体的な収入及び支出項目
事業活動による収支	経常的な事業活動による収入 経常的な事業活動による支出
（事業活動資金収支差額）	
施設整備等による収支	固定資産売却収入 施設整備等補助金収入 施設整備等寄附金収入 設備資金借入金収入 固定資産取得支出 設備資金借入金元金償還支出等
（施設整備等資金収支差額）	
その他の活動による収支	長期運営資金借入金収入 積立資産取崩収入 資金運用収入（投資有価証券売却収入等） 長期運営資金借入金元金償還支出 積立資産積立支出 投資有価証券取得支出 資金運用支出（投資有価証券取得支出等）等
（その他の活動資金収支差額）	

事業活動による収支

経常的な事業活動による収入及び支出（受取利息配当金収入及び支払利息支出を含む。）を記載し、事業活動資金収支差額を記載します。

施設整備等による収支

固定資産の取得に係る支出及び売却に係る収入、施設整備等補助金収入、施設整備等寄附金収入及び設備資金借入金収入並びに設備資金借入金元金償還支出等を記載し、施設整備等資金収支差額を記載します。

その他の活動による収支

　長期運営資金の借入れ及び返済、積立資産の積立て及び取崩し、投資有価証券の購入及び売却等資金の運用に係る収入及び支出（受取利息配当金収入及び支払利息支出を除く。）並びに事業活動による収支及び施設整備等による収支に属さない収入及び支出を記載し、その他の活動資金収支差額を記載します。

e　資金収支計算書の構成（会計基準省令第16条）

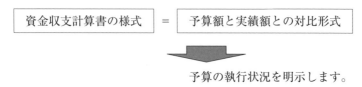

予算の執行状況を明示します。

⑤　**事業活動計算書**

a　事業活動計算書の内容（会計基準省令第19条）

> 一会計期間に属する全ての収益と費用とを記載して当該会計年度の事業活動の成果としての経営成績を明瞭に表示する企業会計における損益計算書に相当する計算書類です。

> 資金収支計算書と同様に、一会計期間の状況を表示するという共通点がありますが、資金収支計算書は収支計算の結果を示す計算書類であるのに対し、事業活動計算書が損益計算の結果を示す計算書類である点が異なります。

> 会計の考え方に基づく損益計算上の活動増減差額を表示し、実際の資金の有無とは関係がありません。

b 事業活動計算の方法（会計基準省令第 20 条、運用上の取扱い 7、運用上の留意事項 13）

> 事業活動計算 ＝ 当該会計年度における純資産の増減に基づいて行います。

> 事業区分、拠点区分又はサービス区分ごとに、複数の区分に共通する収益及び費用を合理的な基準に基づいて当該区分に配分します。

c 事業活動計算書の区分・構成（会計基準省令第 21 条・第 22 条）

区　　　分	具体的な収入及び支出項目
サービス活動増減の部	サービス活動による収益 サービス活動による費用
（サービス活動増減差額）	
サービス活動外増減の部	受取利息配当金、支払利息 有価証券売却損益 その他サービス活動以外の原因による収益及び費用であって経常的に発生するもの
（サービス活動外増減差額）	
（経常増減差額）	
特別増減の部	施設整備等に係る寄附金の受入収益 施設整備等に係る国庫補助金等の受入収入 施設整備等に係る基本金・国庫補助金等特別積立金の積立額 固定資産売却等に係る損益 国庫補助金等特別積立金の取崩額等
（当会計年度活動増減差額）	

サービス活動増減の部

サービス活動による収益及び費用を記載してサービス活動増減差額を記載します。なお、サービス活動費用に減価償却費等の控除項目として、国庫補助金等特別積立金取崩額が含められます。

> サービス活動外増減の部

　受取利息配当金、支払利息、有価証券売却損益並びにその他サービス活動以外の原因による収益及び費用であって経常的に発生するものを記載し、サービス活動外増減差額を記載します。

　サービス活動増減差額にサービス活動外増減差額を加算したものを、経常増減差額として記載します。

> 特別増減の部

　経常増減差額に特別収益及び特別費用を加減算し、当期活動増減差額を表示します。

⑥　貸借対照表

a　貸借対照表の内容（会計基準省令第25条）

> 一定時点（3月31日）における全ての資産、負債及び純資産を記載します。

> 財政状態を表示する計算書類です。

　貸借対照表上、お金は右から入って左に出ていきます。すなわち、貸借対照表の右側（負債、純資産）には、借入金、寄附金（基本金）、補助金（国庫補助金等特別積立金）等のお金を集めてきた方法（調達源泉）が表示されます。貸借対照表の左側（資産）には、土地、建物等の何にお金を使ったか（運用形態）が表示されます。

b 貸借対照表の区分（会計基準省令第26条）

貸借対照表

資産	流動資産		負債	流動負債
				固定負債
	固定資産	基本財産	純資産	基本金
				国庫補助金等特別積立金
				その他の積立金
		その他の固定資産		次期繰越活動増減差額

> 決算手続に際して各種機関の監査・承認及び日程等は法令及び定款の定めに従い適正に行われているか。

① 決算スケジュール

社会福祉法に基づく決算スケジュールの概要は以下のとおりです。

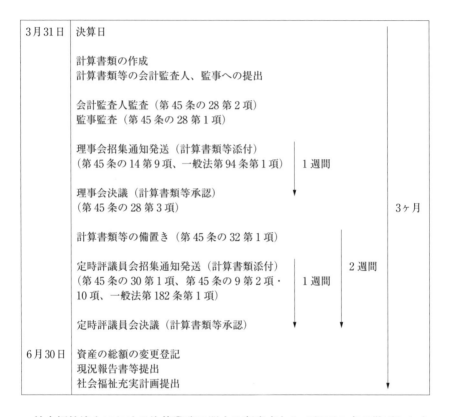

　社会福祉法人における決算業務に関する留意点として以下の点が挙げられます。

　　a　現行の社会福祉法では、計算書類の承認を行う定時評議員会の開催前2週間前より計算書類等（各会計年度に係る計算書類、事業報告、附属明細書、監査報告（監事監査報告、会計監査人監査報告））を主たる事務所等に備置かなければなりません（法45の32Ⅰ）。備置く計算書類は、会計監査人による監査、監事による監査を受けた後、理事会の承認を得たものでなければなりません。したがって、計算書類の承認を行う理事会と評議員会との間は、原則として2週間空いていなければなりません。

　　b　監事・会計監査人による監査の対象及び理事会で承認を要する計算書

類等を整理すると下表のとおりです（法45の28）。

	厚生労働省令の定めるところによる監査		理事会
	監事	会計監査人	
計算書類	○	○	○
附属明細書			
事業報告	○	—	○
附属明細書			

（「○」；必要、「—」；不要）

　なお、定時評議員会で承認を要するものは、理事会承認済計算書類とされているため、附属明細書については、理事会での承認が必要となりますが、評議員会での承認は不要となります。
c　資産の総額の変更登記は、平成29年4月1日以降は、毎会計年度終了後3月以内に行わなければなりません（組合等登記令3Ⅲ）。
d　毎会計年度終了後3月以内に所定の書類を所轄庁に届け出なければなりません（法59）。
e　社会福祉充実残額が発生する場合には、毎会計年度終了後3月以内に所轄庁に社会福祉充実計画を提出して、承認を受けなければなりません（法55の2Ⅰ）。

貸借対照表上、基本財産として表示されているものは定款の規定と対応しているか。

　社会福祉法人における貸借対照表の固定資産の部は、基本財産とその他の固定資産に区分されます。

　貸借対照表上、基本財産に表示される資産は、定款上、基本財産として記載されている財産に限定されることに留意が必要です（基本財産については、

23ページ(2)資産の区分を参照してください)。

> 貸借対照表上、未収金、前払金、未払金、前受金等の経常的な取引によって発生した債権債務は、流動資産又は流動負債に表示されているか。

> 貸借対照表上、貸付金、借入金等の経常的な取引以外の取引によって発生した債権債務については、貸借対照表日の翌日から起算して1年以内に入金又は支払の期限が到来するものは流動資産又は流動負債に、入金又は支払の期限が1年を超えて到来するものは固定資産又は固定負債に表示されているか。

① 貸借対照表の流動固定分類（運用上の取扱い6）

> 未収金、前払金、未払金、前受金等経常的な取引によって発生した債権債務

 流動資産又は流動負債に属する

> 破産債権、更生債権等で1年以内に回収されないことが明らかなもの

 固定資産に属する

```
貸付金、借入金等の経常的な取引以外の取引によって発生した債権債務
├─ 貸借対照表日の翌日から起算して1年以内に入金又は支払の期限が到来するもの  流動資産又は流動負債に属する
└─ 貸借対照表日の翌日から起算して入金又は支払の期限が1年を超えて到来するもの  固定資産又は固定負債に属する

現金及び預貯金
├─ 原則として  流動資産に属する
└─ 特定の目的で保有する預貯金  固定資産に属する（＊1）
```

（＊1）当該目的を示す適当な科目で表示します。

法人が作成している附属明細書は、経理規程と一致しているか。

法人全体及び拠点区分ごとに作成すべき附属明細書が全て作成されているか。

附属明細書が様式に従って作成されているか。

附属明細書の勘定科目と金額は、計算書類と整合性がとれているか。

① 作成を要する附属明細書（会計基準省令第30条、運用上の取扱い25、別紙3①～19)

a 　|法人全体で作成する附属明細書| と |拠点区分で作成する附属明細書|
とに区分されます。

b 　該当する事項がない場合、
　　|当額附属明細書の作成は省略できます。|

		*1	法人全体	拠点区分
一	借入金明細書	別紙3（①）	○	
二	寄附金収益明細書	別紙3（②）	○	
三	補助金事業等収益明細書	別紙3（③）	○	
四	事業区分間及び拠点区分間繰入金明細書	別紙3（④）	○	
五	事業区分間及び拠点区分間貸付金（借入金）残高明細書	別紙3（⑤）	○	
六	基本金明細書	別紙3（⑥）	○	
七	国庫補助金等特別積立金明細書	別紙3（⑦）	○	
八	基本財産及びその他の固定資産（有形・無形固定資産）の明細書	別紙3（⑧）		○
九	引当金明細書	別紙3（⑨）		○
十	拠点区分資金収支明細書	別紙3（⑩）		○
十一	拠点区分事業活動明細書	別紙3（⑪）		○
十二	積立金・積立資産明細書	別紙3（⑫）		○
十三	サービス区分間繰入金明細書	別紙3（⑬）		○
十四	サービス区分間貸付金(借入金)残高明細書	別紙3（⑭）		○
十五	就労支援事業別事業活動明細書	別紙3（⑮）		○
十六	就労支援事業製造原価明細書	別紙3（⑯）		○
十七	就労支援事業販管費明細書	別紙3（⑰）		○
十八	就労支援事業明細書	別紙3（⑱）		○
十九	授産事業費用明細書	別紙3（⑲）		○

＊1　運用上の取扱い別紙

一　借入金明細書（別紙3（①）、運用上の留意事項8）
　　資金の借入れがある場合に作成します。
　　i　「設備資金借入金」「長期運営資金借入金」「短期運営資金借入金」に区分して記載します。なお、役員等からの長期借入金、短期借入金がある場合には、区分を新設して記載します。
　　ii　iの区分に基づき、借入先、拠点区分ごとに借入額及び償還額等を記載します。
　　iii　独立行政法人福祉医療機構と協調融資（独立行政法人福祉医療機構の福祉貸付が行う施設整備のための資金に対する融資と併せて行う同一の財産を担保とする当該施設整備のための資金に対する融資をいう。）に関する契約を結んだ民間金融機関に対して基本財産を担保に供する場合は、借入金明細書の借入先欄の金融機関名の後に（協調融資）と記載します。
　　iv　法人が将来受け取る債権を担保として供する場合には、計算書類の注記及び借入金明細書の担保資産欄にその旨を記載します。
　　v　「差引期末残高」の各区分ごとの「計」欄は、貸借対照表の各勘定科目の金額（流動負債に計上されている1年以内償還予定額を含む）と一致します。

二　寄附金収益明細書（別紙3（②）、運用上の留意事項9）
　　寄附金及び寄附物品を収受した場合に作成します。
　　i　「寄附者の属性」欄には、法人の役職員、利用者本人、利用者の家族、取引業者、その他と記載します。寄附者の個人名の記載を行う必要はありません。
　　ii　「区分」欄には、経常経費寄附金収益（「経常」）、長期運営資金借入金元金償還寄附金収益（「運営」）、施設整備等寄附金収益（「施設」）、設備資金借入金元金償還寄附金収益（「償還」）、固定資産受贈額（「固定」）等に区分し、寄附金の種類がわかるように記載します。
　　iii　「うち基本金組入額」欄には、「寄附金額」欄に記載した金額のうち、基本金の組入れを行った金額を記載します。

iv 「寄附金額」の「区分小計」欄の金額は、法人単位事業活動計算書（第2号第1様式）の各勘定科目の「当年度決算(A)」欄の金額と整合します。
　v 「寄附金額の拠点区分ごとの内訳」の「区分小計」欄の金額は、拠点区分事業活動計算書（第2号第4様式）の各勘定科目の「当年度決算(A)」欄の金額と原則として一致します。

三　補助金事業等収益明細書（別紙3（③）、運用上の留意事項10）
　補助金等を受領した場合に作成します。
　i 「区分」欄には、老人福祉事業の補助金事業収益（「老人事業」）、児童福祉事業の補助金事業収益（「児童事業」）、保育事業の補助金事業収益（「保育事業」）、障害福祉サービス等事業の補助金事業収益（「障害事業」）、生活保護事業の補助金事業収益（「生活保護事業」）、医療事業の補助金事業収益（「医療事業」）、○○事業の補助金事業収益（「○○事業」）、借入金利息補助金収益（「利息」）、施設整備等補助金収益（「施設」）、設備資金借入金元金償還補助金収益（「償還」）等に区分し、補助金の種類がわかるように記載します。
　ii 「補助金事業に係る利用者からの収益」欄は、運用指針別添3「勘定科目説明」において「利用者からの収益も含む」と記載されている場合のみ記載します。具体的には、介護保険事業収益・その他の事業収益・補助金事業収益、児童福祉事業収益・その他の事業収益・補助金事業収益、保育事業収益・その他の事業収益・補助金事業収益、障害福祉サービス等事業収益・その他の事業収益・補助金事業収益、生活保護事業収益・その他の事業収益・補助金事業収益、医療事業収益・その他の医療事業収益・補助金事業収益に関して記載します。
　iii 「うち国庫補助金等特別積立金積立額」欄には、「交付金額」欄に記載した金額のうち、国庫補助金等特別積立金の積立を行った金額を記載します。
　iv 「交付金額等合計」の「区分小計」欄の金額は、法人単位事業活動計算書（第2号第1様式）の各勘定科目の「当年度決算(A)」欄の金額と整合します。

v 「交付金額等合計の拠点区分ごとの内訳」の「区分小計」欄の金額は、拠点区分事業活動計算書（第2号第4様式）の各勘定科目の「当年度決算(A)」欄の金額と原則として一致します。

四 事業区分間及び拠点区分間繰入金明細書（別紙3（④）、運用上の留意事項11）

　事業区分間及び拠点区分間の繰入金収入及び繰入金支出がある場合に作成します。

　i 「繰入元」欄には「繰入金支出」が計上されている事業区分又は拠点区分を記載します。

　ii 「繰入先」欄には「繰入金収入」が計上されている事業区分又は拠点区分を記載します。

　iii 「繰入金の財源」欄には、介護保険収入、運用収入、前期末支払資金残高等の別に記入します。

五 事業区分間及び拠点区分間貸付金（借入金）残高明細書（別紙3（⑤）、運用上の留意事項12）

　事業区分間及び拠点区分間の貸付金（借入金）に期末残高がある場合に作成します。

六 基本金明細書（別紙3（⑥））

　当該会計年度に基本金の組入れ又は取崩しがない場合であっても作成は省略できません。

　i 「区分並びに組入れ及び取崩しの事由」欄の「当会計年度組入額」欄又は「当期取崩額」欄には、組入れ又は取崩対象となった寄附金の内容を記載します。なお、該当する事項がない場合には、記載を省略します。

　ii 第1号基本金、第2号基本金の内訳を示していない法人では、合計欄のみを記載します。

iii 「合計」の「当会計年度末残高」欄の金額は、法人単位貸借対照表（第3号第1様式）の基本金の「当年度末」欄の金額と一致します。

iv 「各拠点区分ごとの内訳」の「当会計年度末残高」欄の金額は、拠点区分貸借対照表（第3号第4様式）の基本金の「当年度末」欄の金額と一致します。

七 国庫補助金等特別積立金明細書（別紙3（⑦））

当該会計年度に国庫補助金等特別積立金の積立て及び取崩しがない場合であっても作成は省略できません。

i 「区分並びに組入れ及び取崩しの事由」欄の「当会計年度積立額」欄には、積立対象となった補助金等の内容を記載します。なお、該当する事項がない場合には、記載を省略します。

ii 「区分並びに組入れ及び取崩しの事由」欄の「当会計年度取崩額」欄の「サービス活動費用の控除項目として計上する取崩額」には、国庫補助金等特別積立金の対象となった固定資産の減価償却相当額等の取崩額を記入し、「特別費用の控除項目として計上する取崩額」には、国庫補助金等特別積立金の対象となった固定資産が売却又は廃棄された場合の取崩額を記入します。

iii 「合計」の「当会計年度末残高」欄の金額は、法人単位貸借対照表（第3号第1様式）の基本金の「当年度末」欄の金額と一致します。

iv 「各拠点区分ごとの内訳」の「当会計年度末残高」欄の金額は、拠点区分貸借対照表（第3号第4様式）の基本金の「当年度末」欄の金額と一致します。

八 基本財産及びその他の固定資産（有形・無形固定資産）の明細書（別紙3（⑧））

貸借対照表の基本財産及びその他の固定資産（有形・無形固定資産）の各勘定科目に関して作成します。

ⅰ 対象となる勘定科目は、貸借対照表の「固定資産」に属する「基本財産」及び「その他の固定資産」のうち土地及び有形・無形固定資産のうち減価償却対象資産となります。なお、運用上の取扱い25(2)イでは、「なお、有形固定資産及び無形固定資産以外に減価償却資産がある場合には、当該資産についても記載するものとする。」と規定しています。具体的には「長期前払費用」を想定していることが23年基準パブコメ回答69で示されています。

ⅱ 「期首帳簿価額(A)」の金額は、拠点区分貸借対照表（第3号第4様式）の各勘定科目の「前年度末」欄の金額と一致します。

ⅲ 「うち国庫補助金等の額」については、設備資金元金償還補助金がある場合には、償還補助総額を記載した上で、国庫補助金取崩計算を行います。

　ただし、「将来入金予定の償還補助金の額」欄では、「期首帳簿価額」の「うち国庫補助金等の額」はマイナス表示し、実際に補助金を受けた場合に「当会計年度増加額」の「うち国庫補助金等の額」をプラス表示することにより、「差引」欄の「期末帳簿価額」の「うち国庫補助金等の額」が貸借対照表上の国庫補助金等特別積立金残高と一致します。

ⅳ 「当会計年度増加額(B)」には減価償却控除前の増加額（通常は、取得価額）、「当会計年度減少額(D)」には当会計年度減価償却額を控除した減少額を記入します。

ⅴ 「期末帳簿価額(E)」の金額は、拠点区分貸借対照表（第3号第4様式）の各勘定科目の「当年度末」欄の金額と一致します。

ⅵ 「減価償却累計額(F)」の金額は、「計算書類に対する注記（拠点区分用）」の「固定資産の取得価額、減価償却累計額及び当会計年度末残高」の「減価償却累計額」の金額に一致します。

なお、具体的な記入例が、23年基準Q＆A別紙として示されています。

九　引当金明細書（別紙3（⑨））

引当金の計上がある場合に作成します。

i 引当金の種類ごとに、「期首残高」、「当会計年度増加額」、「当会計年度減少額」及び「期末残高」の明細を記載します。

ii 目的使用以外の要因による減少額については、その内容及び金額を注記します。

iii 都道府県共済会又は法人独自の退職給付制度において、職員の転職又は拠点間の異動により、退職給付の支払を伴わない退職給付引当金の増加又は減少が発生した場合は、「当会計年度増加額」又は「当会計年度減少額（その他）」の欄に括弧書きでその金額を内数として記載します。

十　拠点区分資金収支明細書（別紙3（⑩））
十一　拠点区分事業活動明細書（別紙3（⑪））

サービス区分ごとの資金収支又は損益の状況を明らかにする明細書で、拠点区分に属するサービス区分が複数設定されている場合には作成しなければなりません。

	拠点区分 資金収支明細書	拠点区分 事業活動明細書
介護サービス 障害福祉サービス	省略可	省略不可
保育所 措置施設	省略不可	省略可
上記以外の事業	実施する事業の内容に応じて、いずれか一方を作成し、残る他方の作成は省略できる	
様式	サービス区分ごとに「当会計年度末支払資金残高」まで表示する様式	サービス区分ごとに「経常活動増減」まで表示する様式

介護サービス、障害福祉サービスの事業所等で拠点区分事業活動明細書が省略できない理由

指定介護老人福祉施設の人員、設備及び運営に関する基準について（平成12

年3月17日老企第43号厚生省老人保健福祉局企画課長通知)
(会計の区分)
　第36条　指定介護老人福祉施設は、指定介護福祉施設サービスの事業の会計をその他の事業の会計と区分しなければならない。

　介護保険法では、介護報酬は各々のサービスの平均費用の額等を勘案して設定するとされているため、各々の介護サービスの費用等についての実態を明らかにし、介護報酬設定のための基礎資料を得ることを目的として「介護事業経営実態調査」が介護報酬改定前年度に実施されます。

　「各々の介護サービスの費用等」の実態を把握するためには、各介護サービス毎の損益状況を把握する必要があります。

　介護サービス等ごとの損益状況を把握するために作成されるのが「拠点区分事業活動明細書」になります。

　介護サービス等では、「拠点区分事業活動明細書」の作成を省略することができません。

　「介護事業経営実態調査」は、各サービスの経常的な活動から生じた損益額を把握することを目的としているため、拠点区分事業活動明細書は「経常増減差額」までサービス区分ごとの金額を記載すれば足ります。

保育所・措置施設で拠点区分資金収支明細書が省略できない理由

　措置施設等については、現在でも、事業実施に必要な資金は、措置費又は運営費等（公費）で賄われています。

措置費等の使用に関しては、現在も厳格な使途制限が行われています。

保育所・措置施設等の現在も厳格な使途制限が行われている施設においては、拠点区分を構成するサービス区分ごとに公費の使途内容を明らかにする必要があります。

拠点区分資金収支明細書の作成を省略することができません。

厳格な使途制限は、支払資金残高まで及ぶため、拠点区分資金収支明細書は「当期末支払資金残高」までサービス区分ごとに区分しなければなりません。

十二　積立金・積立資産明細書（別紙3（⑫））
　積立金及び積立資産を計上している場合に作成します。
　　i　資金管理上の理由等から積立資産の積立てが必要とされる場合には、その名称・理由を明確化した上で積立金を積み立てずに積立資産を計上することができますが（運用上の留意事項19(1)）、この場合には摘要欄にその理由を明記します。
　　ii　退職給付引当金に対応して退職給付引当資産を積み立てる場合及び長期預り金に対応して長期預り金積立資産を積み立てる場合には摘要欄にその旨を明記します。

十三　サービス区分間繰入金明細書（別紙3（⑬））
　拠点区分資金収支明細書（別紙3（⑩））を作成した拠点において、サービス区分間の繰入金収入及び繰入金支出がある場合に作成します。

十四　サービス区分間貸付金（借入金）残高明細書（別紙3（⑭））
　拠点区分資金収支明細書（別紙3（⑩））を作成した拠点においては、サービス区分間の貸付金（借入金）の残高がある場合に作成します。

十五　就労支援事業に関する明細書

ⅰ　作成を要する附属明細書

　　（別紙3（⑮））　　就労支援事業別事業活動明細書

　　（別紙3（⑮-2））　就労支援事業別事業活動明細書（多機能型事業所等用）

　　（別紙3（⑯））　　就労支援事業製造原価明細書

　　（別紙3（⑯-2））　就労支援事業製造原価明細書（多機能型事業所等用）

　　（別紙3（⑰））　　就労支援事業販管費明細書

　　（別紙3（⑰-2））　就労支援事業販管費明細書（多機能型事業所等用）

　　（別紙3（⑱））　　就労支援事業明細書

　　（別紙3（⑱-2））　就労支援事業明細書（多機能型事業所等用）

ⅱ　就労支援事業に関する明細書を作成しなければならない就労支援事業の範囲（運用上の取扱い25(2)エ(ｱ)）

以下の事業を行う場合、就労支援事業に関する明細書を必ず作成しなければなりません（強制）。

　Ⅰ　障害者の日常生活及び社会生活を総合的に支援するための法律第5条第13項に規定する就労移行支援

　Ⅱ　障害者の日常生活及び社会生活を総合的に支援するための法律施行規則第6条第10第1号に規定する就労継続支援A型

　Ⅲ　障害者の日常生活及び社会生活を総合的に支援するための法律施行規則第6条第10第2号に規定する就労継続支援B型

以下の事業を行う場合、作成することができます（任意）。

・　障害者の日常生活及び社会生活を総合的に支援するための法律第5条第7項に基づく生活介護等において、生産活動を実施する場合

iii 「就労支援事業製造原価明細書」(⑯、⑯-2)及び「就労支援事業販管費明細書」(⑰、⑰-2)について、多種少額の生産活動を行う等の理由により、作業種別ごとに区分することが困難な場合は、作業種別ごとの区分を省略することができます。

　なお、この場合、「就労支援事業別事業活動明細書」(別紙⑮又は⑮-2)についても、作業種別ごとの区分は不要です。

iv　サービス区分ごとに定める就労支援事業について、次の要件を全て満たす場合には、「就労支援事業製造原価明細書（⑯又は⑯-2）」及び「就労支援事業販管費明細書（別紙⑰又は⑰-2）」の作成に替えて、「就労支援事業明細書（別紙⑱又は⑱-2）」を作成することができます。また、作業種別ごとに区分することが困難な場合は、作業種別ごとの区分を省略することもできます。

Ⅰ　各就労支援事業の年間売上高が5,000万円以下であること。
Ⅱ　製造業務と販売業務に係る費用を区分することが困難であること（多種少額の生産活動を行う等の理由により）。

なお、この場合、各計算書類等について以下のような修正等を要します。

資金収支計算書	修正事項等
「就労支援事業製造原価支出」	「就労支援事業支出」と読み替え
「就労支援事業販管費支出」	削除

事業活動計算書	修正事項等
「当会計年度就労支援事業製造原価」	「就労支援事業費」と読み替え
「就労支援事業販管費」	削除

第4章　社会福祉法人に対する専門家による支援等　219

就労支援事業別事業活動明細書 （別紙⑪又は⑫）	修正事項等
「当会計年度就労支援事業製造原価」	「就労支援事業費」と読み替え
「就労支援事業販管費」	削除

【就労支援事業に関する明細書の作成に関するフローチャート】

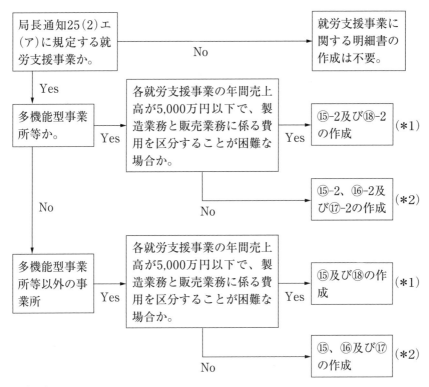

（＊1）
C/F；「就労支援事業製造原価支出」を「就労支援事業支出」へ。「就労支援事業販管費支出」を削除。
P/L；「就労支援事業製造原価」を「就労支援事業費」へ。「就労支援事業販管費」を削除。

⑮又は⑮-2:「就労支援事業製造原価」を「就労支援事業費」へ。「就労支援事業販管費」を削除。

作業種別ごとの区分が困難な場合には、作業種別ごとの区分の省略可。

(＊2)

作業種別ごとの区分が困難な場合には、作業種別ごとの区分の省略可。

十六　授産事業費用明細書（別紙3（⑲））

　授産事業における費用の状況把握を適正に行い、授産事業に関する管理を適切に行うため、授産事業費用明細書を作成しなければなりません。

　授産事業費用明細書の作成を要する授産事業の範囲は、以下のとおりです（運用上の取扱い25(2)オ(ア)）。

- 　生活保護法（昭和25年法律第144号）第38条第5項に規定する授産施設
- 　社会福祉法（昭和26年法律第45号）第2条第2項第7号に規定する授産施設

財産目録が記載すべき事項及び様式に従って作成されているか。

財産目録の勘定科目と金額は、法人単位貸借対照表と整合性がとれているか。

---

①　財産目録の内容（会計基準省令第31条）

　当該会計年度末現在における全ての資産及び負債について、場所・物量等、取得年度、使用目的等、取得価額、減価償却累計額、貸借対照表価額等を表示します。

②　財産目録の区分（会計基準省令第32条）

　貸借対照表の区分に準じて資産の部と負債の部とに区分して純資産の額を表

示します。

③ 財産目録の金額（会計基準省令第33条）
　法人単位貸借対照表（第3号第1様式）に記載した金額と同一になります。

④ 財産目録の様式（運用上の取扱い26・別紙4）

別紙4

財 産 目 録

平成　年　月　日現在

(単位 円)

貸借対照表科目	場所・物量等	取得年度	使用目的等	取得価額	減価償却累計額	貸借対照表価額
Ⅰ 資産の部						
1 流動資産						
現金預金						
現金	現金手許有高	－	運転資金として	－	－	×××
普通預金	○○銀行○○支店他	－	運転資金として	－	－	×××
			小計			×××
事業未収金		－	○月分介護報酬等	－	－	×××
……	………		………			
			流動資産合計			×××
2 固定資産						
(1) 基本財産						
土地	(A拠点)○○市○○町1-1-1	－	第1種社会福祉事業である、○○施設等に使用している	－	－	×××
	(B拠点)○○市○○町2-2-2	－	第2種社会福祉事業である、▲▲施設等に使用している	－	－	×××
			小計			×××
建物	(A拠点)○○市○○町1-1-1	19××年度	第1種社会福祉事業である、○○施設等に使用している	×××	×××	×××
	(B拠点)○○市○○町2-2-2	19××年度	第2種社会福祉事業である、▲▲施設等に使用している	×××	×××	×××
			小計			×××
定期預金	○○銀行○○支店他	－	寄附者により○○事業に使用することが指定されている	－	－	×××
投資有価証券	第○回利付国債他	－	特段の指定がない	－	－	×××
……	………		………			………
			基本財産合計			×××
(2) その他の固定資産						
土地	(○拠点)○○市○○町3-3-3	－	5年後に開設する○○事業のための用地	－	－	×××
	(本部拠点)○○市○○町4-4-4	－	本部として使用している	－	－	×××
			小計			×××
建物	(C拠点)○○市○○町5-5-5	20××年度	第2種社会福祉事業である、訪問介護事業所に使用している	×××	×××	×××
車輌運搬具	○○他3台	－	利用者送迎用	×××	×××	×××
○○積立資産	定期預金 ○○銀行○○支店他	－	将来における○○の目的のために積み立てている定期預金	－	－	×××
……	………		………			………
			その他の固定資産合計			×××
			固定資産合計			×××
			資産合計			×××
Ⅱ 負債の部						
1 流動負債						
短期運営資金借入金	○○銀行○○支店他	－				×××
事業未払金	○月分水道光熱費他	－				×××
職員預り金	○月分源泉所得税他	－				×××
……	………					………
			流動負債合計			×××
2 固定負債						
設備資金借入金	独立行政法人福祉医療機構他	－				×××
長期運営資金借入金	○○銀行○○支店他	－				×××
……	………					………
			固定負債合計			×××
			負債合計			×××
			差引純資産			×××

第4章　社会福祉法人に対する専門家による支援等

> **社会福祉法第45条の34**
> 　社会福祉法人は、毎会計年度終了後3月以内に（社会福祉法人が成立した日の属する会計年度にあつては、当該成立した日以後遅滞なく）、厚生労働省令で定めるところにより、次に掲げる書類を作成し、当該書類を5年間その主たる事務所に、その写しを3年間その従たる事務所に備え置かなければならない。
> 　一　財産目録　　　　（以下、省略）

(5) 資産、負債の基本的な会計処理

> 資産は、原則として、取得価額（受贈又は交換によって取得した資産については、その取得時における公正な評価額）で計上されているか。

（会計基準省令第4条第1項）

> 負債のうち、債務は、原則として、債務額で計上されているか。

（会計基準省令第5条）

　資産

取得価額とは、資産の取得に要した現金支出額をいいます。

⬇

受贈又は交換によって資産を取得した場合、取得に際して現金を支出していないため、取得価額は0となります。

⬇

資産としての実態がありながら、取得価額が0であることを理由に、貸借対

照表に計上されないことは適正とは考えられません。

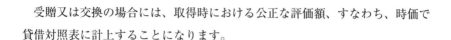

受贈又は交換の場合には、取得時における公正な評価額、すなわち、時価で貸借対照表に計上することになります。

| 負 債 |

原則として、債務として確定した金額が負債に計上されます（債務確定主義）。

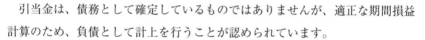

引当金は、債務として確定しているものではありませんが、適正な期間損益計算のため、負債として計上を行うことが認められています。

　　＝　負債計上に関する例外

(6) 収益費用の基本的な会計処理

> 収益は、原則として、物品の販売又はサービスの提供等を行い、かつ、これに対する現金及び預金、未収金等を取得した時に計上され、費用は、原則として、費用の発生原因となる取引が発生した時又はサービスの提供を受けた時に計上されているか。（発生主義）

> 収益とこれに関連する費用は、両者を対応させて期間損益が計算されているか。

① 収益及び費用の認識基準

　　| 収益の認識基準 ＝ 実現主義（原則） |

　以下の2要件を満たした時点で収益を認識（計上）します。

　　　i　財貨の販売又は役務（サービス）の提供
　　　ii　その対価としての現金又は現金同等物の取得

【介護報酬等の収入計上時期】

　3月に提供された介護サービスに対する介護報酬は、4/10までに国民健康保険連合会へ請求され、5月下旬頃に入金されます。
　この場合、3月に提供した介護サービスに対する介護報酬については、3月においてサービスの提供が行われており、現金同等物としての債権（事業未収金）を取得しているため、3月末現在において収益計上を行わなければなりません。

　　費用の認識基準 ＝ 発生主義（原則）

経済的価値の減少を伴う原因の発生時点で費用を認識（計上）します。

例1）切手を購入した　→　経済的価値の減少なし　→　資産（棚卸資産）
　　　切手を使用した　→　経済的価値の減少あり　→　費用（通信費）
　　　　……　経済的価値の減少を伴う原因の発生は、使用した時点であるため、使用時に費用計上されます。

例2）賞与引当金
　　　賞与の支給対象期間　12/1　〜　5/31　→　6/15　支給
　　　　　　　　　　　　　6/1　〜　11/30　→　12/15　支給
　　　6/15に支給される賞与額のうち、12/1〜3/31の期間に相当する金額は、3/31の決算日現在において、6/15に支給する賞与に係る経済的価値の減少を伴う原因が発生しています。

12/1〜3/31の期間に相当する賞与支給見込額を賞与引当金として負債に計上するとともに、賞与引当金繰入として費用に計上します。

② 費用収益対応の原則

当年度の収益に対してその収益の獲得に要した費用を当年度の費用として計上します。

努力（費用）と結果（収益）の因果関係を追求し、適正な期間損益計算を実現します。

（7）内部取引

内部取引は相殺消去しているか。

① 内部取引の相殺（会計基準省令第11条、運用上の取扱い4）

社会福祉法人は、計算書類の作成に関して、内部取引の相殺消去を行わなければなりません。内部取引の相殺消去は、取引内容に応じて相殺消去を行う計算書類が異なっています。なお、内部取引の相殺消去を行う計算書類は、内訳表、明細書に限られ、計算書には内部取引相殺消去後の金額が表示されます。

取引内容に応じた相殺消去を行う計算書類を整理すると下表のとおりです。

取引内容	相殺消去を行う計算書類
異なる事業区分間の取引（事業区分間取引）	第1号第2様式 第2号第2様式 第3号第2様式
同一の事業区分に属する拠点区分間の取引 （拠点区分間取引）	第1号第3様式 第2号第3様式 第3号第3様式
同一の拠点区分に属するサービス区分間の取引 （サービス区分間取引）	別紙3（⑩） 別紙3（⑪）

　　資金収支計算書　……　収入　⇔　支出
　　事業活動計算書　……　収益　⇔　費用
　　貸借対照表　　　……　資産　⇔　負債

相殺消去の対象となる主な勘定科目を整理すると下表のとおりです。

取引内容	相殺消去の対象となる主な勘定科目		
	資金収支計算書	事業活動計算書	貸借対照表
事業区分間取引	事業区分間長期借入金収入 事業区分間長期貸付金支出 事業区分間長期貸付金回収収入 事業区分間長期借入金返済支出 事業区分間繰入金収入 事業区分間繰入金支出	事業区分間繰入金収益 事業区分間繰入金費用 事業区分間固定資産移管収益 事業区分間固定資産移管費用	事業区分間借入金 事業区分間貸付金 1年以内事業区分間長期借入金 1年以内事業区分間長期貸付金 事業区分間長期貸付金 事業区分間長期借入金
拠点区分間取引	拠点区分間長期借入金収入 拠点区分間長期貸付金支出 拠点区分間長期貸付金回収収入 拠点区分間長期借入金返済支出 拠点区分間繰入金収入 拠点区分間繰入金支出	拠点区分間繰入金収益 拠点区分間繰入金費用 拠点区分間固定資産移管収益 拠点区分間固定資産移管費用	拠点区分間借入金 拠点区分間長期貸付金 1年以内拠点区分間長期借入金 1年以内拠点区分間長期貸付金 拠点区分間長期貸付金 拠点区分間長期借入金
サービス区分間取引	サービス区分間繰入金収入 サービス区分間繰入金支出	(＊1)	(＊2)

(＊1) 別紙3 (⑪) は「経常増減差額」までの表示形式となっているため、「特別増減差額の部」に表示される法人内部での資金の繰入等に関する勘定科目に係る内部取引の相殺消去については、別紙3 (⑪) には表示されません。

(＊2) 会計基準省令等において拠点区分に属する各サービス区分ごとの内訳残高を表示する貸借対照表 (拠点区分資金収支明細書 (別紙3 (⑩)、拠点区分事業活動明細書 (別紙3 (⑪) に相当する貸借対照表) の作成は要求されていません。

② 内部取引相殺消去に係る設例

　例) 公益事業区分に属する老健B拠点区分から社会福祉事業区分に属する特

養A拠点区分へ1,000千円繰り入れた。

《老健B拠点区分》

　（借方）事業区分間繰入金費用　1,000　（貸方）現金預金　　　　　　1,000

　（借方）事業区分間繰入金支出　1,000　（貸方）支払資金　　　　　　1,000

《特養A拠点区分》

　（借方）現金預金　　　　　　　1,000　（貸方）事業区分間繰入金収益　1,000

　（借方）支払資金　　　　　　　1,000　（貸方）事業区分間繰入金収入　1,000

→　事業区分間取引のため、第1号第2様式、第2号第2様式で相殺消去されます。

事業活動内訳表（第2号第2様式）

勘定科目	社会福祉事業	公益事業	収益事業	合計	内部取引相殺	法人合計
事業区分間繰入金収益	1,000			1,000	▲1,000	0
事業区分間繰入金費用		1,000		1,000	▲1,000	0
当期活動増減差額					0	

「内部取引相殺」欄の「当期活動増減差額」欄の金額が「0」となっています。
　＝　内部取引の相殺消去が、正しく行われています。

正しく内部取引の相殺消去が行われると、「内部取引相殺」欄の「当期活動増減差額」欄の金額が「0」となります。

例）公益事業区分に属する老健B拠点区分から社会福祉事業区分に属する特養A拠点区分へ1,000千円繰り入れた。
　誤って以下のような仕訳処理を行った。

《老健B拠点区分》

　（借方）拠点区分間繰入金費用　1,000　（貸方）現金預金　　　　　　1,000

（借方）拠点区分間繰入金支出　1,000　（貸方）支払資金　　　　1,000

《特養A拠点区分》

（借方）現金預金　　　　　　1,000　（貸方）拠点区分間繰入金収益　1,000

（借方）支払資金　　　　　　1,000　（貸方）拠点区分間繰入金収入　1,000

→　事業区分間取引であるにもかかわらず、会計処理上、拠点区分間の勘定科目を使用した場合、拠点区分間取引として、第1号第3様式、第2号第3様式で相殺消去されます。

社会福祉事業区分　事業活動内訳表（第2号第3様式）

勘定科目	特養A拠点	‥‥‥	‥‥‥	合計	内部取引相殺	事業区分合計
拠点区分間繰入金収益	1,000			1,000	▲1,000	0
拠点区分間繰入金費用						
当期活動増減差額					▲1,000	

公益事業区分　事業活動内訳表（第2号第3様式）

勘定科目	老健B拠点	‥‥‥	‥‥‥	合計	内部取引相殺	事業区分合計
拠点区分間繰入金収益						
拠点区分間繰入金費用	1,000			1,000	▲1,000	0
当期活動増減差額					▲1,000	

「内部取引相殺」欄の「当期活動増減差額」欄の金額が「0」となっていません。

　　＝　内部取引の相殺消去が、正しく行われていません。

③　就労支援事業に係る内部取引の相殺消去

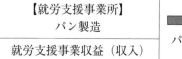

【就労支援事業所】
パン製造
就労支援事業収益（収入）

パンの仕入

【特別養護老人ホーム】
給食の食材として使用
給食費（支出）

a　それぞれの事業所で、収益計上、費用計上を行う。
　　→　内部取引の相殺消去が必要となります。
b　それぞれの事業所で、収益計上、費用計上を行わない（一切の会計処理を行わない）。
　　→　内部取引の相殺消去を行う必要がありません。

⬇

就労支援事業所では、生産活動から生じた収入金額から必要経費を除いた金額を工賃として支払わなければなりません。

⬇

内部取引であっても、収益金額として計上しなければ、利用者へ工賃として支払うことができません。

⬇

就労支援事業所では、収益計上するとともに、他の事業所では費用計上しなければなりません（原則として、内部取引の相殺消去が必要となります）。

⬇

重要性の原則は、全ての会計事象に対して適用されるため、重要性の乏しい内部取引については相殺消去しないことができます。

⬇

外部への就労支援事業収益は、消費税課税取引となります。
内部取引は、消費税不課税取引となります。

⬇

重要性が乏しいことを理由に、内部取引の相殺消去を行わなかったとしても、消費税の課税売上高の計算上は控除しなければ、不課税である内部取引金額が課税売上に含められてしまう可能性があります。

具体的な対応方法としては、次の方法が考えられます。
　a　内部取引の相殺消去の対象となる各勘定科目について、内部取引以外と内部取引とに区分して、会計処理します。

b　会計システムへの仕訳入力の際、内部取引は「不課税取引」として入力します。この場合、収益に属する勘定科目については、「非課税取引」と「不課税取引」では計算結果が異なります。そのため、内部取引は、必ず「不課税取引」として入力します。

なお、a及びbとも、内部取引の相殺消去の対象となる収益及び費用について行わなければなりません。

④　内部取引の相殺消去に係る留意事項

内部取引の相殺消去に関しては、実務上、以下の点に留意が必要です。

ⅰ　内訳表、明細書の「内部取引消去」欄で行います。

ⅱ　事業区分間、拠点区分間、サービス区分間どのレベルで内部取引として相殺するかにより、表示される内訳書等が異なります。そのため、どのレベルで相殺消去を行うかについて、取引事実に基づいて適切に行わなわければなりません。

ⅲ　内部取引の相殺消去は、会計コンピューターシステムで自動的に行う場合が実務上多いです。この場合、システムの設定がポイントとなりますが、相殺消去のための設定は各システムにより異なります。そのため、使用しているシステムに対応した設定を行わなければなりません。

(8) 預貯金・積立資産

> 残高証明書等により残高が確認されているか。

① 残高の定期的な確認

モデル経理規程第30条第2項では「出納職員は、預貯金について、毎月末日、取引金融機関の残高と帳簿残高とを照合し、当座預金について差額がある場合には当座預金残高調整表を作成して、会計責任者に報告しなければならない。」と規定しています。そのため、できれば毎月末の取引金融機関の預貯金残高に

関して、残高証明書を入手して、確認を行うことが望ましい。

(9) 徴収不能額

> 法的に消滅した債権又は徴収不能な債権がある場合、これらについて徴収不能額が計上されているか。

① 徴収不能額処理

社会福祉法人が保有する債権について回収可能性がない又は著しく低いと判断される場合には徴収不能額に振り替える処理を行います。

a 具体的な徴収不能額計上までの事務手続

┌───┐
│ 期末残高の内訳明細（勘定科目別、各相手先別）の作成 │
└───┘

┌───┐
│ 個々の債権ごとに、回収可能性の有無を検討 │
└───┘

＊ 内訳明細例

相手先名	期末債権額	回収可能性（＊1）	備考
合計			

→ 徴収不能額処理前の期末残高に一致

（＊1） 回収可能性有と判断されるものの例示
- 介護報酬に係る国民健康保険連合会に対する債権
- 受託収入等の行政に対する債権
- 契約等により、回収までに長期間を有する債権

回収可能性無又は著しく低いと判断されるものの例示
（回収が長期間滞留しており、回収の見込みが不明の債権）
- 本人死亡で、家族がいない利用者等に対する債権

- 行方不明者に対する債権
- 法律上の時効が成立している債権

回収可能性が無いと判断された債権について

徴収不能処理に関して、理事長の承認を受ける。

徴収不能処理

（流動資産に属する事業未収金に係る徴収不能額処理）

【総勘定元帳上の仕訳】

　（借方）徴収不能額　×××　（貸方）福祉資金貸付金　×××

【資金収支元帳上の仕訳】

　（借方）徴収不能額　×××　（貸方）支払資金　　　　×××

　＊　資金収支元帳上の仕訳の「徴収不能額」は、資金収支計算書上、「事業活動による収支・流動資産評価損等による資金減少額・徴収不能額」として表示されます。

b　徴収不能額処理に係る留意事項

　ⅰ　毎会計年度の決算において、規則的に見直しを行うという観点から、徴収不能処理に係る内部規程を整備しておくことが望ましい。

　ⅱ　徴収不能処理は、会計上の債権金額を減少させる処理ですが、法律上の債権を消滅させる処理ではありません。そのため、徴収不能処理を行った後、債権の回収が行われた場合には、回収金額を雑収入勘定等で受け入れることになります。

(10) 有価証券

満期保有目的の債券以外の有価証券で、市場価格のあるものは、時価で計上されているか。

> 満期保有目的の債券を債券金額より低い価額又は高い価額で取得した場合において、取得価額と債券金額の差額の性格が金利の調整と認められるときは、償却原価法に基づいて算定しているか。（なお、取得価額と債権金額との差額について重要性が乏しい満期保有目的の債券については、償却原価法を適用しないことができる。）

> 有価証券について、会計年度の末日における時価がその時の取得価額より著しく低い場合、当該有価証券の時価がその時の取得原価まで回復すると認められる場合を除き、時価が付されているか。

> 上記以外の有価証券は取得価額で計上されているか。

① **有価証券の評価の概要（会計基準省令第4条）**

有価証券の貸借対照表価額に係る取扱いを整理すると下表のとおりです。

満期保有目的の債券等	原則	取得価額
	例外	償却原価法に基づいて算定された価額
満期保有目的の債券等以外	市場価格あり	時価
	市場価格なし	取得価額

② **満期保有目的の債券等に対する償却原価法の適用（運用上の取扱い15）**

　満期保有目的の債券等とは、満期まで所有する意図をもって保有する債券をいいます。満期保有目的の債券等のうち、次の要件を満たすものについては、償却原価法により計算された価額をもって貸借対照表価額としなければなりません。なお、満期保有目的の債券への分類は、その取得当初の意図に基づくものであるため、取得後の満期保有目的の債券への振替は認められません（運用

上の取扱い 15(2))。

　　a　所有目的は、満期（償還期日）まで所有することであること。
　　b　取得価額は、債券金額より低い価額又は高い価額であること。
　　c　取得価額と債券金額との差額の性格は、金利の調整と認められること。

【事例】　決算に当たり、長期所有することを目的として 950,000 円で購入した額面 1,000,000 円の利付国債（償還期間 10 年）について償却原価法を適用した。

【総勘定元帳上の仕訳】

　（借方）投資有価証券　　5,000　（貸方）受取利息配当金収益　5,000

【資金収支元帳上の仕訳】

　仕訳なし

　＊　（額面 1,000,000 － 取得価額 950,000）÷ 償却期間 10 年 ＝ 5,000

③　市場価格のある満期保有目的等以外の有価証券に対する時価評価

【事例】　投資有価証券勘定に計上されている帳簿価額 1,000,000 円の A 株式会社株式の期末時点の時価が 950,000 円であったため、時価への評価替えを行った。

【損勘定元帳上の仕訳】

　（借方）投資有価証券評価損　50,000　（貸方）投資有価証券　50,000

【資金収支元帳上の仕訳】

　仕訳なし

（11）棚卸資産

> 棚卸資産について、会計年度の末日における時価がその時の取得原価よりも下落した場合、時価が付されているか。

① 棚卸資産の計上

運用上の留意事項16

「棚卸資産については、原則として、資金収支計算書上は購入時等に支出として処理するが、事業活動計算書上は当該棚卸資産を販売等した時に費用として処理するものとする。」

棚卸資産は、資金収支計算書上の支払資金の範囲に含まれるものと含まれないものに区分され、それぞれで棚卸資産計上時の仕訳処理が異なります。

《支払資金の範囲に含まれる棚卸資産》
　　　……　貯蔵品
　a　購入時の仕訳処理
　【総勘定元帳上の仕訳】
　　　（借方）事務消耗品費　　×××　（貸方）現金預金　　　×××
　【資金収支元帳上の仕訳】
　　　（借方）事務消耗品費支出　×××　（貸方）支払資金　　　×××
　b　期末時の仕訳処理
　　　期末日現在で未使用（未販売）の金額を棚卸資産に振り替えます。
　【総勘定元帳上の仕訳】
　　　（借方）貯蔵品　　　　×××　（貸方）事務消耗品費　　×××
　【資金収支元帳上の仕訳】
　　　（借方）支払資金　　　×××　（貸方）事務消耗品費支出　×××

《支払資金の範囲に含まれない棚卸資産》
　　　……　医薬品、診療・療養費等材料、給食用材料、商品・製品、仕掛品、原材料
　a　購入時の仕訳処理
　【総勘定元帳上の仕訳】

（借方）医薬品費　　　　×××　（貸方）現金預金　　　　×××
　【資金収支元帳上の仕訳】
　　（借方）医薬品費支出　　×××　（貸方）支払資金　　　　×××
　b　期末時の仕訳処理
　　期末日現在で未使用（未販売）の金額を棚卸資産に振り替えます。
　【総勘定元帳上の仕訳】
　　（借方）医薬品　　　　　×××　（貸方）医薬品費　　　　×××
　【資金収支元帳上の仕訳】
　　仕訳なし

　支払資金の範囲に含まれない棚卸資産の場合、資金収支計算書上の「医薬品費支出」と事業活動計算書上の「医薬品費」の金額は異なることになります。すなわち、支払資金の範囲に含まれない棚卸資産を計上する場合の仕訳処理においては、資金収支元帳上の仕訳が行われず、総勘定元帳上の仕訳しか行われないため、資金収支計算書と事業活動計算書で対応科目の金額が異なることになります。

　棚卸資産の計上に関しても重要性の原則が適用できます。

会計基準省令第2条第4号

「重要性の乏しいものについては、会計処理の原則及び手続並びに計算書類の表示方法の適用に際して、本来の厳密な方法によらず、他の簡便な方法によることができること。」

運用上の取扱い1

「(1)消耗品、貯蔵品等のうち、重要性が乏しいものについては、その買入時又は払出時に費用として処理する方法を採用することができる。」

　現在の会計基準省令等では、具体的に重要性が乏しい場合の例示等について規定がありません。実務上は、以下のものが参考となります。

> 「社会福祉法人会計基準の制定について」（平成12年2月17日社援施第6号　厚生省社会・援護局企画課長他通知　現在は廃止）1⑿

「介護用品等のたな卸資産については、当該たな卸資産を消費したときに資金収支計算書及び事業活動収支計算書の支出として処理することが原則であるが、毎会計年度一定量を購入し、経常的に消費するものであって、かつ常時保有する量が明らかに1年間の消費量を下回るものについては、その購入時に支出として処理することができる。

ただし、販売用品及びこれに準ずるたな卸資産については、当該たな卸資産を消費したときに支出するものとする。」

> モデル経理規程細則　15.「経理規程に定める重要性に関する細則」

「(重要性の基準)

第1条　経理規程第42条第4項、第56条（注38）、第57条、第58条第1項、第60条における重要性の判断は、計算書類等の利用者が、計算書類財務諸表等に記載されたこれらの事項の情報に基づいて判断する場合において、誤りの無い判断ができるか否かを考慮して行う必要がある。

2　重要性の判断は、原則として個々の事例ごとに行われるが、個々の判断における恣意性を排除するために、一定の基準を設け、明示することとする。

3　前項の基準は、第1項の原則に基づいて設ける必要があるが、通常、次に掲げる事項を考慮して設定する。

・　サービス活動収益に与える影響
・　当会計年度活動増減差額に与える影響
・　資産の合計に与える影響

4　重要性の判定は、一次的には、前項の基準値に基づいて行うが、最終的な判断は、第1項に定める趣旨から、次に例示する事項等を考慮した上で行

うものとする。したがって、金額が基準値に満たない場合あるいは金額を持たない項目であっても、質的に重要性が有ると判定される場合があることに留意する。

- 当該年度の財政状態又は経営成績の異常性の有無
- 過年度の財政状態又は経営成績に与える影響
- 臨時的又は異常な事象の発生を示す事項
- 傾向値に影響を与える事項、増減差額をプラス（又はマイナス）からマイナス（又はプラス）に転換する事項
- 開示項目あるいは開示内容の重要性

5 第3項に定める基準値は、法人の内外の環境の変化、業務内容の変化等に応じて、適宜見直しを行わなければならない。異常である場合には、サービス活動収益計、当会計年度活動増減差額及び資産の部合計について、単に当年度における影響のみを考慮するのではなく、過年度の数値を参考として正常な財政状態及び経営成績を算定し、それらも併せて考慮する。」

各法人における重要性の判断基準は、上記を参考に経理規程細則等で明確にしておくことが望ましい。

なお、切手や収入印紙等換金価値があるものについては、重要性が乏しいという理由から棚卸資産に計上を行わない場合であっても、受払簿等を作成して現物の管理を行う必要があります。

② 棚卸資産の評価

会計基準省令第4条第6項

「棚卸資産については、会計年度の末日における時価がその時の取得原価より低いときは、時価を付さなければならない。」

社会福祉法人において時価で評価替えを行う必要がある資産は、就労支援事業所等で販売用に保有している棚卸資産や原材料として保有している棚卸資産

が多い。

(12) 経過勘定

> 経過勘定がある場合、前払費用及び前受収益は、当会計年度の損益計算に含まれず、また、未払費用及び未収収益は、当会計年度の損益計算に反映されているか。

① 経過勘定とは

経過勘定

一定の契約に従い、継続して役務の提供を受ける場合や提供を行う場合において、適正な期間損益計算のために入金や支払の時期と収益及び費用計上の時期のタイムラグを調整するための貸借対照表上の勘定科目です。経過勘定には、収益及び費用の見越と収益及び費用の繰延があります。

収益及び費用の見越（未払費用、未収収益）

決算日現在で既に提供した又は提供を受けた役務に対して、いまだその対価の支払を受けていない又は支払を行っていないものをいいます。これらの収益及び費用については、当年度の収益及び費用として計上しなければなりません。

収益及び費用の繰延（前払費用、前受収益）

決算日現在でいまだ提供していない又は提供を受けていない役務に対して、支払を受けた又は支払を行ったものをいいます。これらの収益及び費用については、当年度の収益及び費用として計上することはできません。

* 前払費用については、資金の範囲に含まれるものと含まれないものとがあるため、留意が必要です（198ページ参照）。

(13) 固定資産

> 有形固定資産は、定額法又は定率法のいずれかの方法に従い、無形固定資産は、定額法により、相当の減価償却が行われているか。

① 減価償却とは

減価償却

固定資産の取得価額をその固定資産を使用できる期間に按分する計算手続をいいます。すなわち、取得した固定資産が次期以降の収益獲得活動に使用できるのであれば、その固定資産の取得に要した金額のうち次期以降の収益獲得活動に使用される部分の金額を、各期に配分し、各期の費用計上することで、適正な期間損益計算を行おうとするものです。

② 減価償却資産の範囲

減価償却資産とは、建物、構築物及び車輌等の時の経過又は使用等によりその価値が減少するもので、耐用年数が1年以上、かつ、1個若しくは1組の金額が10万円以上の有形固定資産及び無形固定資産をいいます。土地は、時の経過等により価値が減少しないため、減価償却資産には該当しません。

③ 減価償却の方法（運用上の取扱い16⑵）

拠点区分ごと、資産の種類ごとに以下の方法を適用します。

有形固定資産　　　　　……　定額法又は定率法

無形固定資産（ソフトウェア等）　……　定額法

a 減価償却費の計算

定額法　……　年間の減価償却費 ＝ 取得価額 × 定額法償却率

定率法　……　年間の減価償却費 ＝ 期首帳簿価額 × 定率法償却率

b　取得価額

　固定資産の取得に要した現金支出額（取得に際して支出した買入手数料、運送費等を含みます。）

c　償却率

　運用上の留意事項　別添2「減価償却資産の償却率、改訂償却率及び保証率表」に規定する償却率を使用します。

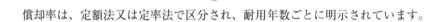

　償却率は、定額法又は定率法で区分され、耐用年数ごとに明示されています。

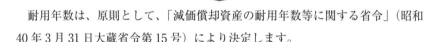

　法人で適用する償却方法、当該資産の耐用年数に応じて償却率を決定します。

　耐用年数は、原則として、「減価償却資産の耐用年数等に関する省令」（昭和40年3月31日大蔵省令第15号）により決定します。

　　＊　中古資産を取得した場合に適用される耐用年数について、会計基準省令等では明文の規定がありません。そのため、法人税法上の以下の中古資産の耐用年数の計算方法が参考となります。
　　　ⅰ　法定耐用年数の全部を経過したもの
　　　　　法定耐用年数 × 20％ ＝ 残存耐用年数
　　　ⅱ　法定耐用年数の一部を経過したもの
　　　　　（法定耐用年数 － 経過年数）＋（経過年数 × 20％）＝ 残存耐用年数
　　　残存耐用年数に1年未満の端数が生じた場合は、これを切り捨て、その年数が2年未満の場合は2年となります。

d　減価償却の開始時期

　減価償却の開始時期は、購入時点又は支払時点ではなく、社会福祉事業等の用に供された時点となります。

e　減価償却の記帳及び貸借対照表の表示方法

減価償却費の記帳方法には、直接法と間接法とがあります。

　直接法

減価償却累計額を使用せず、各会計年度の減価償却額を各固定資産残高から直接減額する方法。

　（借方）減価償却費　　　×××　（貸方）器具及び備品　　　×××

　間接法

各会計年度の減価償却額を減価償却累計額に計上する方法。

　（借方）減価償却費　　　×××　（貸方）器具及び備品減価償却累計額　×××

なお、貸借対照表の表示方法に関して、有形固定資産（有形リース資産を含む。）は直接法、間接法いずれによることも可能ですが、無形固定資産は直接法のみとなります（運用上の取扱い16(3)）。また、直接法を選択した場合、当該資産の取得価額、減価償却累計額及び当会計年度末残高を注記しなければなりません（会計基準省令29Ⅰ⑨）。

固定資産について、会計年度の末日における時価がその時の取得原価より著しく低い資産の有無を把握しているか。

固定資産について、会計年度の末日における時価がその時の取得原価より著しく低い資産がある場合、当該資産の時価がその時の取得原価まで回復すると認められる場合を除き、時価が付されているか。

※　ただし、使用価値を算定することができる有形固定資産又は無形固定資産であって、当該資産の使用価値が時価を超えるものについては、取得価額から減価償却累計額を控除した価額を超えない限りにおいて、使用価値を付することができる点に留意する。

① 固定資産の減損会計

会計基準省令第4条第3項

「会計年度の末日における時価がその時の取得原価より著しく低い資産については、当該資産の時価がその時の取得原価まで回復すると認められる場合を除き、時価を付さなければならない。ただし、使用価値を算定することができる有形固定資産又は無形固定資産であって、当該資産の使用価値が時価を超えるものについては、取得価額から減価償却累計額を控除した価額を超えない限りにおいて、使用価値を付することができる。」

運用上の留意事項22

「会計基準省令第4条第3項に規定する会計年度の末日における時価がその時の取得原価より著しく低い資産とは、時価が帳簿価額から概ね50％を超えて下落している場合をいうものとする。」

原則　貸借対照表価額 ＝ 時価（回復の見込みがあると認められる場合を除き）
　　　　　……　強制評価減

例外　貸借対照表価額 ＝ 使用価値

使用価値で評価できる場合（運用上の取扱い17）
　　a　対価を伴う事業に供している
　　b　有形固定資産又は無形固定資産
　　c　使用価値を算定することができる
　　d　使用価値が時価を超える
　　e　使用価値が帳簿価額を超えない
　　f　限りにおいて、使用価値を付することができる

使用価値 ＝ 継続的使用と使用後の処分によって生ずると見込まれる将来
　　　　　　キャッシュ・フローの現在価値をもって算定（資産又は資産

第4章 社会福祉法人に対する専門家による支援等　245

グループを単位として)

　固定資産に対する減損会計の適用を整理すると下図のとおりです(「社会福祉法人会計基準に関する実務上のQ＆A(平成24年7月18日日本公認会計士協会非営利法人委員会研究資料第5号」より引用)。

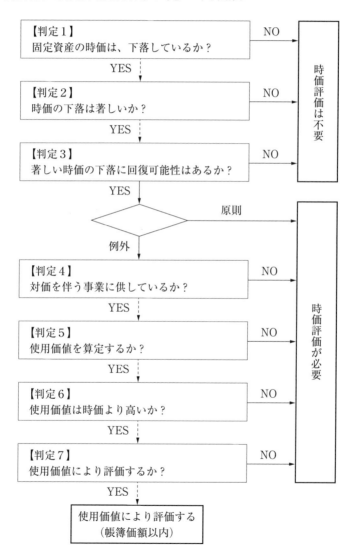

(14) 借入金・債権債務の状況
【借入金】

> 借入目的に応じた適切な勘定科目に計上されているか。

　借入金の会計処理に関しては、借入目的に応じて以下の勘定科目により会計処理します。

	科目	内容
流動負債	短期運営資金借入金	当初の契約において1年以内に返済期限が到来するもの
	1年内返済予定設備資金借入金	設備資金借入金のうち、1年以内に返済期限が到来するもの
	1年内返済予定長期運営資金借入金	長期運営資金借入金のうち、1年以内に返済期限が到来するもの
固定負債	設備資金借入金	設備資金借入金のうち、1年を超えて返済期限が到来するもの
	長期運営資金借入金	長期運営資金借入金のうち、1年を超えて返済期限の到来するもの

　決算日の翌日から起算して1年以内に返済期限の到来する設備資金借入金、長期運営資金借入金の金額を固定負債の「設備資金借入金」「長期運営資金借入金」から「1年以内返済予定設備資金借入金」「1年以内返済予定長期運営資金借入金」に決算時点で振り替えなければならないことに留意が必要です。

【債権債務の状況】

> 借入金（理事長に委任されていない多額の借財に限る）は、理事会の議決を経て行われているか。また、借入金は、事業運営上の必要によりなされたものであるか。

> 借入金の償還財源に寄附金が予定されている場合は、法人と寄附予定者との間で書面による贈与契約が締結されており、その寄附が遅滞なく履行されているか。

① 資金の借入に際しての手続

> 理事会は多額の借財に関する業務執行決定を理事長に委任することができません（法45の13Ⅳ③）。

社会福祉法人が多額の借財を行う場合には理事会の承認を受けなければなりません。

理事会の承認を要しない多額の借財に該当しない借入を行う場合の手続

モデル経理規程第38条

「1　長期の資金を借り入れる（返済期限が1年を超える資金の借り入れをいう。）場合には、会計責任者は、その理由及び返済計画に関する文書を作成し、統括会計責任者及び理事長の承認を得なければならない。

2　短期の資金を借り入れる（長期の資金の借り入れ以外の借り入れをいう。）場合には、会計責任者は、文書をもって統括会計責任者及び理事長の承認を得なければならない。」

② 借入金元金償還寄附金

社会福祉法人においては、あらかじめ理事者等と贈与契約を締結し、借入金の元金償還時期に元金償還財源としての寄附を受け取る場合があります。

贈与契約が締結されている場合には、その約定に従い寄附が履行されているか確認を要します。

なお、当該借入金が、施設の創設及び増築等のために基本財産等を取得するために行った借入金である場合には、当該借入金元金償還寄附金は第2号基本金として、基本金に組入れなければなりません（運用上の取扱い11）。

(15) リース取引

> リース取引（契約上賃貸借となっているものも含む）に係る借手である場合、ファイナンス・リース取引は、通常の売買契約に係る方法に準じて会計処理が行われているか。（なお、ファイナンス・リース取引について、取得したリース物件の価額に重要性が乏しい場合、通常の賃貸借取引に係る方法に準じて会計処理することができる。）

> リース取引（契約上賃貸借となっているものも含む）に係る借手である場合、オペレーティング・リース取引は、通常の賃貸借取引に係る方法に準じて会計処理が行われているか。

① リース取引の意義（運用上の取扱い8 1(1)）

リース取引は、以下のように区分されます。

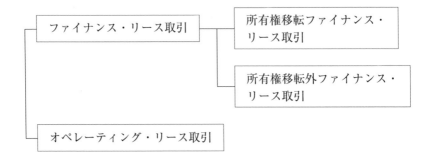

ファイナンス・リース取引

ファイナンス・リース取引とは、次の要件を満たす取引をいいます。
- リース期間の中途において当該契約を解除することができない（中途解約不能）。
- 借手が、当該契約に基づき使用する物件からもたらされる経済的利益を実質的に享受することができ、かつ、当該リース物件の使用に伴って生じるコストを実質的に負担する（フルペイアウト）。

また、ファイナンス・リース取引は、所有権移転ファイナンス・リース取引と所有権移転外ファイナンス・リース取引に区分されます。

所有権移転ファイナンス・リース取引

リース契約上の諸条件に照らしてリース物件の所有権が借手に移転すると認められる取引。具体的には、以下のいずれかの要件を満たす取引をいいます。
- リース契約上、リース期間終了後又はリース期間の中途で、リース物件の所有権が借手に移転することとされているリース取引（所有権移転条項付リース取引）
- リース契約上、借手に対して、リース期間終了後又はリース期間の中途で、名目的価額又はその行使時点のリース物件の価額に比して著しく有利な価額で買い取る権利（「割安購入選択権」）が与えられており、その行使が確実に予想されるリース取引（割安購入選択権付リース取引）
- リース物件が、借手の用途等に合わせて特別の仕様により製作又は建設されたものであって、当該リース物件の返還後、貸手が第三者に再びリース又は売却することが困難であるため、その使用可能期間を通じて借手によってのみ使用されることが明らかなリース取引（特別仕様リース取引）

所有権移転外ファイナンス・リース取引

リース物件の所有権が借手に移転すると認められるもの以外の取引

オペレーティング・リース取引

オペレーティング・リース取引とは、ファイナンス・リース取引以外のリース取引をいいます。

以上の内容を整理すると以下のようになります。

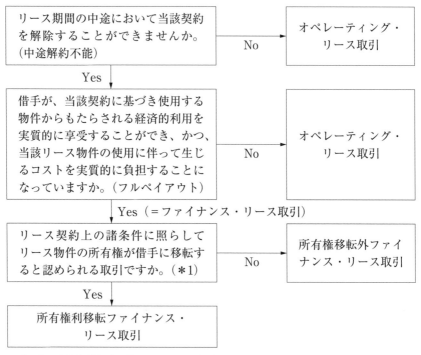

（*1）所有権移転条項付リース取引、割安購入選択権付リース取引、特別仕様リース取引

② リース取引の会計処理

社会福祉法人においても、リース取引の会計処理は、リース会計基準に従って行われることになります（運用上の留意事項20 ア）。なお、リース会計基準とは、企業会計基準第13号「リース取引に関する会計基準」（平成19年3月

30日　企業会計基準委員会）、企業会計基準適用指針第16号「リース取引に関する会計基準の適用指針」（平成19年3月30日　企業会計基準委員会）をいいます。

　ファイナンス・リース取引　　（運用上の取扱い8　1(2)）
……　原則として、通常の売買取引に係る方法に準じて会計処理します（リース資産及びリース債務として計上し、リース資産計上金額について毎期減価償却により費用計上）。

　なお、運用上の取扱い1の重要性の原則の適用例として、ファイナンス・リース取引について、取得したリース物件の価額に重要性が乏しい場合、通常の賃貸借取引に係る方法に準じて会計処理することができると規定し、具体的には、運用上の留意事項20アで以下のように規定しています。
・　リース契約1件当たりのリース料総額が300万円以下のリース取引等少額のリース取引
・　リース期間が1年以内のリース取引

　上記取扱いに関して、会計基準省令等の規定上は、ファイナンス・リース取引を所有権移転ファイナンス・リース取引と所有権移転外ファイナンス・リース取引に区分をしていません。そのため、上記取扱いについては、所有権移転ファイナンス・リース取引に適用できると考えることもできます。しかし、社会福祉法人においてもリース会計処理基準に従って会計処理しなければならず、リース会計基準が上記取扱いを規定しているのは、所有権移転外ファイナンス・リース取引について簡便的な取引を認めたものであるため、社会福祉法人においても上記取扱いは、所有権移転外ファイナンス・リース取引に対してのみ認められると考えられます。

> オペレーティング・リース取引 　（運用上の取扱い8　1(4)）
> ……　通常の賃貸借取引に係る方法に準じて会計処理します（支払リース料を支払の都度費用計上）。

③　ファイナンス・リース取引に係る会計処理

ファイナンス・リース取引については、通常の売買取引に係る方法に準じて会計処理（リース資産とリース負債を計上）します。

a　リース資産及びリース負債の計上金額

資産の計上金額は、リース料総額（リース期間中にリース料として支払う金額の合計）となりますが、リース料総額は、見積購入価額と利息相当額合計（見積額）とに区分され、各会計期間への配分方法が異なります。

> 見積購入価額　減価償却により各会計期間への配分します。

> 利息相当額　原則として、利息法（各期の支払利息相当額をリース債務の未返済元本残高に一定の利率を乗じて算定する方法）により各会計期間への配分します。

利息相当額の各会計期間への配分に関して、リース資産総額に重要性が乏しいと認められる場合

次のいずれかの方法によることができます（運用上の留意事項20 イ）。

- 利息相当額を定額法（リース期間を通じて均等配分する方法）により各会計期間への配する方法
- リース料総額から利息相当額の合理的な見積金額を控除しない方法（この場合、リース資産及びリース債務は、リース料総額で計上され、支払利息は計上されず、減価償却費のみが計上される。）

リース資産総額に重要性が乏しいと認められる場合とは

　未経過リース料の期末残高が、当該期末残高、有形固定資産及び無形固定資産の期末残高の法人全体の合計額に占める割合が10％未満である場合をいいます。

④　ファイナンス・リース取引に係る減価償却費の計算方法

所有権移転ファイナンス・リース取引

……　自己所有の固定資産に適用する減価償却方法と同一の方法により計算します。

所有権移転外ファイナンス・リース取引

……　リース期間定額法により計算します。

⑤　設例における仕訳例

> 設例　リース料総額　84,000、見積購入価額　70,000、リース期間5年、法定耐用年数　6年、リース取引開始日×1年4月1日
> 所有権移転外ファイナンス・リース取引に該当

回数	返済日	期首元本	返済合計	元本分	利息分	期末元本
1	×1年4月30日	70,000	1,400	968	432	69,032
2	×1年5月31日	69,032	1,400	974	426	68,058
・・・	・・・	・・・	・・・	・・・	・・・	・・・
59	×6年2月28日	2,775	1,400	1,383	17	1,392
60	×6年3月31日	1,392	1,400	1,392	8	―
合　計		―	84,000	70,000	14,000	―

	第1法	第2法	第3法
×1年4月1日 (リース取引開始日)	(借方) リース資産 70,000 (貸方) リース債務 70,000	(借方) リース資産 70,000 (貸方) リース債務 70,000	(借方) リース資産 84,000 (貸方) リース債務 84,000
×1年4月30日 (第1回支払日)	(借方) リース債務 968 支払利息 432 (貸方) 現金預金 1,400	(借方) リース債務 1,167 支払利息(＊1) 233 (貸方) 現金預金 1,400	(借方) リース債務 1,400 (貸方) 現金預金 1,400
×2年3月31日 (決算整理)	(借方) 減価償却費 (＊2) 14,000 (貸方) リース資産 14,000	(借方) 減価償却費 14,000 (貸方) リース資産 14,000	(借方) 減価償却費 (＊3) 16,800 (貸方) リース資産 16,800

＊ 上表における「リース資産」に関して、実際の仕訳処理上は「有形リース資産」「無形リース資産」を使用します。

＊ 上表における第1法、第2法、第3法は以下のとおりです
　第1法　利息相当額の各会計期間への配分額を利息法により計算。
　第2法　利息相当額の各会計期間への配分額を定額法により計算。
　第3法　リース料総額から利息相当額の合理的な見積金額を控除しない方法。

（＊1）　利息相当額14,000 ÷ リース月数60ヶ月 ＝ 233
（＊2）　取得価額70,000 ÷ リース月数60ヶ月 × 12ヶ月 ＝ 14,000
（＊3）　取得価額84,000 ÷ リース月数60ヶ月 × 12ヶ月 ＝ 16,800

なお、決算日の翌日から起算して1年以内に支払期限の到来するリース債務の金額を固定負債の「リース債務」から「1年以内支払予定リース債務」に決算時点で振り替えなければならないことに留意が必要です。

⑥　注記事項
　a　固定資産の減価償却の方法
　b　リース取引については、以下の項目を計算書類に注記しなければなりません（運用上の取扱い8　3）。

ⅰ　ファイナンス・リース取引
　　リース資産について、その内容（主な資産の種類等）及び減価償却の方法
　ⅱ　オペレーティング・リース取引
　　解約不能のものに係る未経過リース料（貸借対照表日後1年以内のリース期間に係るものと、貸借対照表日後1年を超えるリース期間に係るものとに区分して注記します。）

具体的な注記例は、以下のとおりです。

2．重要な会計方針
(2)　固定資産の減価償却の方法
　　　　・・・
　・　リース資産
　　所有権移転ファイナンス・リース取引に係るリース資産
　　　　自己所有の固定資産に適用する減価償却方法と同一の方法によっている。
　　所有権移転外ファイナンス・リース取引に係るリース資産
　　　　リース期間を耐用年数とし、残存価額を零とする定額法によっている。

15．その他社会福祉法人の資金収支及び純資産増減の状況並びに資産、負債及び純資産の状態を明らかにするために必要な事項
　　　　・・・・・
　○　リース取引関係
　　(1)　ファイナンス・リース取引
　　　・　所有権移転ファイナンス・リース取引
　　　　　リース資産の内容

　　　　その他固定資産
　　　　　××事業における検査機器（機械及び装置）である。
　・所有権移転外ファイナンス・リース取引
　　リース資産の内容
　　　その他固定資産
　　　　本部におけるコンピュータ、サーバー及びコピー機（器具及び備品）である。
(2) オペレーティング・リース取引
　　オペレーティング・リース取引のうち解約不能のものに係る未経過リース料

1年内	×××
1年超	×××
合　計	×××

（非営利法人委員会研究資料第5号　Q10より）

(16) 引当金

> 賞与引当金や退職給付引当金、その他将来の特定の費用又は損失で、発生が当期以前の事象に起因し、発生の可能性が高く、かつ、その金額を合理的に見積ることができる取引がある場合に、引当金として計上されているか。

① 引当金の意義及び要件

会計基準省令第5条第2項

「次に掲げるもののほか、引当金については、会計年度の末日において、将来の費用の発生に備えて、その合理的な見積額のうち当該会計年度の負担に属する金額を費用として繰り入れることにより計上した額を付さなければならな

い。
　一　賞与引当金
　二　退職給付引当金」

> 引当金

　引当金とは、以下のⅰ～ⅳの要件を満たしている場合に、当該会計年度の費用として引当金に繰り入れ、当該引当金の残高を貸借対照表の負債の部又は資産の部の控除項目として計上するものをいいます（運用上の取扱い18(1)）。
　　ⅰ　将来の特定の費用又は損失であること
　　ⅱ　その発生が当会計年度以前の事象に起因していること
　　ⅲ　発生の可能性が高いこと
　　ⅳ　その金額を合理的に見積ることができること
　なお、引当金のうち、重要性の乏しいものについては、これを計上しないことができます（運用上の取扱い1）。

② 賞与引当金

　職員に対し賞与を支給することとされている場合、当該会計年度の負担に属する金額を当該会計年度の費用に計上し、負債として認識すべき残高を賞与引当金として計上します（運用上の取扱い18(3)）。

　具体的には、法人と職員との雇用関係に基づき、毎月の給料の他に賞与を支給する場合において、翌期に支給する職員賞与のうち、支給対象期間が当会計年度に帰属する部分の支給見込額を賞与引当金として計上します（運用上の留意事項18(2)）。

> 設例　支給対象期間
> 　　　12月1日から5月31日までの分を6月15日に支給
> 　　　6月1日から11月30日までの分を12月15日に支給

×2年及び×3年の賞与の支給状況は以下のとおりです。

```
        ×2年                              ×3年
 4/1   6/15      12/15        3/31      6/15
──┼────┼──────────┼────────────┼────────┼──────→
       24,000支給  24,600支給              25,200支給
       （実績）   （実績）                （見込）
```

Case 1　賞与引当金を計上しない場合

事業活動計算書

	×2年度	摘要
職員賞与	▲ 48,600	1.12.1 ～ 2. 5.31　▲ 24,000 2. 6.1 ～ 2.11.30　▲ 24,600
当期活動増減差額	▲ 48,600	

2.6.15 の賞与支給時の仕訳

【総勘定元帳上の仕訳】

　　（借方）職員賞与　　　　24,000　（貸方）現金預金　　　　24,000

【資金収支元帳上の仕訳】

　　（借方）職員賞与支出　　24,000　（貸方）支払資金　　　　24,000

（2.12.15 の賞与支給時の仕訳は省略します。Case 2 も同様です。）

　事業活動計算書上の「職員賞与」に計上される金額は、支給対象期間 1.12.1～2.11.30 に対応する×2年度内に実際に支給された賞与額となります。そのため、事業活動計算書上の「職員賞与」の金額は、資金収支計算書上の「職員賞与支出」の金額と一致します。

Case 2　賞与引当金を計上した場合

事業活動計算書

	×2年度	摘要				
職員賞与	▲ 32,600	1.12.1 1.12.1 2.6.1	～ ～ ～	1. 5.31 2. 3.31 2.11.30	▲ ▲	24,000 16,000 24,600
賞与引当金繰入	▲ 16,800	2.12.1	～	3.3.31		16,800
当期活動増減差額	▲ 49,400					

2.6.15 の賞与支給時の仕訳

【総勘定元帳上の仕訳】

　　（借方）賞与引当金　　　16,000　　（貸方）現金預金　　　24,000

　　　　　　職員賞与　　　　 8,000

【資金収支元帳上の仕訳】

　　（借方）職員賞与支出　　24,000　　（貸方）支払資金　　　24,000

2.6.15 に支給された賞与 24,000 のうち、1.12.1～2.3.31 の期間に相当する金額 24,000×4ヶ月/6ヶ月＝16,000 は、×1年度の引当金に計上されているため、実際の賞与支給時の処理としては引当金の取崩しが行われ、差額の 8,000 が「職員賞与」に計上されます。「職員賞与支出」については実際の賞与支給額 24,000 が計上され、その結果、事業活動計算書上の「職員賞与」と資金収支計算書上の「職員賞与支出」の金額が一致しません。すなわち、資金収支計算書上、支給対象期間が 1.12.1～2.11.30 の期間に対応する実際賞与支出金額が「職員賞与支出」に計上されます。これに対し、事業活動計算書上、2.4.1～2.11.30 の期間に対応する実際賞与支給額 24,000＋24,600－16,000＝32,600 が「職員賞与」に計上され、2.12.1～3.3.31 の期間に対応する金額 25,200×4ヶ月/6ヶ月＝16,800 が「賞与引当金繰入」に計上されます。この結果、事業活動計算書に係る賞与計上金額は、2.4.1～3.3.31 の期間に対応する金額となります。

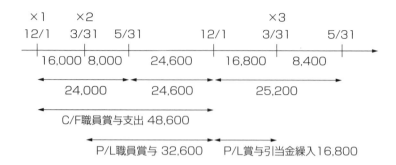

③ 退職給付引当金

　職員に対し退職金を支給することが定められている場合には、将来支給する退職金のうち、当該会計年度の負担に属すべき金額を当該会計年度の費用に計上し、負債として認識すべき残高を退職給付引当金として計上します。

　なお、役員に対し在任期間中の職務執行の対価として退職慰労金を支給することが役員報酬規程等で定められており、その支給額が規程等により適切に見積ることが可能な場合には、将来支給する退職慰労金のうち、当該会計年度の負担に属すべき金額を当該会計年度の役員退職慰労引当金繰入に計上し、負債として認識すべき残高を役員退職慰労引当金として計上します（運用上の取扱い18(4)）。

a　社会福祉法人に対する退職給付会計の適用

　退職給付会計の適用に当たり、退職給付の対象となる職員数が300人未満の社会福祉法人のほか、職員数が300人以上であっても、年齢や勤務期間に偏りがあるなどにより数理計算結果に一定の高い水準の信頼性が得られない社会福祉法人や原則的な方法により算定した場合の額と期末要支給額との差異に重要性が乏しいと考えられる社会福祉法人においては、退職一時金に係る債務について期末要支給額により算定することができることとされています（運用上の留意事項21 ア）。

b　都道府県等の実施する退職共済制度の会計処理

　都道府県等の実施する退職共済制度において、退職一時金制度等の確定給付型を採用している場合の退職給付引当金の計算方法は以下のとおりです（運用上の留意事項21 ウ）。

　　第1法　都道府県等の実施する退職共済制度の約定の額を退職給付引当金に計上する方法

　　　　　ただし、被共済職員個人の拠出金がある場合は、約定の給付額から被共済職員個人が既に拠出した掛金累計額を差し引いた額を退職給付引当金に計上します。

　　第2法　期末退職金要支給額（約定の給付額から被共済職員個人が既に拠出した掛金累計額を差し引いた額）を退職給付引当金とし同額の退職給付引当資産を計上する方法

　　第3法　社会福祉法人の負担する掛金額を退職給付引当資産とし同額の退職給付引当金を計上する方法

　なお、原則は第1法、第2法及び第3法は簡便法になります。

	退職給付引当資産	退職給付引当金
第1法	掛金累計額	期末退職金要支給額
第2法	期末退職金要支給額	期末退職金要支給額
第3法	掛金累計額	掛金累計額

c　役員退職慰労引当金

　社会福祉法人の理事、監事、評議員に対して報酬等を支給することができます。

報酬等 ＝ 報酬、賞与その他の職務執行の対価として受ける財産上の利益及び退職手当（法45の34Ⅰ③）。

理事、監事、評議員に対して報酬等を支給する場合
 ⅰ 民間事業者の役員の報酬等及び従業員の給与、当該社会福祉法人の経理の状況その他の事情を考慮して、不当に高額なものとならないような支給の基準を定める。
 ⅱ ⅰの支給の基準について、評議員会の承認を受ける（法45の35ⅠⅡ）。

ⅰの支給の基準において、理事等に対して退職金を支給する旨を規定している場合、原則として、役員退職慰労引当金を計上しなければなりません。
具体的には以下の会計処理を行います。
【総勘定元帳上の仕訳】
 （借方）役員退職慰労引当金繰入　×××　（貸方）役員退職慰労引当金　×××
【資金収支元帳上の仕訳】
 仕訳なし
「役員退職慰労引当金繰入」は、事業活動計算書上の人件費の中区分勘定科目、「役員退職慰労引当金」は、貸借対照表上の固定負債の中区分勘定科目です。

> 徴収不能のおそれのある債権がある場合、その徴収不能見込額が徴収不能引当金として計上されているか。

① 徴収不能引当金
　会計基準省令第4条第4項
「受取手形、未収金、貸付金等の債権については、徴収不能のおそれがあるときは、会計年度の末日においてその時に徴収することができないと見込まれる額を控除しなければならない。」

徴収不能と見込まれる金額がある場合には債権額から控除しなければならない。

具体的には、徴収不能引当金を計上し、当該金額を債権額から控除します。

徴収不能引当金

利用者負担金等の事業未収金等に計上されている債権額について、将来回収できない可能性があります。そこで、当会計年度以前に収益計上され事業未収金等について、回収不能見込額を見積り当該会計年度の費用に計上するとともに、徴収不能引当金として資産の控除項目として計上します。

徴収不能引当金は、債権額を以下のように区分した上で両者の合計金額を徴収不能引当金に計上します（運用上の取扱い18(1)）。

　a　個別債権

　　　毎会計年度末において徴収することが不可能な債権を個別に判断し、当該債権については、当該債権金額

　b　一般債権（a以外の債権）

　　　毎会計年度末の一般債権額に過去の徴収不能額の発生割合を乗じた金額

なお、徴収不能引当金の貸借対照表上の表示方法については、以下の2つの方法があります（運用上の留意事項18(2)）。

　a　債権額から徴収不能引当金を直接控除した残額のみを記載し、当該債権の金額、徴収不能引当金の当期末残高及び当該債権の当期末残高を計算書類の注記として記載する方法（直接控除注記方式）

　b　貸借対照表上、当該金銭債権から徴収不能引当金の額を控除する形式で記載する方法（間接控除方式）

> 独立行政法人福祉医療機構の実施する社会福祉施設職員等退職手当共済制度が利用されている場合、毎期の掛金が費用処理されているか。

① 独立行政法人福祉医療機構の実施する社会福祉施設職員等退職手当共済制度の会計処理

　独立行政法人福祉医療機構の実施する社会福祉施設職員等退職手当共済制度及び確定拠出年金制度のように拠出以後に追加的な負担が生じない外部拠出型の制度の要拠出額である掛金額を社会福祉法人が支払った場合

　掛金額を費用（「退職給付費用」）及び支出（「退職給付支出」）に計上。
　退職給付引当金への繰入は行いません（運用上の留意事項21 イ）。

(17) 基本金

> 基本金は社会福祉法人が事業開始等に当たって財源として受け入れた寄附金の額を寄附の種類に応じて計上されているか。

① 基本金の意義

　基本金には、社会福祉法人が事業開始等に当たって財源として受け入れた寄附金の額を計上します（会計基準省令6Ⅰ）。

　具体的な基本金への組入対象は次のとおりです。なお、12年基準では、基本金の組入対象は、固定資産を取得すべきものとして指定された寄附金に限定され、取得価額10万円未満の初度調弁消耗品を取得すべきものとして指定された寄附金は基本金の組入対象ではありませんでした。これに対し、現在の規定では「固定資産に限る。」という文言が削除されたため、初度調弁消耗品（固定資産に計上されず、当期の費用として計上される消耗品等）の取得部分も含め、基本金に組入れなければなりません。

	運用上の取扱い11	運用上の留意事項14
1号	社会福祉法人の設立並びに施設の創設及び増築等のために基本財産等を取得すべきものとして指定された寄附金の額	運用上の取り扱い第11(1)に規定する社会福祉法人の設立並びに施設の創設及び増築等のために基本財産等を取得すべきものとして指定された寄附金の額とは、土地、施設の創設、増築、増改築における増築分、拡張における面積増加分及び施設の創設及び増設等時における初度設備整備、非常通報装置設備整備、屋内消火栓設備整備等の基本財産等の取得に係る寄附金の額とする。
2号	施設の創設及び増築等のために基本財産等の取得に係る借入金の元金償還に充てるものとして指定された寄附金の額	運用上の取り扱い第11(2)に規定する資産の取得等に係る借入金の元金償還に充てるものとして指定された寄附金の額とは、施設の創設及び増築等のために基本財産等を取得するにあたって、借入金が生じた場合において、その借入金の返済を目的として収受した寄附金の総額をいう。
3号	施設の創設及び増築時等のために保持すべき運転資金に充てるものとして指定された寄附金の額	運用上の取り扱い第11(3)に規定する施設の創設及び増築時等に運転資金に充てるために収受した寄附金の額とは、平成12年12月1日障企第59号、社援企第35号、老計第52号、児企第33号厚生省大臣官房障害保健福祉部企画課長、厚生省社会・援護局企画課長、厚生省老人保健福祉局計画課長、厚生省児童家庭局企画課連名通知「社会福祉法人の認可について」別添社会福祉法人審査要領第2(3)に規定する、当該法人の年間事業費の12分の1以上に相当する寄附金の額及び増築等の際に運転資金に充てるために収受した寄附金の額をいう。

　第1号基本金に関して、地方公共団体から無償又は低廉な価額により譲渡された土地、建物の評価額（又は評価差額）は、寄附金とせずに、国庫補助金等に含めて取り扱うこととされています（運用上の留意事項14(1)ア）。

　また、設備の更新、改築等に当たっての寄附金は、基本金の組入対象とはなりません。

② 基本金の組入れに係る会計処理

会計基準省令19

「事業活動計算書は、当該会計年度における全ての純資産の増減の内容を明

りょうに表示するものでなければならない。」

純資産が増減する取引は全て事業活動計算書に計上されることになります。

基本金の組入対象となる寄附金以外の経常経費に対する寄附金は、事業活動計算書上は収益の額に含められ、次期繰越活動増減差額として来期以降に繰り越されることになります。これに対し、基本金の組入対象となる寄附金の対象経費は、固定資産等に計上され将来にわたり使用する施設整備費等に限定されているものであることから、次期繰越活動増減差額に含めて来期以降に繰り越すことは必ずしも適切であるとは考えられません。

経常経費に対する寄附金と将来においても使用する固定資産等の取得のための国庫補助金等を明確に区分するため、当該寄附金を事業活動計算書の特別収益に計上した後、その収益に相当する額を基本金組入額として特別費用に計上し、基本金の組入れを行います（運用上の留意事項11）。

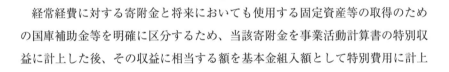

設例　施設創設費用として、理事者から1,000万円の寄附金を受領した。

【総勘定元帳上の仕訳】
　（借方）現金預金　　　　　　1,000　（貸方）施設整備等寄附金収益　1,000
【資金収支元帳上の仕訳】
　（借方）支払資金　　　　　　1,000　（貸方）施設整備等寄附金収入　1,000

【総勘定元帳上の仕訳】
　（借方）基本金組入額　　　　1,000　（貸方）基本金　　　　　　　　1,000
【資金収支元帳上の仕訳】
　仕訳なし

事業活動計算書

特別増減の部
  収益 施設整備等寄附金収益   1,000
  費用 基本金組入額   1,000

基本金の組入れにより、寄附金の受領から事業活動計算書上の増減差額は発生しないことになります。

③ 基本金の取崩し

> 運用上の取扱い 12

「社会福祉法人が事業の一部又は全部を廃止し、かつ基本金組み入れの対象となった基本財産又はその他の固定資産が廃棄され、又は売却された場合には、当該事業に関して組み入れられた基本金の一部又は全部の額を取り崩し、その金額を事業活動計算書の繰越活動増減差額の部に計上する。」

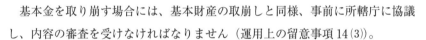

基本金を取り崩す場合には、基本財産の取崩しと同様、事前に所轄庁に協議し、内容の審査を受けなければなりません（運用上の留意事項14(3)）。

 ＊ 「社会福祉法人の認可について（平成12年12月1日厚生省大臣官房障害保健福祉部長、社会・援護局長、老人保健福祉局長、児童家庭局長通知）」別紙1「社会福祉法人審査基準」第2の2(1)ア
  「基本財産は、法人存立の基礎となるものであるから、これを処分し、又は担保に供する場合には、法第30条に規定する所轄庁の承認を受けなければならない旨を定款に明記すること。」

> **設例** 事業の廃止に伴い基本金の組入対象としていた施設建物を取壊し、基本金20,000万円の取崩しを行った。

【総勘定元帳上の仕訳】

　（借方）基本金　　　　　　　20,000　（貸方）基本金取崩額（＊1）20,000

【資金収支元帳上の仕訳】

　　仕訳なし

（＊1）「基本金取崩額」は、事業活動計算書上は「繰越活動増減差額の部」に属する勘定科目です。

なお、基本金の取崩しを行った場合、その旨、その理由及び金額を計算書類に注記しなければなりません（会計基準省令第9Ⅰ⑦）。

(18) 国庫補助金等特別積立金

> 社会福祉法人が施設及び設備の整備のために国、地方公共団体等から補助金、助成金、交付金等を受領した場合、国庫補助金等特別積立金として積立てを行っているか。

① 国庫補助金等特別積立金の意義

国庫補助金等特別積立金には、社会福祉法人が施設及び設備のために国、地方公共団体等から受領した補助金、助成金及び交付金等（以下「国庫補助金等」という。）の額を計上します（会計基準省令6Ⅱ）。

具体的な国庫補助金等特別積立金への積立対象は、次のとおりです（運用上の取扱い10）。なお、12年基準では、国庫補助金等特別積立金の積立対象は、固定資産を取得すべきものとして拠出された国庫補助金等に限定され、取得価額10万円未満の初度調弁消耗品を取得すべきものとして拠出された国庫補助金等は国庫補助金等特別積立金の積立対象ではありませんでした。これに対し、現在の規定では「固定資産に限る。」という文言が削除されたため、初度調弁消耗品の取得部分も含め、国庫補助金等特別積立金に積み立てなければなりません。ただし、初度調弁消耗品分として積み立てられた金額は、当該消耗品が

事業の用に供された時点で、消耗器具備品費等の費用計上のタイミングに合わせて取り崩すことになります。

 i 施設及び設備の整備のために国及び地方公共団体等から受領した補助金、助成金及び交付金等
 ii 設備資金借入金の返済時期に合わせて執行される補助金等のうち、施設整備時又は設備整備時においてその受領金額が確実に見込まれており、実質的に施設整備事業又は設備整備事業に対する補助金等に相当するもの（以下、「設備資金借入金元金償還補助金」という。）

② **国庫補助金等特別積立金の積立対象となる「国庫補助金等」**

国庫補助金等特別積立金の積立対象となる「国庫補助金等」とは、次のものをいいます（運用上の留意事項15(1)）。

 a 「社会福祉施設等施設整備費の国庫負担（補助）について」（平成17年10月5日付厚生労働省発社援第1005003号）に定める施設整備事業に対する補助金など、主として固定資産の取得に充てられることを目的として、国及び地方公共団体等から受領した補助金、助成金及び交付金等
 b 自転車競技法第24条第6号などに基づいたいわゆる民間公益補助事業による助成金等
 c 施設整備及び設備整備の目的で共同募金会から受ける受配者指定寄附金以外の配分金
 d 地方公共団体から無償又は低廉な価額により譲渡された土地、建物の評価額（又は評価差額）
 e 設備資金借入金の返済時期に合わせて執行される補助金等のうち、施設整備時又は設備整備時においてその受領金額が確実に見込まれており、実質的に施設整備事業又は設備整備事業に対する補助金等に相当するもの

③ 国庫補助金等特別積立金積立に係る会計処理

会計基準省令19

「事業活動計算書は、当該会計年度における全ての純資産の増減の内容を明りょうに表示するものでなければならない。」

純資産が増減する取引は全て事業活動計算書に計上されることになります。

国庫補助金等特別積立金の積立対象の国庫補助金等以外の経常的に交付されている国庫補助金等は、事業活動計算書上は収益の額に含められ、次期繰越活動増減差額として来期以降に繰り越されることになります。これに対し、国庫補助金等特別積立金の積立対象となる国庫補助金等の対象経費は、固定資産等に計上され将来にわたり使用する施設整備費等に限定されているものであることから、次期繰越活動増減差額に含めて来期以降に繰り越すことは必ずしも適切であるとは考えられません。

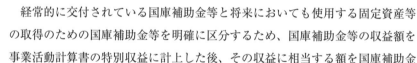

経常的に交付されている国庫補助金等と将来においても使用する固定資産等の取得のための国庫補助金等を明確に区分するため、国庫補助金等の収益額を事業活動計算書の特別収益に計上した後、その収益に相当する額を国庫補助金等特別積立金積立額として特別費用に計上し、国庫補助金等特別積立金の積立てを行います（運用上の取扱い10）。

| 設例 | 施設整備事業に関し、行政から補助金5,000万円受領した。 |

【総勘定元帳上の仕訳】
　（借方）現金預金　　　　　　5,000　（貸方）施設整備等補助金収益　5,000
【資金収支元帳上の仕訳】
　（借方）支払資金　　　　　　5,000　（貸方）施設整備等補助金収入　5,000

【総勘定元帳上の仕訳】

（借方）国庫補助金等　　　5,000　（貸方）国庫補助金等　5,000
　　　　特別積立金積立額　　　　　　　　　特別積立金

【資金収支元帳上の仕訳】

　仕訳なし

事業活動計算書

特別増減の部

　収益　　施設整備等補助金収益　　　　　　5,000

　費用　　国庫補助金等特別積立金積立額　　5,000

　国庫補助金等特別積立金の積立てにより、補助金の受取から事業活動計算書上の増減差額は発生しないことになります。

③　国庫補助金等特別積立金に係る会計処理の趣旨

　固定資産に係る減価償却費は、取得財源にかかわらず取得価額を基礎として期間配分される。これに対し、固定資産の取得のために受領した補助金額は、通常は交付年度の収益金額として全額計上されることとなります。

> 設例　施設整備事業に関し、行政から補助金 5,000 万円受領した。
> 　　　資産の取得価額は 7,500 千円。耐用年数　10 年。

【国庫補助金等特別積立金に係る会計処理を採用していない場合】

	1年目	2年目	3年目		10年目	合計
補助金収入	5,000	0	0		0	5,000
収入合計	5,000	0	0	‥‥‥	0	5,000
減価償却費	750	750	750		750	7,500
支出合計	750	750	750		750	7,500
収支差額	4,250	▲750	▲750		▲750	▲2,500

【国庫補助金等特別積立金に係る会計処理を採用した場合】

	1年目	2年目	3年目		10年目	合計
補助金収入	5,000	0	0		0	5,000
取崩額	500	500	500		500	5,000
収入合計	5,500	500	500	‥‥‥	500	10,000
積立額	5,000	0	0		0	5,000
減価償却費	750	750	750		750	7,500
支出合計	5,750	750	750		750	12,500
収支差額	▲250	▲250	▲250		▲250	▲2,500

上表のとおり、補助金により資産を取得した後、耐用年数到来時までの累計収支差額は国庫補助金等特別積立金を計上する場合、計上しない場合いずれも▲2,500 で同額です。しかし、各年度における収支差額は選択する会計処理の方法により異なり、国庫補助金等特別積立金を計上する場合には各会計年度の収支差額が平準化されます。

国庫補助金等特別積立金について、対象資産の減価償却費のその取得原価に対する割合に相当する額を取り崩しているか。

上記取崩し額は、サービス活動費用の控除項目として、国庫補助金等特別積立金取崩額が計上されているか。
また、国庫補助金等特別積立金を含む固定資産の売却損・処分損が計上される場合は、特別費用に控除項目として、当該資産に係る国庫補助金等特別積立金取崩額が計上されているか。

---

① 国庫補助金等特別積立金の取崩額の計算

運用上の取扱い9

「国庫補助金等特別積立金は、施設及び設備の整備のために国又は地方公共団体等から受領した国庫補助金等に基づいて積み立てられたものであり、当該

国庫補助金等の目的は、社会福祉法人の資産取得のための負担を軽減し、社会福祉法人が経営する施設等のサービス提供者のコスト負担を軽減することを通して、利用者の負担を軽減することである。

したがって、国庫補助金等特別積立金は、毎会計年度、国庫補助金等により取得した資産の減価償却費等により事業費用として費用配分される額の国庫補助金等の当該資産の取得原価に対する割合に相当する額を取り崩し、事業活動計算書のサービス活動費用に控除項目として計上しなければならない。(以下省略)」

上記取扱いに基づく国庫補助金等特別積立金の取崩額の計算は、次のようになります。

$$国庫補助金等特別積立金の取崩額 = A \times \frac{C}{B}$$

A：国庫補助金等により取得した資産の減価償却費
B：国庫補助金等により取得した資産の取得価額
C：国庫補助金等の額

> **設例** 取得価額10,000千円の施設整備等に関し、7,500千円の施設整備等補助金を受領 (耐用年数は20年)

減価償却費：
　取得価額　10,000千円　÷　20年　=　500千円
国庫補助金等特別積立金取崩額：
　減価償却費　500千円　×　(7,500千円　÷　10,000千円)　=　375千円
＊　国庫補助金等特別積立金取崩額375千円は、国庫補助金等の受領額7,500千円を耐用年数20年で除して計算することも可能です。

なお、非償却資産である土地に対する国庫補助金等特別積立金は、原則とし

て取崩しは行われず、売却等を行うまで純資産に当初の補助金交付額にて計上されることになります。

② 国庫補助金等特別積立金取崩額の事業活動計算書への表示（運用上の取扱い9）

減価償却費の計上に伴い国庫補助金等特別積立金を取り崩す場合、事業活動計算書上、国庫補助金等特別積立金取崩額はサービス活動費用（具体的には、減価償却費）の控除項目として計上します。

また、国庫補助金等特別積立金の積立ての対象となった基本財産等が廃棄され又は売却された場合には、当該資産に相当する国庫補助金等特別積立金の額を取り崩し、事業活動計算書の特別費用の控除項目（具体的には固定資産売却損・処分損）として計上しなければなりません。なお、この場合の取崩しに関しては、その理由及び金額を計算書類の注記事項として注記しなければなりません（会計基準省令第9Ⅰ⑦）

③ 設備資金借入金元金償還補助金に係る国庫補助金等特別積立金の積立て及び取崩し

a 国庫補助金等特別積立金の積立て

| 設備資金借入金の返済時期に合わせて執行される補助金等 |

＋

| 施設整備時又は設備整備時においてその受領金額が確実に見込まれている |

＋

| 実質的に施設整備事業又は設備整備事業に対する補助金等に相当するもの |

施設又は設備の整備時に借り入れた設備資金借入金に関して、その返済時期に合わせて元金償還額に対する補助金が交付されることが確実に見込まれるのであれば、それは施設又は設備整備時に受領する補助金と実質的には同様です。

第4章　社会福祉法人に対する専門家による支援等　275

国庫補助金等特別積立金の積立対象

実際に償還補助があったときに当該金額を国庫補助金等特別積立金に積み立てます。

b　国庫補助金等特別積立金の取崩し

設備資金借入金元金償還補助金として積み立てられた国庫補助金等特別積立金の取崩額の計算に当たっては、償還補助総額を基礎として支出対象経費の期間費用計上に対応して国庫補助金等特別積立金取崩額をサービス活動費用の控除項目として計上します（運用上の留意事項15(2)イ）。

> **設例**　設備整備費 200,000 千円（建物、耐用年数 39 年）のうち、52,000 千円は借入金により調達し（返済期間 10 年）、年間 5,200 千円の返済額に対して同額の設備資金借入金元金償還補助金が交付されることになっている。

	借入金返済額	補助金受取額	積立額	取崩額	国庫補助金等残高
1	5,200	5,200	5,200	1,333	3,867
2	5,200	5,200	5,200	1,333	7,734
3	5,200	5,200	5,200	1,333	11,601
4	5,200	5,200	5,200	1,333	15,468
5	5,200	5,200	5,200	1,333	19,335
6	5,200	5,200	5,200	1,333	23,202
7	5,200	5,200	5,200	1,333	27,069
8	5,200	5,200	5,200	1,333	30,936
9	5,200	5,200	5,200	1,333	34,803
10	5,200	5,200	5,200	1,333	38,670
・ 39				・・・ 1,333	・・・ 1
計	52,000	52,000	52,000	51,999	

積立ては実際の償還補助の受取時に行い、取崩額の計算は償還補助総額52,000千円を耐用年数39年で除した1,333千円を毎年取り崩していくことになります。

(19) その他の積立金

> その他の積立金は、理事会の決議を経た上で、積立ての目的を示す名称を付し、同額の積立資産が積み立てられているか。

> その他の積立金の積立は、当会計年度末繰越活動増減差額にその他の積立金取崩額を加算した額に余剰が生じた場合に行われているか。

① その他の積立金の意義

その他の積立金には、将来の特定の目的の費用又は損失に備えるため、社会福祉法人が理事会の議決に基づき事業活動計算書の当期末繰越活動増減差額から積立金として積み立てた額を計上します(会計基準省令6Ⅲ)。

② その他の積立金を計上する場合の要件(運用上の取扱い19)

その他の積立金を計上する場合には、次の要件を満たしていなければなりません。

　　a　積立金の積立てに当たり、理事会の議決があること。
　　b　事業活動計算書(第2号第4様式)の当会計年度末繰越活動増減差額にその他の積立金取崩額を加算した額に余剰が生じていること。
　　c　bの範囲内で積立てが行われていること。
　　d　積立ての目的を示す名称を付した勘定科目でその他の積立金に計上されていること。
　　e　積立金と同額の積立資産を積み立てていること。

上記 a における「理事会の議決」に関して、「社会福祉法人に対する指導監査に関するＱ＆Ａ（vol.3）で次のように示されています。

> 問５　ガイドラインⅢの３の(3)「会計処理」のチェックポイント「その他の積立金について適正に計上されているか。」について、指摘基準に、「その他の積立金の計上に関して、理事会の決議に基づいていない場合」とあるが、この場合の「理事会の決議」について、指導監査時における具体的な確認方法を記載すべきではないか。

（答）　この場合の「理事会の決議」については、当該積立金の支出計上をしている決算に係る計算書類及び附属明細書の承認を受けることで足りると考えて差し支えないが、積立金の計上が法人の経営に大きな影響があるような重要な場合には、理事会において説明がなされているかを確認することが適当であると考えている。

また、上記 b における余剰金の発生に関して、法人全体、事業区分、拠点区分等いずれの単位で判定するかに関して、現行の会計基準省令等には規定がありません。この点に関して、23年基準制定時のパブコメ回答において以下のように示されています。

134	会計基準（注解20）について、「当期末繰越活動増減差額にその他の積立金取崩額を加算した額に余剰が生じた場合には…」とあるが、法人全体で余剰があれば、拠点区分別、サービス区分別には余剰がなくても、その区分での積立は可能なのか。	拠点区分単位で剰余金がない場合、当該拠点区分での積立はできません。

なお、資金管理上の理由等から積立資産の積立てが必要とされる場合には、その名称・理由を明確化した上で積立金を積み立てずに積立資産を計上できます（運用上の留意事項19(1)）。

③　積立金及び積立資産の積立時期

　運用上の留意事項19(2)

「積立金と積立資産の積立ては、増減差額の発生した年度の財務諸表に反映させるのであるが、専用の預金口座で管理する場合は、遅くとも決算理事会終了後2か月以内を越えないうちに行うものとする。」

具体的な手続は以下のようになると考えられます。

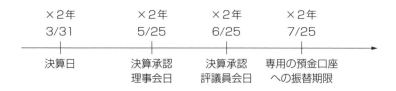

a　×2年3月31日以後、×1年度の計算書類（案）を作成。

b　×1年度の計算書類（案）に基づき、拠点区分ごとに当会計年度末繰越活動増減差額にその他の積立金取崩額を加算した額に余剰が生じていることを確認。

c　bの確認の結果、拠点区分ごとに当会計年度末繰越活動増減差額にその他の積立金取崩額を加算した額に余剰が生じている場合には、積立金及び積立預金を積み立てる処理を×1年度の計算書類（案）に追加する。

d　×1年度の計算書類（案）について×2年5月25日に理事会承認を受ける。

e　専用の預金口座で管理する場合には、×2年7月25日までに実際の預金振替のための手続を行う。

（参考）パブコメ回答

137	運用指針Ⅰ—19—(2)について、積立金は当該年度に積み立て、積立資産（預金）は翌年度の5月31日までに積み立てるとすれば、積立金と積立資産では、積み立てられる年度がずれるが良いか。	財務諸表へは当該年度に計上しますが、実務上、実際の口座への入金は、翌年度になることも可とするという趣旨です。

第４章　社会福祉法人に対する専門家による支援等　279

> その他の積立金に対応する積立資産を取り崩す場合には、当該その他の積立金を同額取崩しているか。

① 積立資産の取崩し

　積立金及び積立資産の設定対象となった支出を行った場合には、積立資産を取り崩すことになりますが、積立金に対応する積立資産を取り崩す場合には、当該積立金を同額取り崩さなければなりません（運用上の取扱い19）。

> 就労支援事業に関する積立金を計上している場合、各積立金の計上金額は、会計基準省令所定の要件を満たしているか。

a　就労支援事業に関する積立金の意義

運用上の留意事項19(3)

　「就労支援事業については、指定基準において「就労支援事業収入から就労支援事業に必要な経費を控除した額に相当する金額を工賃として支払わなければならない」としていることから、原則として剰余金は発生しないものである。

　しかしながら、将来にわたり安定的に工賃を支給し、又は安定的かつ円滑に就労支援事業を継続するため、また、次のような特定の目的の支出に備えるため、理事会の議決に基づき就労支援事業別事業活動明細書の就労支援事業活動増減差額から一定の金額を次の積立金として計上することができるものとする。」

　　就労支援事業収入 － 就労支援事業に必要な経費 ＝ 利用者工賃
　　　……　就労支援事業からは余剰金は発生しない。

　就労支援事業は毎期安定的に収入が確保される事業ばかりではなく、天災等により収入が大幅に減少する可能性があり、このような場合に収入の減少を理

由に利用者工賃を引き下げてしまうと、利用者が安定した生活を継続的にできない可能性があります。

将来にわたり安定的に工賃を支給し、又は安定的かつ円滑に就労支援事業を継続するため等の理由から、一定の条件を満たした場合に工賃変動積立金、設備整備等積立金の計上が認められています。

② **積立金設定のための条件**
    a　当該年度の利用者賃金及び利用者工賃の支払額が、前年度の利用者賃金及び利用者工賃の支払実績額を下回らないこと。
    b　各積立金ごとに規定する各事業年度における積立額及び積立額の上限額の範囲内で設定すること。
    c　積立金を設定する場合には、同額の積立預金を設定すること。

③ **工賃変動積立金**
　毎会計年度、一定の工賃水準を利用者に保障するため、将来の一定の工賃水準を下回る工賃の補填に備え、次に掲げる各事業年度における積立額及び積立額の上限額の範囲内において、「工賃変動積立金」を計上できます。

i　各事業年度における積立額：過去3年間の平均工賃の10％以内

ii　積立額の上限額：過去3年間の平均工賃の50％以内

　　＊　過去3年間の平均工賃＝
　　　　利用者に支払った工賃の年間総額の過去3年間の平均値

　保障すべき一定の工賃水準とは、過去3年間の最低工賃（天災等により工賃が大幅に減少した年度を除く。）とし、これを下回った年度については、理事会の議決に基づき工賃変動積立金及び工賃変動積立預金を取り崩して工賃を補填し、補填された工賃を利用者に支給しなければなりません。

④ 設備等整備積立金

　就労支援事業を安定的かつ円滑に継続するため、就労支援事業に要する設備等の更新、又は新たな業種への展開を行うための設備等の導入のための資金需要に対応するため、次に掲げる各事業年度における積立額及び積立額の上限額の範囲内において、設備等整備積立金を計上できます。

i　各事業年度における積立額：就労支援事業収入の10％以内

ii　積立額の上限額：就労支援事業資産の取得価額の75％以内

　設備等整備積立金により就労支援事業に要する設備等の更新、又は新たな業種への展開を行うための設備等を導入した場合には、対応する積立金及び積立預金を取り崩さなければならない。

(20) 補助金

補助の目的に応じて帰属する拠点区分を決定し、適切な勘定科目に計上されているか。

① 補助金の帰属する拠点区分

　補助金を計上する拠点区分に関しては、補助の目的に応じて帰属する拠点区分を決定し、当該区分で受け入れます（運用上の留意事項10）。

② 補助金の計上科目

　補助目的に応じた具体的な処理科目は次のとおりです。

補助目的	資金収支計算書	事業活動計算書
施設整備取得のため	施設整備等補助金収入（施設整備等による収入）	施設整備等補助金収益（特別収益）
借入金元金を償還するため	設備資金借入金元金償還金補助金収入（施設整備等による収入）	設備資金借入金元金償還金補助金収益（特別収益）
借入金利息支払いのため	借入金利息補助金収入（事業活動収入）	借入金利息補助金収益（サービス活動外収益）
上記以外	補助金事業収入（事業活動による収入）	補助金事業収益（サービス活動収益）

なお、上表のうち、施設設備取得のための補助金、借入金元金を償還するための補助金は、国庫補助金等特別積立金の積立対象となります。

(21) 寄附金

> 金銭の寄附は、寄附目的により拠点区分を決定し、適切な勘定科目に計上されているか。

① 寄附金の帰属する拠点区分

寄附金を計上する拠点区分に関しては、寄附目的により拠点区分の帰属を決定し、当該区分で受け入れます（運用上の留意事項9(1)）。

② 寄附金の計上科目

寄附目的に応じた具体的な処理科目は次のとおりです。

第4章 社会福祉法人に対する専門家による支援等　283

寄附目的	資金収支計算書	事業活動計算書
施設整備取得のため	施設整備等寄附金収入（施設整備等による収入）	施設整備等寄附金収益（特別収益）
借入金元金を償還するため	設備資金借入金元金償還金寄附金収入（施設整備等による収入）	設備資金借入金元金償還金寄附金収益（特別収益）
上記以外	経常経費寄附金収入（事業活動による収入）	経常経費寄附金収益（サービス活動収益）

なお、上表のうち、施設設備取得のための寄附金は第1号基本金、借入金元金を償還するための寄附金は第2号基本金の組入対象となります。

経常経費に対する寄附物品は、取得時の時価により、経常経費寄附金収入及び経常経費寄附金収益に計上されているか。

土地などの支払資金の増減に影響しない寄附物品は、取得時の時価により、事業活動計算書の固定資産受贈額として計上され、資金収支計算書には計上されていないか。

---

① 経常経費に対する寄附物品

運用上の留意事項9(2)

「寄附物品については、取得時の時価により、経常経費に対する寄附物品であれば経常経費寄附金収入及び経常経費寄附金収益として計上する。」

【総勘定元帳上の仕訳】
　　（借方）消耗器具備品費　　×××　（貸方）施設整備等補助金収益　×××
【資金収支元帳上の仕訳】
　　（借方）支払資金　　　　　×××　（貸方）施設整備等寄附金収入　×××

「取得時の時価」＝　一般的には、取得時点（寄附時点）において、市場より購入したと仮定した場合の購入金額をいい、具体的にはカタログ等に記載されている金額になると考えられます。

② 経常経費に対する寄附物品

> 運用上の留意事項 9(2)

「土地などの支払資金の増減に影響しない寄附物品については、事業活動計算書の固定資産受贈額として計上するものとし、資金収支計算書には計上しないものとする。」

【総勘定元帳上の仕訳】
　　（借方）土地　　　　　　×××　（貸方）固定資産受贈額　　×××
【資金収支元帳上の仕訳】
　　仕訳なし

　＊　施設整備等に際して、理事者等から土地の現物寄附を受けた場合には、基本金の組入れが必要となることに留意が必要です。

共同募金からの配分金は、その配分金の内容に基づき適切な勘定科目に計上され、このうち基本金又は国庫補助金等特別積立金に組み入れるべきものは適切に組入れされているか。

---

① 共同募金会からの配分金に係る会計処理

共同募金会から交付される配分金等の種類に応じた取扱いは、下表のとおりです（運用上の留意事項 9(3)）。

		施設整備及び設備整備に係る配分金（＊1）	経常的経費に係る配分金
受配者指定寄附金	内容	受配者指定寄附金とは、社会福祉事業又は更生保護事業を営むことを目的とする者の次の①、②の費用等のために、共同募金会への寄附者が、配分先と使途を具体的に指定しているもの。	
		① 社会福祉施設整備費 　社会福祉事業又は更生保護事業の用に供されるもので、 a　土地、建物及び機械その他の設備の取得若しくは改良の費用 b　融資により、既に取得し、又は改良した土地、建物及び機械その他の設備に係る償還に要する費用	② 経常的経費 　職員の人件費、研修費及び入所者の処遇費その他社会福祉事業又は更生保護に係る相談、助成等の経費
	計上科目	資金収支計算書 　施設整備等寄附金収入 事業活動計算書 　施設整備等寄附金収益（＊2）	資金収支計算書 　経常経費寄附金収入 事業活動計算書 　経常経費寄附金収益
受配者指定寄附金以外の配分金	内容	一般募金配分計画又はNHK歳末たすけあい配分計画に基づく社会福祉施設の建物や備品等整備事業への配分	・一般募金配分計画に基づく市町村社会福祉協議会が行う地域福祉事業への配分 ・共同募金期間外寄附金（共同募金期間外寄附金とは、運動期間（10月1日〜12月31日）外に寄附者から自発的に寄せられた寄附金で、特定の固定資産の取得等のために配分され、配分先は寄附者の意向を確認し、反映できるように努めた上で、共同募金会が決定）
	計上科目	資金収支計算書 　施設整備等補助金収入 事業活動計算書 　施設整備等補助金収益（＊3）	資金収支計算書 　補助金事業収入 事業活動計算書 　補助金事業収益

（＊1）　資産の取得等に係る借入金の償還に当てるものを含む。
（＊2）　基本金として組入れすべきものは、基本金に組み入れる。
（＊3）　国庫補助金等特別積立金を積み立てる。

> 寄附金申込書、寄附金領収書（控）、寄附金台帳の記録は全て対応しているか。

① 寄附金に係る受入手続

モデル経理規程第 25 条

「寄附金品を受け入れた場合には、会計責任者は、寄附者が作成した寄附申込書に基づき、寄附者、寄附金額及び寄附の目的を明らかにして統括会計責任者に報告するとともに、理事長又は理事長から権限移譲を受けた者の承認を受けなければならない。」

　行政監査で確認される寄附金に関する資料としては、寄附金申込書、寄附金領収書控、寄附金台帳があり、これらの書類の記載は対応していることが要求されます。
　また、各書類について以下の点に留意が必要です。
　a　寄附金申込書　→　寄附者の寄附目的を確認し、寄附目的に応じて帰属する拠点区分、勘定科目が決定されているか。
　b　寄附金領収書控　→　フルナンバーリング（通し番号）を付し、不正防止のための対応が行われているか。
　c　寄附金台帳　→　理事長又は理事長から権限移譲を受けた者の承認が行われているか。

（22）共通支出（費用）の配分

> 共通支出（費用）の配分は、合理的な基準に基づき適切に行われているか。

① 共通経費の按分

会計基準省令第14条

「2 資金収支計算を行うに当たっては、事業区分、拠点区分又はサービス区分ごとに、複数の区分に共通する収入及び支出を合理的な基準に基づいて当該区分に配分するものとする。」

会計基準省令第20条

「2 事業活動計算を行うに当たっては、事業区分、拠点区分又はサービス区分ごとに、複数の区分に共通する収益及び費用を合理的な基準に基づいて当該区分に配分するものとする。」

・配分基準に関する具体的な考え方

合理的な基準に基づいて配分することになりますが、その配分基準は、支出及び費用の項目ごとに、その発生に最も密接に関連する量的基準（例えば、人数、時間、面積等による基準、又はこれらの2つ以上の要素を合わせた複合基準）を選択して適用することになります（運用上の取扱い7）。

共通支出及び費用の具体的な科目及び配分方法については、運用上の留意事項別添1で示されています。また、別添1によりがたい場合は、実態に即した合理的な配分方法によることとして差し支えないこととされています。

一度選択した配分基準は、状況の変化等により当該基準を適用することが不合理であると認められるようになった場合を除き、継続的に適用しなければなりません（運用上の取扱い7）。

(23) 整合性

① 資金収支計算書と貸借対照表の整合性

> 資金収支計算書の当会計年度末支払資金残高と貸借対照表の支払資金残高（流動資産と流動負債の差額。ただし、1年基準により固定資産又は固定負債から振り替えられた流動資産・流動負債、引当金及び棚卸資産（貯蔵品を除く。）を除く。）は一致しているか。

② 事業活動計算書と貸借対照表の整合性

> 事業活動計算書の次期繰越活動増減差額と貸借対照表の次期繰越活動増減差額は一致しているか。また、(うち当会計年度活動増減差額)が、事業活動計算書の当会計年度活動増減差額と一致しているか。

③ 貸借対照表と財産目録の整合性

> 貸借対照表の純資産の部と財産目録の差引純資産は一致しているか。

(24) 注記

> 該当する事項がない場合、項目名の記載が省略できる注記事項と項目名の記載が省略できない注記事項が区分され、省略できない事項において該当する事項がない場合には、「該当なし」と記載されているか。

> 注記に係る勘定科目と金額が計算書類と整合性がとれているか。

① 計算書類の注記（会計基準省令第29条、運用上の留意事項25(2)）

　a　法人全体で行う注記事項　と　拠点区分ごとに行う注記事項

　とに区分されます。

　　＊　拠点区分の数が1つの社会福祉法人の場合、拠点区分ごとに行う注記事項の記載を省略できます。

　b　該当する事項がない場合

　　項目名の記載が省略できる注記事項　と

　　項目名の記載が省略できない注記事項　とに区分されます。

　　＊　項目名の記載が省略できない注記事項（(1)、(3)、(9)、(10)以外の注記事項）について、該当する事項がない場合には、タイトル名の後に「該当なし」と記載します。

	法人全体	拠点区分
(1) 継続事業の前提に関する注記	○	
(2) 資産の評価基準及び評価方法、固定資産の減価償却方法、引当金の計上基準等計算書類の作成に関する重要な会計方針	○	○
(3) 重要な会計方針を変更した場合には、その旨、変更の理由及び当該変更による影響額	○	○
(4) 法人で採用する退職給付制度	○	○
(5) 法人が作成する計算書類並びに拠点区分及びサービス区分	○	
(6) 基本財産の増減の内容及び金額	○	○
(7) 基本金又は固定資産の売却若しくは処分に係る国庫補助金等特別積立金の取崩しを行った場合には、その旨、その理由及び金額	○	○
(8) 担保に供している資産に関する事項	○	○

(9) 有形固定資産について減価償却累計額を直接控除した残額のみを記載した場合には、当該資産の取得価額、減価償却累計額及び当期末残高	○	○
(10) 債権について徴収不能引当金を直接控除した残額のみを記載した場合には、当該債権の金額、徴収不能引当金の当期末残高及び当該債権の当期末残高	○	○
(11) 満期保有目的の債券の内訳並びに帳簿価額、時価及び評価損益	○	○
(12) 関連当事者との取引の内容に関する事項	○	
(13) 重要な偶発債務	○	
(14) 重要な後発事象	○	○
(15) その他社会福祉法人の資金収支及び純資産の増減の状況並びに資産、負債及び純資産の状態を明らかにするために必要な事項	○	○

② 注記の記載場所

　法人全体で記載する注記は、会計基準省令第3号第3様式の後に、拠点区分で記載する注記は、会計基準省令第3号第4様式の後に記載します（運用上の取扱い24）。

③ 継続事業の前提に関する注記

　継続事業の前提に関する注記は、会計年度の末日において、当該社会福祉法人が将来にわたって事業を継続するとの前提に重要な疑義が生じさせるような事象又は状況が存在する場合であって、当該事象又は状況を解消し、又は改善するための対応をしてもなお継続企業の前提に関する重要な不確実性が認められる場合に行われるものです。

④ 資産の評価基準及び評価方法、固定資産の減価償却方法、引当金の計上基準等計算書類の作成に関する重要な会計方針

　重要な会計方針とは、社会福祉法人が計算書類を作成するに当たって、その財政及び活動の状況を正しく示すために採用した会計処理の原則及び手続並び

に計算書類への表示の方法をいいます。

　なお、代替的な複数の会計処理方法等が認められていない場合には、会計方針の注記を省略することができます。

　会計方針の例としては、次のようなものがあります。

　　a　有価証券の評価方法
　　b　たな卸資産の評価方法
　　c　固定資産の減価償却の方法
　　d　引当金の計上基準
　　e　収入及び支出の計上基準

⑤　重要な会計方針を変更した場合には、その旨、その理由及び当該変更による影響額

　重要な会計方針を変更した場合、計算書類に期間比較を可能にするため、変更した旨、変更理由、変更による事業活動計算書への影響額を注記します。

⑥　法人で採用する退職給付制度

　社会福祉法人が、採用している退職給付制度の内容を記載します。なお、実際に社会福祉法人が採用している退職給付制度としては次のものが挙げられます。

　　a　独立行政法人福祉医療機構の実施する社会福祉施設職員等退職手当共済制度
　　b　都道府県等の実施する退職共済制度
　　c　法人独自での積立て

⑦　法人が作成する計算書類等並びに拠点区分及びサービス区分

　社会福祉法人が行っている事業の内容等により、拠点区分やサービス区分の設定方法は異なります。また、拠点区分やサービス区分の設定状況により作成を省略できる計算書類があります。すなわち、法人が作成する計算書類等並び

に拠点区分及びサービス区分については、社会福祉法人の状況により異なるものであり、各法人が実態を反映させるように任意で決定することとされているため、各法人の状況について注記を行わなければなりません。

⑧ 基本財産の増減の内容及び金額
　帳簿価額で記載します。

⑨ 基本金及び国庫補助金等特別積立金の取崩しを行った場合には、その旨、その理由及び金額
　注記の対象となる取崩しは、以下のとおりです。
　a　基本金
　　事業の一部又は全部を廃止し、かつ、基本金の組入れの対象となった基本財産又はその他の固定資産が廃棄され、又は売却された場合に、当該事業に関して組み入れられた基本金の一部又は全部の額を取り崩す場合（運用上の取扱い 12）
　b　国庫補助金等特別積立金
　　国庫補助金等特別積立金の積立ての対象となった基本財産等が廃棄され又は売却された場合に、当該資産に相当する国庫補助金等特別積立金を取り崩す場合（運用上の取扱い 9）
　国庫補助金等特別積立金の取崩しに関しては、毎会計年度の減価償却等により事業費用として費用配分された金額に対して取り崩される金額については、当該注記の対象にはなりません。

⑩ 担保に供している資産に関する事項

⑪ 有形固定資産について減価償却累計額を直接控除した残額のみを記載した場合には、当該資産の取得価額、減価償却累計額及び当会計年度末残高
　貸借対照表上、間接法で表示している場合は記載不要です。

⑫ 債権について徴収不能引当金を直接控除した残額のみを記載した場合には、当該債権の金額、徴収不能引当金の当会計年度末残高及び当該債権の当会計年度末残高

貸借対照表上、間接法で表示している場合は記載不要です。

⑬ 満期保有目的の債券の内訳並びに帳簿価額、時価及び評価損益

⑭ 関連当事者との取引の内容に関する事項（運用上の取扱い21、運用上の留意事項26）

注記の対象となる関連当事者の範囲及び開示対象範囲は、下表のとおりです。なお、以下の取引に関しては、注記が不要です。

　a　一般競争入札による取引並びに預金利息及び配当金の受取りその他取引の性格からみて取引条件が一般の取引と同様であることが明白な取引

　b　役員に対する報酬、賞与及び退職慰労金の支払

関連当事者の範囲	開示対象範囲
ⅰ　当該社会福祉法人の常勤の役員又は評議員として報酬を受けている者及びそれらの近親者（3親等内の親族及びこの者と特別の関係にある者＊1）	事業活動計算書項目及び貸借対照表項目 　いずれに係る取引についても、年間1,000万円を超える取引については全て
ⅱ　当該社会福祉法人の常勤の役員又は評議員として報酬を受けている者及びそれらの近親者が議決権の過半数を有している法人	
ⅲ　支配法人（当該社会福祉法人の財務及び営業又は事業の方針の決定を支配している他の法人）＊2	ⅰ　事業活動計算書項目 　・サービス活動収益又はサービス活動外収益 　　サービス活動収益とサービス活動外収益の合計額の100分の10を超える取引 　・サービス活動費用又はサービス活動外費用 　　サービス活動費用とサービス活動外費用の合計額の100分の10を超える取引

ⅳ 被支配法人（当該社会福祉法人が財務及び営業又は事業の方針の決定を支配している他の法人）＊3	・ 特別収益又は特別費用 　1,000万円を超える収益又は費用の額について、その取引総額を開示。取引総額と損益が相違する場合は損益を併せて開示。ただし、各項目に属する科目の取引に係る損益の合計額が当期活動増減差額の100分の10以下となる場合には、開示を要しない。
ⅴ 当該社会福祉法人と同一の支配法人を持つ法人　＊4	ⅱ 貸借対照表項目 　資産の合計額の100分の1を超える取引

＊1　「親族及びこの者と特別の関係にあるもの」
　　ア　当該役員又は評議員とまだ婚姻の届け出をしていないが、事実上婚姻と同様の事情にある者
　　イ　当該役員又は評議員から受ける金銭その他の財産によって生計を維持している者
　　ウ　ア又はイの親族で、これらの者と生計を一にしている者

＊2　他の法人の役員、評議員若しくは職員である者が当該社会福祉法人の評議員会の構成員の過半数を占めている場合には、支配法人に該当します。

＊3　当該社会福祉法人の役員、評議員若しくは職員である者が他の法人の評議員会の構成員の過半数を占めている場合には、被支配法人に該当します。

＊4　当該社会福祉法人と同一の支配法人を持つ法人とは、支配法人が当該社会福祉法人以外に支配している法人をいいます。

また、具体的な注記内容は以下のとおりです。

　　ⅰ　当該関連当事者が法人の場合には、その名称、所在地、直近の会計年度末における資産総額及び事業の内容。
　　　　なお、当該関連当事者が会社の場合には、当該関連当事者の議決権に対する当該社会福祉法人の役員又は近親者の所有割合
　　ⅱ　当該関連当事者が個人の場合には、その氏名及び職業
　　ⅲ　当該社会福祉法人と関連当事者との関係
　　ⅳ　取引の内容
　　ⅴ　取引の種類別の取引金額

ⅵ　取引条件及び取引条件の決定方針
　ⅶ　取引により発生した債権債務に係る主な科目別の期末残高
　ⅷ　取引条件の変更があった場合には、その旨、変更の内容及び当該変更が計算書類に与えている影響の内容

⑮　**重要な偶発債務**

　偶発債務とは、現時点においては債務として確定していないが、一定の事由の発生を条件として、将来債務となる可能性がある債務をいいます。

⑯　**重要な後発事象（運用上の取扱い22）**

　会計年度末日から計算書類作成日までの間に発生した後発事象で、翌会計年度以後の社会福祉法人の財政及び活動の状況に影響を及ぼす事象がある場合には、その内容及び翌会計年度以後の財政及び活動の状況に与える影響額を注記します。

　重要な後発事象の例としては、次のようなものがあります。
　　a　火災、出水等による重大な損害の発生
　　b　施設の開設又は閉鎖、施設の譲渡又は譲受け
　　c　重要な係争事件の発生又は解決
　　d　重要な徴収不能額の発生

　なお、注記の対象は、翌会計年度以後の社会福祉法人の財政及び活動の状況に影響を及ぼす事象であるため、当該会計年度の決算における会計上の判断ないし見積りを修正する必要が生じた場合には、当該会計年度の計算書類に反映させなければなりません。

⑰ その他社会福祉法人の資金収支及び純資産増減の状況並びに資産、負債及び純資産の状態を明らかにするために必要な事項について（運用上の取扱い23）

その他社会福祉法人の資金収支及び純資産増減の状況並びに資産、負債及び純資産の状態を明らかにするために必要な事項とは、計算書類に記載すべきものとして会計基準に定められたもののほかに、社会福祉法人の利害関係者が、当該法人の状況を適正に判断するために必要な事項です。

当該事項の例として、次のようなものがあります。
- a 状況の変化にともなう引当金の計上基準の変更、固定資産の耐用年数、残存価額の変更等会計処理上の見積方法の変更に関する事項
- b 法令の改正、社会福祉法人の規程の制定及び改廃等、会計処理すべき新たな事実の発生にともない新たに採用した会計処理に関する事項
- c 勘定科目の内容について特に説明を要する事項
- d 法令、所轄庁の通知等で特に説明を求められている事項

（25）一般に公正妥当と認められる社会福祉法人会計の慣行

> 社会福祉法人会計基準で示していない会計処理の方法が行われている場合、その処理の方法は、法人の実態等に応じて、一般に公正妥当と認められる社会福祉法人会計の慣行を斟酌しているか。

会計基準省令第1条

1 社会福祉法人は、この省令で定めるところに従い、会計処理を行い、会計帳簿、計算書類（貸借対照表及び収支計算書をいう。以下同じ。）、その附属明細書及び財産目録を作成しなければならない。

2 社会福祉法人は、この省令に定めるもののほか、一般に公正妥当と認められる社会福祉法人会計の慣行を斟酌しなければならない。

3 この省令の規定は、社会福祉法人が行う全ての事業に関する会計に適用する。

会計基準省令に規定されていない事項

一般に公正妥当と認められる社会福祉法人会計の慣行を斟酌します。

会計基準省令の適用範囲

社会福祉法人が行う全ての事業です。具体的には、社会福祉事業のみならず、公益事業、収益事業にも会計基準省令が適用されます。

以上、「財務会計に関する事務処理体制に係る支援項目リスト」における「確認事項」について解説を行いました。以下では、「確認事項」以外の財務会計に関する事務処理体制に関する留意事項について解説します。

(26) 利用者預り金に係る内部統制

施設サービスの提供に際して、利用者等の個人的な日常的支出のために施設等で利用者から現金や預金通帳を預かる場合があります。

運用上の留意事項

「1 管理組織の確立

(3) 施設利用者から預かる金銭等は、法人に係る会計とは別途管理することとするが、この場合においても内部牽制に配意する等、個人ごとに適正な出納管理を行うこと。

　なお、ケアハウス・有料老人ホーム等で将来のサービス提供に係る対価の前受分として利用者から預かる金銭は法人に係る会計に含めて処理するものとする。」

利用者預り金は、法人会計には含められず、別途管理することが要求されて

いるため、内部統制上は出納管理体制の構築がポイントとなります。

⬇

　この点に関連して、「社会福祉法人の認可等の適正化並びに社会福祉法人及び社会福祉施設に対する指導監督の徹底について」（平成13年7月23日社会・援護局長等連名通知）において、「施設利用者からの預り金の適正な保管及び処理について十分点検されたいこと。」とされ、所轄庁に対して指導監督の徹底が通知されています。

⬇

　施設利用者から金銭等を預かることに関して、「通所介護等における日常生活に要する費用の取扱いについて」（平成12年3月30日老企第54号）では「預り金の出納管理に係る費用」として介護報酬の利用者負担金以外に徴収することが認められています。当該通知では、当該費用を徴収する場合には、以下の点を満たし、適正な出納管理が行われることが要件となる旨が明示されています。

　a　責任者及び補助者が選定され、印鑑と通帳が別々に保管されていること
　b　適切な管理が行われていることの確認が複数の者により常に行える体制で出納事務が行われていること
　c　入所者等との保管依頼書（契約書）、個人別出納台帳、必要な書類を備えていること
　d　徴収金額の積算根拠を明確にすること

⬇

　施設が施設利用者から金銭等を預かっている場合、以下の点に留意して利用者預り金に関する実態を把握することが望ましい。

　a　「施設利用者の預り金の出納管理に関する規程」を整備しているか。
　b　金銭等の預りに際して、「保管依頼書（契約書）」を入手し、「預り証」を交付しているか。
　c　「保管依頼書（契約書）」に保管内容、入出金の委任事項を明示しているか。

d 預金通帳と印鑑の保管者は別々の職員となっており、保管場所は施錠可能な別々の場所となっているか。
e 入金に際しては、入金表等を作成し、複数の職員の立会の下で入金処理を行っているか。
f 出金に際しては、利用者の意思を確認するため利用者の署名等のある出金依頼書等を作成し、複数の職員の立会の下で出金処理を行っているか。
g 利用者ごとに出納状況を管理できる預り金管理台帳が作成されているか。
h 現金預り分については、利用者ごとに管理され、出納の都度、現金実査を行っているか。
i 会計責任者等による現金実査が、随時行われているか。
j 預り金の出納状況を定期的に利用者や利用者の家族に報告しているか。
k 退所等による金銭等の引渡しについて、利用者又は利用者の家族から受領書を入手し、複数の職員の立会の下で引渡しを行っているか。

(27) 現金出納

以下では、モデル経理規程「第4章　出納」の各規程について、事務処理体制等の観点から解説します。

> （収入の手続）
> 第23条　金銭の収納に際しては、出納職員は、所定の用紙に所定の印を押した領収書を発行するものとする。
> 2　銀行等の金融機関への振込の方法により入金が行われた場合で、前項に規定する領収書の発行の要求がない場合には、領収書の発行を省略することができる。

① 領収書の用紙
　i あらかじめ所定の用紙を準備します。
　ii 領収書の用紙にあらかじめフルナンバーリング（通し番号）します。

iii　書き損じた領収書の原本を控えに貼付します。
　　iv　領収書の用紙は、正と控の複写、必ず、控えを保管します。
　　　→　異なる様式の領収書が確認されれば、不正な領収書であることが直ちに判断できます。
　　　→　領収書番号を確認することで不正に作成された領収書であるか否かが直ちに判断できます。
　　　→　あらかじめ準備した全ての領収書原本について、事後の追跡調査が可能となります。

② 所定の印
　　i　領収書に押印する印鑑は、あらかじめ１つの印に特定しておきます。
　　　→　異なる印鑑が押印されていれば、不正な領収書であることが直ちに判断できます。
　　ii　印鑑の保管、使用に関しては印章規程等を設けるとともに、公印使用簿等で使用を管理します。
　　　→　印鑑の不正使用を防止できます。

（収納した金銭の保管）
第24条　日々入金した金銭は、これを直接支出に充てることなく、収入後○日以内に金融機関に預け入れなければならない。

---

① 収納した金銭は、必ず一旦は全額金融機関に預け入れます。
　　→　施設で収納した金銭が実在することについて、金融機関が証明してくれたことになります。
② 収納した金銭を直接支出に充てることをしない。
　　→　支出する金銭の出所は、小口現金等の補充を通じて管理している金銭しかなくなり、金銭の流れを明確にすることができます。
③ 収入後○日以内に金融機関に預け入れます。

→ 一定期間内に預け入れることを徹底することで、盗難や紛失のリスクを軽減できます。

（支出の手続）

第26条　金銭の支払いは、受領する権利を有する者からの請求書、その他取引を証する書類に基づいて行う。

2　金銭の支払いを行う場合には、会計責任者の承認を得て行わなければならない。

3　金銭の支払いについては、受領する権利を有する者の署名又は記名捺印のある領収書を受け取らなければならない。

4　銀行等の金融機関からの振込の方法により支払いを行った場合で、領収書の入手を必要としないと認められるときは、前項の規定にかかわらず、振込を証する書類によって前項の領収書に代えることができる。

---

① 取引を証する書類に基づき支出します。
　→ 支出金額に関しての根拠資料の入手を徹底することで、不正な支出を防止します。なお、入手した根拠資料に関しては、金額、支出先、取引内容等の確認を行うことが重要です。

② 支出に関して会計責任者の承認を得ます。
　→ 出納職員等の不正支出等を牽制する効果があります。

③ 領収書の受取を徹底します。
　→ 領収書について、以下の点を確認します。
　　ⅰ　領収書日
　　　日付については、消費税額を確認することで、領収書の改ざんを発見できる場合があります。
　　ⅱ　宛名
　　　宛名に関して、「上様」の禁止を徹底します。
　　ⅲ　相手先

　　　　　　支払先として適切か否か確認します。
　　　ⅳ　但書き
　　　　　取引内容を確認します。なお、現在は、レシート形式の領収書であれば取引内容が具体的に記載されているため、記載内容に基づき勘定科目等を決定します。

（支払期日）
第27条　毎月○日までに発生した債務の支払いは、小口払い及び随時支払うことが必要なものを除き、翌月○日に行うものとする。

---

①　定時払いを行う業者、振込先の事前登録制を徹底します。
　　→　架空口座への振込を牽制する効果があります。
　　　　＝　事前登録のない振込先への振込を禁止します。
　　→　業者との癒着等を防止する効果があります。
　　　　＝　新規取引業者に関して、調査、慎重な検討を経て取引を開始します。

（小口現金）
第28条　小口の支払いは、定額資金前渡制度による資金（以下「小口現金」という。）をもって行う。
2　小口現金を設ける場合には、会計責任者が、その必要性を文書により説明したうえで、統括会計責任者の承認を得なければならない。
3　小口現金の限度額は、○○区分ごとに○万円とする。
4　小口現金は、毎月末日及び不足の都度精算を行い、精算時に主要簿への記帳を行う。

---

①　定額資金前渡法（インプレストシステム）とは、一定の期間（1週間・1ヶ月）に使用する金額をあらかじめ見積り、その金額を小口現金の出納

担当者に渡し、出納職員は日常的な小口の支払をそのお金で行います。一定の期間経過後、出納職員より小口現金から支出した金額を報告させ、支出した金額と同額を補充することで、小口現金の出納職員が保管する現金の金額を定額にします。
② 小口現金の設定に際しては、会計責任者がその必要性を文書により説明し、統括会計責任者の承認を得ることで、小口現金から出金できる取引を明確にすることができます。
② 保管限度額、支払限度額を設け、限度額を超える保管、支払は行わないことを徹底します。
　→ 現金という性格上、盗難、紛失、横領のリスクがあるため、法人の実務の実情に応じて設けることとし、必要以上の設置は回避する必要があります。
③ 現金での支払は、小口現金から行うことを徹底します。
　→ 多額の支払が困難となり、現金を多額に保有することが減り、盗難、紛失、横領のリスクが減少します。

（概算払）
第29条　性質上、概算をもって支払いの必要がある経費については、第26条第1項の規定にかかわらず概算払いを行うことができる。
2　概算払いをすることができる経費は、次に掲げるものとする。
　(1)旅費
　(2)その他会計責任者が特に必要と認めた経費

---

① 支出行為に対する法人内での承認には、以下の2つの承認があります。
　i　買うことに関する承認（例、利用者トイレの掃除道具を買っていいですか）
　ii　お金の支払に関する承認（例、トイレの掃除道具を1,000円で買ってきたので現金精算してください）

↓

実務上、ⅰとⅱが同日又は間１日ぐらいで行われることが多いです。
（あるいは買ってきた後で事後的にⅰの承認が行われることが多いです。）

↓

職員の立替払いが当たり前のように行われるようになると、領収日と法人からの出納日との間のタイムラグが長期化することが多くなります。
（領収日と法人からの出納日との間のタイムラグが長期化することが多い法人は、不正が起きやすい傾向にあります。）

↓

職員の個人的な支出が法人に請求しやすくなる。

↓

厳密には、(1)の承認後、概算払いを行い、トイレの掃除道具を買いに行き、領収書と引換えに現金精算を行うことが望ましい。

（金銭過不足）

第31条　現金に過不足が生じたとき、出納職員は、すみやかに原因を調査したうえ、遅滞なく会計責任者に報告し、必要な指示を受けるものとする。

2　前項の規定により報告を受けた会計責任者はその事実の内容を確認しなければならない。

---

① 現金過不足が発生した際の対応手続で絶対にやってはならないこと。
　＝ 不足している場合に、担当者個人のポケットマネーや他で保管している現金から補充すること。

⇩

現金が多い場合には、担当者個人のポケットマネーや他で保管している現金に戻す。

⇩

担当者個人のポケットマネーに戻すことはその前に補充の事実があったとしても資金の横領になります。また、他で保管している現金は、簿外現金であるため、簿外現金は禁止する必要があります。
② 現金過不足が発生した場合、原因調査を行う必要はありますが、原因が解明するまで徹底的に時間をかけ調査する必要はありません。

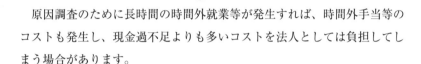

原因調査のために長時間の時間外就業等が発生すれば、時間外手当等のコストも発生し、現金過不足よりも多いコストを法人としては負担してしまう場合があります。

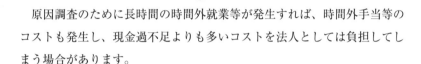

原因調査は、ある程度のところで切り上げ、事実や調査の状況を会計責任者に報告し、必要な指示を受けることが重要となります。

(28) 固定資産管理

以下では、モデル経理規程「第8章　固定資産の管理」の各規程について、事務処理体制等の観点から解説します。

> （現物管理）
> 第52条　固定資産の現物管理を行うために、理事長は固定資産管理責任者を任命する。
> 2　固定資産管理責任者は、固定資産の現物管理を行うため、固定資産管理台帳を備え、固定資産の保全状況及び異動について所要の記録を行い、固定資産を管理しなければならない。

① 固定管理責任者を任命し、固定資産の現物管理を行います。
② 固定資産の現物管理のためには、物品ごとに保管場所、固定資産番号、数量等を記載した固定資産管理台帳を作成し、毎年度定期的に行う現物確認の結果を記録しておくことが望ましい。

（取得・処分の制限等）
第53条　基本財産である固定資産の増加又は減少（第55条に規定する減価償却等に伴う評価の減少を除く）については、事前に理事会及び評議員会の承認を得なければならない。
2　基本財産以外の固定資産の増加又は減少については、事前に理事長の承認を得なければならない。ただし、法人運営に重大な影響があるものは理事会の承認を得なければならない。
3　固定資産は、適正な対価なくしてこれを貸し付け、譲り渡し、交換し、又は他に使用させてはならない。ただし、理事長が特に必要があると認めた場合はこの限りでない。

① 　社会福祉法人における基本財産は定款の記載事項であり、かつその減少に当たっては所轄庁の承認を必要とされているため、基本財産である固定資産の減少の際には、所定の手続を経た上で行う必要があります。
② 　社会福祉法上は、基本財産の増加又は減少については、評議員会の承認事項ではないため、定款で基本財産の処分を評議員会の承認事項として定めていない場合は、評議員会の承認は必要ありません。
　　ただし、定款上、基本財産と記載する際には定款の変更のための承認を受けなければならないため、この場合には評議員会の承認が必要です。
③ 　租税特別措置法第40条の特例を受けるための定款要件を満たしている法人は、上記第53条第1項の規定は以下のように変更になります。
　　「基本財産である固定資産の増加又は減少（第55条に規定する減価償却等に伴う評価の減少を除く）については、事前に理事会において理事総数の3分の2以上による同意及び評議員会の承認を得なければならない。」

(現在高報告)

第54条　固定資産管理責任者は、毎会計年度末現在における固定資産の保管現在高及び使用中のものについて、使用状況を調査、確認し固定資産現在高報告書を作成し、これを会計責任者に提出しなければならない。

2　会計責任者は、前項の固定資産現在高報告書と固定資産管理台帳を照合し、必要な記録の修正を行うとともに、その結果を統括会計責任者及び理事長に報告しなければならない。

① 毎会計年度末現在の固定資産の現物管理のため、使用状況を調査、確認しなければなりません。
② ①の結果に関しては、固定資産現在高報告書を作成して所定の報告を行わなければなりません。
③ ①の結果により、固定資産の除却等を行う必要がある場合には、第53条第2項に規定する手続を経て行わなければなりません。すなわち、法人運営に重要な影響があるものは理事会承認、それ以外のものは理事長承認を事前に得たのち除却等を行うことになります。

(29) 契約

以下では、モデル経理規程「第12章　契約」の各規程について、事務処理体制等の観点から解説します。

(契約機関)

第71条　契約は、理事長又はその委任を受けた者(以下「契約担当者」という。)でなければこれをすることができない。

2　理事長が契約担当者に委任する場合には、委任の範囲を明確に定めなければならない。

① 契約は、理事長又は契約に関する委任を受けたものでなければ行うことができません。

② 理事長が契約担当者に委任する場合、委任の事実、委任の範囲等を明確にするため、辞令を交付するとともに、規程等を整備しておくことが望ましい。

(随意契約)
第74条　合理的な理由により、競争入札に付することが適当でないと認められる場合においては、随意契約によるものとする。
　　なお、随意契約によることができる合理的な理由とは、次の各号に掲げる場合とする。
(1)　売買、賃貸借、請負その他の契約でその予定価格が1,000万円を超えない場合
(2)　契約の性質又は目的が競争入札に適さない場合
(3)　緊急の必要により競争入札に付することができない場合
(4)　競争入札に付することが不利と認められる場合
(5)　時価に比して有利な価格等で契約を締結することができる見込みのある場合
(6)　競争入札に付し入札者がないとき、又は再度の入札に付し落札者がない場合
(7)　落札者が契約を締結しない場合

2　前項(6)の規定により随意契約による場合は、履行期限を除くほか、最初競争入札に付するときに定めた予定価格その他の条件を変更することはできない。

3　第1項(7)の規定により随意契約による場合は、落札金額の制限内でこれを行うものとし、かつ、履行期限を除くほか、最初競争入札に付すときに定めた条件を変更することはできない。

4　第1項(1)の理由による随意契約は、3社以上の業者から見積もりを徴し

比較するなど適正な価格を客観的に判断しなければならない。ただし、予定価格が下表に掲げられた契約の種類に応じ定められた額を超えない場合には、2社の業者からの見積もりを徴し比較するものとする。

契約の種類	金額
1 工事又は製造の請負	250万円
2 食料品・物品等の買入れ	160万円
3 前各号に掲げるもの以外	100万円

① 上記内容は、「社会福祉法人における入札契約等の取扱いについて」(平成29年3月29日 雇児総発0329第1号・社援基発0329第1号・障企発0329第1号・老高発0329第3号 厚生労働省社会・援護局福祉基盤課長他通知)に基づいています。
② 随意契約による場合、随意契約とした理由について、上記1(1)～(7)のいずれに基づいているかを起案書等に具体的に記載しておくことが望ましい。
③ 実務上、上記4のとおり、契約の種類、金額により見積りを徴する業者数が異なっていることに留意が必要です。
④ 随意契約に関する上記1(1)の金額が、会計監査人設置法人か否かで異なっていることに留意が必要です。

区分	金額
会計監査を受けない法人	1,000万円
会計監査を受ける法人 ※会計監査人設置法人及び会計監査人を設置せずに公認会計士又は監査法人による会計監査を受ける法人	法人の実態に応じて、下記金額を上限に設定 (上限額) ・建築工事：20億円 ・建築技術・サービス：2億円 ・物品等：3,000万円

(契約書の作成を省略することができる場合)
第76条 前条の規定にかかわらず、次に掲げる場合には、契約書の作成を

省略することができる。
(1) 指名競争又は随意契約で契約金額が100万円を超えない契約をするとき
(2) せり売りに付するとき
(3) 物品を売り払う場合において、買受人が代金を即納してその物品を引き取るとき
(4) (1)及び(3)に規定する場合のほか、随意契約による場合において理事長が契約書を作成する必要がないと認めるとき
2　第1項の規定により契約書の作成を省略する場合においても、特に軽微な契約を除き、契約の適正な履行を確保するため、請書その他これに準ずる書面を徴するものとする。

① 契約金額が100万円を超える取引については、必ず契約書を作成しなければならないが、100万円未満の取引の場合、請書等で契約内容等を明確にしておくことが望ましい。

（定期的な契約内容の見直し）
第77条　物品等の購入について取引基本契約に基づき継続的な取引を行っている場合、定期的に契約内容の見直しを行うものとする。

① 契約書上、自動継続条項により契約の更新が行われる場合であっても、更新時期等に定期的に契約内容の見直しを行うことが望ましい。具体的には、給食業務の業務委託契約、紙おむつ等の単価契約、保守契約等が該当します。

著者紹介

岩波　一泰（いわなみ　かずやす）

公認会計士・税理士。1967年生まれ。1997年公認会計士・税理士登録。監査法人アシスト代表社員。岩波公認会計士事務所所長。2006年厚生労働省「授産会計見直し小委員会」委員。2010～2011年日本公認会計士協会「非営利法人委員会」社会福祉法人会計専門部会長。現在、日本公認会計士協会「非営利法人委員会」業務支援専門部会社会福祉法人分科会専門委員、社会福祉法人埼玉県社会福祉協議会経営相談員。

【主要著書】『社会福祉法人の会計・税務・監査』（税務研究会出版局）、『市町村社会福祉協議会の会計』（筒井書房）、『介護保険事業の会計の区分と消費税・医療費控除』（厚生科学研究所）（ともに共著）など

著者との契約により検印省略

平成30年10月10日　初版第1刷発行	社会福祉法人の事務 処理体制の向上支援業務

著　者　岩　波　一　泰
発　行　者　大　坪　克　行
製　版　所　美研プリンティング株式会社
印　刷　所　税経印刷株式会社
製　本　所　牧製本印刷株式会社

発　行　所　〒161-0033　東京都新宿区　　株式会社　税務経理協会
　　　　　　下落合2丁目5番13号

振　替　00190-2-187408　　電話　(03)3953-3301（編集部）
Ｆ Ａ Ｘ　(03)3565-3391　　　　　(03)3953-3325（営業部）
　　　　URL　http://www.zeikei.co.jp/
　　　　乱丁・落丁の場合は，お取替えいたします。

© 岩波　一泰 2018　　　　　　　　　　　　　　　　Printed in Japan

本書の無断複写は著作権法上での例外を除き禁じられています。複写される
場合は，そのつど事前に，（社）出版者著作権管理機構（電話03-3513-6969,
FAX03-3513-6979, e-mail : info@jcopy.or.jp）の許諾を得てください。

JCOPY ＜(社)出版者著作権管理機構 委託出版物＞

ISBN978-4-419-06548-5　C3034